本书撰写人员名单

主　　编：徐晓军

副 主 编：张楠楠　彭扬帆

撰写人员：汤素素　彭扬帆　孙　权　南豪峰　袁秋菊

　　　　　刘小峰　张楠楠　徐晓军

新时代中国县域脱贫攻坚案例 研究丛书

朗县

融合式脱贫典范

全国扶贫宣传教育中心／组织编写

人民出版社

目 录
CONTENTS

前　言

朗县位于西藏自治区东南部，现隶属林芝市，东与林芝米林县相邻，南与山南隆子县接壤，西与加查县紧靠，北与工布江达县毗邻，且与印度接壤。县城至林芝市 240 公里，距拉萨 401 公里，雅鲁藏布江、国道 560 线、林邛公路穿境而过。2014 年，朗县全县总人口为 18769人，精准识别全县贫困人口 1583 户 4344 人，贫困发生率高达 24.86%。

朗县境内属藏东南沟谷地貌，区域内地势高峻，平均海拔 3700米，地表起伏大，地形复杂多样，雅江流域小气候条件优越，昼夜温差大，日照强。因沟谷地貌的分割导致土地分布不集中，大部分地区不得不采用家庭生产的模式，难以实行规模化机械化生产，发展现代化农业生产的难度颇高。除自然条件制约外，朗县致贫的主要原因还有基础设施薄弱、产业发展落后、人力资本质量偏低。在基础设施方面，因朗县地广人稀，交通、电信、电力、水利等基础设施建设成本高、难度大，与中东部地区发展程度差距甚远；在产业发展方面，封闭的自然环境和原始粗放的生活方式使传统农牧业思想在朗县根深蒂固，原住民鲜少涉足其他行业；在人力资本方面，48.28% 的贫困群众属于"文盲""半文盲"，绝大部分农牧民将收入用于生活消费和宗教信仰消费，导致农牧民资本积累不能顺利实现，且扩大再生产受阻。

自脱贫攻坚战打响以来，朗县认真贯彻落实习近平新时代中国特色社会主义思想，特别是习近平扶贫开发战略思想，按照中央和区、市脱贫攻坚工作系列决策部署，聚焦"六个精准"，大力实施"五个一批"脱贫工程，紧紧围绕"两不愁、三保障""三率一度"脱贫摘帽目标，坚持扶贫先扶志、扶智，以不断激发贫困群众内生发展动力为着力点，深入挖"贫"根、寻"困"源，扎实开展精细、精确、精微的"绣花式"扶贫，不断增强"造血"功能，以促进贫困人口如期脱贫、贫困村如期退出。朗县贫困发生率由2014年的24.86%降至0.19%，并于2018年2月6日经西藏自治区人民政府批准退出贫困县。因此，研究朗县脱贫攻坚成就，对总结中国脱贫攻坚经验，具有重要的理论、实践意义。为此，本课题组于2019年8月深入朗县开展调查工作，同朗县及有关部门负责同志、扶贫一线干部以及广大群众进行了广泛深入的交流，收集了丰富的第一手研究资料。

一、朗县脱贫攻坚的顶层设计

自党的十八大、十九大以来，脱贫攻坚被作为治国理政的重点工程来抓。无论是"两个一百年"奋斗目标的设定，还是在推进"五位一体"总体布局、"四个全面"战略布局中，都将扶贫脱贫视为其中的重要内容来谋划。为了确保朗县贫困人口如期脱贫，早日实现与全国全自治区同步全面建成小康社会目标，朗县县委、县政府全面贯彻党的十八大和十九大精神，深入贯彻习近平总书记关于扶贫开发的系列重要讲话精神和中央扶贫开发的总体部署。围绕中央"四个全面"战略布局，在牢固树立创新、协调、绿色、开放、共享发展理念的基础上，充分发挥政治优势和制度优势。精准脱贫是新形势下国家扶贫开发战略的完善和升级，目的是更好地发挥党委、政府主导作用，构建政府、市场和社会协同推进的精准扶贫新格局。

因此，朗县结合本地地区特色，明确了脱贫攻坚要立足于未来的可持续发展道路。更为重要的是，朗县的脱贫攻坚所取得的成绩离不开国家战略的影响、国家政策的扶持，因此，朗县脱贫攻坚经验是充分融入国家战略、国家政策、充分融入市场之中的，在总体部署上注重前瞻性和可操作性，坚持着力提升实际工作效率和脱贫攻坚长期效果。总体而言，朗县在"融合式"脱贫的科学理念指导下，做好战略部署，不断地强化政策保障，以八大脱贫政策为工作方向，推动"强根基""兴产业""断穷根""双联动"四大领域为其脱贫攻坚工作的重点布局，并在组织动员机制、分级责任机制、资源整合机制、统筹协调机制和激励督导机制的作用下，精准锁定扶贫对象，将朗县脱贫攻坚真正落到实处。

朗县脱贫攻坚的持久历程与生动实践，不仅创造了独具一格的"融合式"脱贫模式，为国内外贫困地区早日实现脱贫目标提供了有益经验与启示，同时也为新时代边疆民族地区打赢打好脱贫攻坚战树立了正面典范。这场艰苦卓绝的脱贫攻坚战不仅显著改善了贫困落后地区的发展面貌，还激发了制度安排、经济社会发展实践和社会意识等层面的深刻变革，形成了引人瞩目的"溢出效应"。朗县也正是在脱贫攻坚工作中探索了一条面向未来长远发展的"融合式"脱贫道路，在国家战略、国家政策与市场力量的多重作用下，朗县县委、县政府在总体部署、政策体系以及具体措施等方面作出了富于西藏特色的探索与尝试，确定了脱贫攻坚工作的四大重点布局，并取得了显著成效。这些做法与经验都为推动朗县脱贫成果巩固的稳定发展、本地产业可持续发展、社会和谐发展、城乡边境协调发展以及县域经济的全面发展、未来发展等发挥了积极效应。

二、朗县脱贫攻坚的路径与成效

贫困源于发展滞后，解决贫困根本要靠发展，同样，扶贫也为发展拓展了新的增长空间。朗县在脱贫攻坚以前，受特殊生态环境、基础设施落后、产业发展起步慢等客观不利因素，以及当地贫困人口内生动力不强、脱贫能力较弱、人力资本低下的主观不利因素的共同影响，长期处于落后阶段。朗县脱贫攻坚工作做到了有的放矢，措施如下：

一是针对人口稀疏地区基础设施薄弱难题，持续加大对基础设施建设的投入力度，巩固基础设施的"基石"作用。朗县注重农牧区交通、水利、电力等基础设施建设，农牧民群众生产生活条件大幅改善，发展后劲全面增强。朗县还大力推进通信基础设施建设，实现移动网络、宽带网络广覆盖。其一，"十项提升基础工程"。自 2016 年以来，朗县以"十项提升基础工程"促长效提升，至 2019 年 9 月累计实施项目 178 个，其中培训类 16 个、搬迁类 9 个、交通类 29 个、教育类 12 个、产业类 65 个、水利类 44 个、危房类 3 个，完工项目 151 个，实现了户安全饮水率、乡镇和行政村道路通达率、户通电率、通信覆盖率、行政村通宽带率、科学技术普及率、义务教育适龄儿童入学率、村级卫生室覆盖率、村医配备、医疗费用报销率、养老保险参保率达到 100%，有劳动能力贫困人口培训率和就业率达到 80% 的标准。其二，道路建设与养护工程。推进道路联网工程和贫困乡村公路安全防护设施建设，加大对断头路、瓶颈路、年久失修路、牧场道路和危桥改造，打通基层贫困地区与外界的交通联系。建立农村公路养护机制，继续加大吸纳贫困群众作为护路员参与农村公路养护管理。其三，水利工程建设、安全饮水工程。优先解决贫困地区灌溉问题，加快推进重大水利工程、农田水利建设、中小河流治理、"五小"水利工程建设。实施农村安全饮水巩固提升工程，提高自来水普及率。此外，朗县通过实施整村推进、新农村建设等项目，进一步改善群众生活条件、提升人居环境水平。对建档立卡中有危漏房等安全隐患的贫困户，通过实施危房改造、高崖滑坡治理等项目，促使其住有所居、安居乐业。

二是针对资源禀赋贫瘠地区贫困群众增收难题，坚持因地制宜打造四大特色产业和"短平快"小产业的本土培育。朗县县委、县政府按照"12345"工作思路，坚持以全面建成小康社会为目标，坚持持之以恒抓好产业建设发展与改善群众生活，重点实施了以"一带四基地"和"4+1"为主导线的产业类项目。产业发展从两方面着手：一方面，强化精准扶贫产业实施。发挥资源优势，积极调整产业结构，主打"四大产业"精准扶贫产业模式，以"一果一椒"为重点，大力发展辣椒和苹果的特色产业。积极引导群众调整产业结构，打造品种特色化、种植规模化、产销一体化的"公司+基地+农户"的经营模式。另一方面，朗县特色产业品牌建设与打造。朗县深入推进"三品一标"认证，打造精品农业。朗县已获得"三品一标"认证农畜产品4个，其中绿色食品标志2个（朗县花椒和藏冬桃）；农产品地理标志2个（包括朗县核桃和朗县辣椒），其中朗县辣椒地理标志已于6月5日的农业部专家评审会上通过了农产品地理标志辣椒产业推进。积极推进重点贫困乡镇农畜产品交易市场建设，大力扶持商运大户，继续实施"万村千乡"市场工程，进一步培育传统市场体系。探索建立"互联网+"和电商扶贫市场体系，开拓农畜产品电子商务，促进农产品网上销售平台建设。

三是针对人口素质型贫困导致的人力资本匮乏难题，把转变深度贫困地区群众思想观念作为脱贫攻坚的重要举措。朗县经过摸索和实践已经总结出了一套自己的工作模式：以人力资本三个主要的影响因素，即知识、技能、思想观念为核心，通过教育扶贫、就业扶贫和精神扶贫多管齐下，提升朗县人力资本水平。教育扶贫方面，朗县积极开展社会专项教育援助，帮助贫困家庭子女更好完成学业；设立"鹅祥基金"和"榕朗情"教育基金，专款用于鼓励学业成绩优异学生，尤其是贫困学生。结合"四讲四爱"群众教育实践活动，在学校大力开展感党恩教育，切实提升教育硬件水平，大力提升教育教学质量。就业扶贫方面，朗县对接市场需求，进一步优化培训方案，建立健全建档立卡劳动力贫困群众花名册，坚持就业有门路、户户有收入、精准开展贫困群众转移就业技能培训。针对建档立卡中有劳动能力但缺少职业技术技能的贫困人口，通过整合培训资源，衔接好人社、农牧等部门，提高贫困人口经营和就业技能本领，有效增加其经营性和工资性收入。精神扶贫方面，朗县广泛发动各路媒体媒介大力宣传报道了开展"四讲四爱"主题教育实践活动及其重大意义。

四是为推动区域协调发展、协同发展、共同发展的大战略，粤藏扶贫联动逐渐形成多元化"融合式"的合作发展模式。朗县充分落实援藏扶贫工作，充分发挥援藏的人才、技术、资金优势，推进农牧区基础设施建设特别是小康示范村建设，健全援藏扶贫长效机制。突出援藏扶贫，聚焦技术援藏、人才援藏，学习借鉴其他省市先进的企业管理和发展经验，组织开展更多的技能培训，尝试建立朗县具有劳动技能的贫困群众赴沿海城市就业的通道，进一步巩固扩大援藏扶贫成果。同时，朗县还充分调动社会各界参与扶贫开发的积极性，鼓励支持社会团队、驻村团队、爱心人士等社会各界参与帮扶脱贫。朗县还加大科技成果在贫困群众中的推广应用，充分发挥科技人员"传帮带"作用，加快先进适用技术的转化步伐，对贫困群众提供养畜管理、种田帮助等便捷有效的科技服务。粤藏扶贫逐步形成了以干部人才援藏为引领，以民生援藏为"龙头"，以产业援藏、智力援藏为两翼，以粤藏经贸交流为手段，以促进双方互利共赢、共同发展为目标的援藏工作新格局，使得朗县的发展真正融入到国家、社会和群众中。

三、"朗县经验"的特色与乡村振兴的对接

西藏自治区地处祖国西南边陲，是全国唯一的省级集中连片贫困

地区，全区 74 个县均为国务院扶贫办认定的贫困县，被列为全国脱贫攻坚的重点区域和主战场，具有贫困面积大、贫困程度深、贫困发生率高、对外影响广等特点。党的十九大报告提出，脱贫工作要"脱真贫、真脱贫"。如何把脱真贫落到实处，既是现实问题，更是长期问题。因此，朗县脱贫攻坚的做法与经验本身和国内其他地区"脱贫"道路有着显著的差异，在很大程度上是对以往精准扶贫脱贫工作固有模式的多重突破。

朗县跟随国家战略，不断融入经济社会发展和脱贫攻坚的进程中，不断调试和提升朗县发展的战略定位，在"融合式"模式下，紧紧抓住国家战略带来的发展契机，借助短期援藏力量发挥长期性的整体效应，依靠"一带一路"的辐射带动，充分发挥自身力量，重点突破薄弱环节，实现新的发展。一是政治动员与社会动员成效显著，巩固脱贫攻坚稳定发展；二是因地制宜与长短期结合，实现本地产业可持续发展；三是创新对口支援和区域合作机制，统筹城乡边境协调发展；四是遵循党建引领，群众工作方法得当，促进和谐发展；五是聚焦当地贫困的脆弱性，统揽县域经济社会的全面发展；六是贯彻统边安民思想，始终维护边疆团结与民族和谐。朗县通过借助国家政策扶持与对口协作帮扶的"外力"来促进自己"内力"的修炼，政治动员与社会动员双管齐下，以及始终以统边安民、维护边疆团结与民族和谐为重，这些部署理念与工作方法既体现了朗县脱贫攻坚的本土特色，也是朗县脱贫攻坚工作的创新之举。

在脱贫攻坚战中，朗县高举习近平新时代中国特色社会主义思想伟大旗帜，全面贯彻落实党的十九大和十九届二中、三中全会、十八届三中、四中、五中全会和中央第五次、六次西藏工作会议座谈会精神；深入贯彻习近平总书记关于"治国必治边、治边先稳藏"的重要战略思想和"加强民族团结、建设美丽西藏"的重要指示，坚持"依法治藏、富民兴藏、长期建藏、凝聚人心、夯实基础"的重要原则，紧紧围绕主题为"神圣国土守卫者，幸福家园建设者"西藏自治区乡村振兴战略规划，全面落实自治区党委八届六次、七次、八次全委会和林芝市委一届三次全委会精神，加强党对"三农"工作的领导，牢固树立新发展理念，落实高质量发展的要求，围绕统筹推进"五位一体"总体布局，以协调推进"四个全面"战略布局和"四大产业"发展战略为统领，坚持"三农"工作重中之重战略地位，坚持农业农村优先发展，建立健全城乡融合发展机制和政策体系，统筹推进乡村产业振兴、人才振兴、文化振兴、生态振兴、组织振兴，加快推进农牧区现代化，努力走出一条中国特色、西藏特色、符合朗县实际的乡村振兴之路，让农牧业成为有奔头的产业，让农牧民成为有获得感的群体，让农牧区成为安居乐业的美丽家园。

第一章

边陲小县的昔日之困

朗县位于西藏自治区东南部，东西长 114.50 公里，南北宽 91.50 公里，幅员面积 4105.90 平方公里，地理坐标介于东经 92°28′—95°13′，北纬 28°40′—29°29′之间，与印度毗邻，是西藏二十一个边境县之一。

朗县是以藏族为主的少数民族聚居区。在千百年的历史发展进程中，朗县藏族同胞不仅用智慧和勤劳创造了物质财富，而且创造了形式多样的民族文化，极大地丰富了中华民族多元一体的民族结构。

朗县既拥有雪山、冰川、瀑布等壮美的自然风光，还拥有独特的资源禀赋以及灿烂的藏族文化。但是由于县域地广人稀，平均海拔高，气候恶劣，农业资源匮乏，生态环境脆弱，基础设施薄弱，行业发展滞后，导致全县贫困面积广、贫困发生率高、贫困程度深、脱贫难度大而被列为国家级深度贫困县，是典型的整体深度贫困区，是脱贫攻坚的一块难啃的"硬骨头"。

朗县被列为藏区脱贫攻坚工作的研究样本，集边疆地区、少数民族聚居区、深度连片贫困区于一体，兼具三重特性。

一、朗县概况

17 世纪上半叶，古如朗家族从古如（今朗县仲达镇境内）发迹，成为塔布地区的实际统治者，其辖区包括今朗县全境。经过长期的历史演变，朗县被划分为朗、古如朗杰、金东三个宗。1959 年 3 月，根据国务院令将三个宗并建为新的行政机构，取名为"朗"，藏语意为"呈现、光明"。清代汉文档案中曾译名"囊""郎营"等。

朗县现隶属林芝市，全县辖金东乡、洞嘎镇、朗镇、拉多乡、仲达镇、登木乡，均为半农半牧业结合的乡镇，沿江三镇偏重农业发展，三乡偏牧业发展，辖 51 个行政村，1 个居委会，136 个自然村，人口 1.8 万余人。

（一）西藏的边陲小县

朗县辖区内的金东等乡靠近山南地区隆子县的玉门乡，而在历史沿革中玉门乡便属于朗县管辖，加之玉门乡紧靠印占区人口较少。因此，西藏自治区为方便管理，便将朗县划为边境县，与印度接壤的边境线长约 100 公里，涉及边境的地域面积约 967.85 平方公里，共有边民 596 户 1769 人。边境乡 16 岁以上履行戍边义务的边民均享受5300 元/年的边民补贴，全县边境民兵每年协调县武装部在特殊时期进行边境巡逻，"放牧就是巡逻，种地就是站岗"。

朗县境内属藏东南沟谷地貌，区域内地势高峻，平均海拔 3700 米，地表起伏大，地形复杂多样。雅江流域气候条件优越，昼夜温差大，日照强。朗县主要有牦牛、黄牛、犏牛、马、羊等畜种，且适宜种植小麦、青稞、土豆、辣椒等农作物和核桃、苹果、葡萄、花椒、藏冬桃等经济林木。县域内盛产烙铁、铅、锌、沙金、水晶等矿产资源，以及虫草、雪莲、贝母、蛤蚧、当归等名贵中药材。列山古墓群、十三世达赖喇嘛庄园，拉多藏湖、沿江巨柏等旅游景点也在自治区内享有一定知名度。

朗县基本属自然半自然农、牧、林、副一体经济，其中农牧业的比重相对较大。县域发挥农牧特色产业带动效力，逐步形成了以沿江三镇大力发展"一果一椒两桃"的城郊农业（高效日光温室、菜篮子工程）和以偏远三乡开发农畜产品、灌木林地山草产业为主的高寒畜牧业产业布局。此外，文化旅游产业、清洁能源产业、藏医药业也成为朗县发展的支撑产业。

（二）建设中的民族团结进步示范县

朗县境内主要有藏族、汉族、门巴族、蒙古族等民族和僜人，其中藏族占 99.02%，汉族仅占 0.7%。朗县藏民民风淳朴，有着独特的"塔布文化、钦木文化"，有塔布文化旅游节、仁布圣水节、巴尔曲德松珠节、金东牧民节、朗县望果节等主要节庆。朗县还有冲康千年核桃林景区、列山钦氏家族遗址公园（西藏最大的古墓遗址、国家级重点文物保护单位）、巴尔曲德寺（林芝地区规模最大的寺庙）、十三世达赖喇嘛的行宫朗敦庄园，以及神秘的宗教场所帮玛洞穴、扎西拉康、甘丹热登寺、甘丹林寺等。

朗县始终坚定不移地落实党的民族政策，按照自治区党委和林芝市委部署要求，牢牢把握"共同团结奋斗，共同繁荣发展"主题，大力推进民族团结进步示范县的建设。第一，深挖活化民族传统优势资源。全县共计发掘"非物质文化遗产"项目 12 个，活化冲康庄园、拉多藏湖景区、朗敦庄园等民族遗产建筑，传承藏族特色的游牧、耕作等人文民俗活动，开发金东河峡谷民族风情、拉多河峡谷生态人文、古如河峡谷田园牧场、工字荣峡谷休闲康养、雅江景观农业等为主题的"一江四谷"旅游片区，并依托"一乡一节"活动契机多角度、多侧面地展现了原汁原味的藏族乡村民俗文化，吸引了藏东南旅游环线的游客。第二，创新宣传教育形式，增强民族团结文化认同。朗县通过解读方针政策，引领舆论宣传，开展体验感悟活动，把加强民族团结与"四讲四爱""三个离不开"群众教育实践活动、《宗教事务条例（新修）》宣传活动有机融合，全方位多侧面地将"民族团结"的思想从理念延伸到人们群众的生活场景中，深化了民族团结进步意识，夯实了各民族共同奋斗、共同发展的思想基础。

朗县自 2014 年以来，共涌现出自治区、市、县民族团结进步模范集体 63 个，模范个人 110 名。其中，2015 年获"西藏自治区民族团结进步模范集体"荣誉称号，2017 年分别获国家级信访工作"三无"县和国家级普法先进县荣誉称号，《林芝市洛龙村手牵手心连心，团结一致奔小康》在人民网刊载，《"韩启程"驻村那些事》在中国西藏网刊载，《并蒂花开分外香——记罗良和平措卓玛的爱情故事》在《西藏日报》刊载，《真心换真情，汉藏一家亲——记中铁二局拉林铁路项目指挥部》等七篇文章在《今日朗县》刊载。一系列典型人物和典型事迹是全县民族团结从意识到行动的印证，对全县民族团结又起到了强有力的示范引领作用，朗县呈现出一派加快发展、和谐稳定、民生改善、民族团结、宗教和睦、生态良好、党建加强、边疆稳固的美丽画卷。

（三）自然资源禀赋

县域资源禀赋是地区发展的基础，资源禀赋丰富的地区通过资源溢出效应能够有效推动当地经济、社会、文化的发展。与此同时，资源禀赋的匮乏会制约地域发展。因此，了解朗县自然资源的优势与劣势对县域脱贫攻坚有着重要意义。

1. 地形地貌

朗县属于高原丘陵地貌类型，北部和中部地势高，南部低且多为开阔谷地、坡地和山地。全县平均海拔 3200 米，一般山峰的海拔多在 5000 米以上，且多为冰川覆盖。雅鲁藏布江自西向东，横穿县境，将全县划分为南北两大部分，南部属喜马拉雅山脉北麓，最高海拔6157.9 米，北部系念青唐古拉山脉南麓，最高海拔 5572.0 米，南北两山组成一个巨大"V"形谷地，谷地最低海拔 3016 米，高差

3141.9 米。

朗县境内群山起伏，地表在河流切割和地质构造的共同作用下，发育成高山冰蚀—冰碛地貌、高山流水切割构造地貌、河流阶地堆积地貌以及风沙地貌。朗县境内的沟谷地貌造就了多姿多彩的自然风光，这里有藏东环线上唯一的冰川——海拔 6179 米的勃勃朗冰川；有如诗如画的拉多藏湖五湖连串（传说是文成公主洒落的一串珍珠形成的湖泊）；茂密的工字荣原始森林，河水流湍急，河岸山水秀丽，是天然的自驾游圣地；气势磅礴的嘎贡瀑布串联着美如珠宝的"珍珠天池"和措仁措湖。

高低起伏的地貌增加了朗县县域交通、通信等基础设施建设的难度，导致其发展牦牛、山羊等特色养殖业时存在运输、销售、管理等困难，难以形成规模化产业。这又在一定程度上制约了县域经济的发展。

2. 土地资源

根据最新一次的土地调查统计，朗县土地总面积 410589.56 公顷，占林芝地区土地总面积的 3.59%。按照《土地利用现状分类》标准，朗县土地利用现状 Ⅰ 级类型含全部 8 大类，其中耕地 1781.97 公顷、园地 350 公顷、林地 225212.99 公顷、草地 121173.04 公顷、城镇村及工矿用地 434.75 公顷、交通运输用地 330.41 公顷、水域及水利设施用地 11804.35 公顷、其他土地 49409.05 公顷。朗县土壤结构以沙壤土为主，土壤中含有磷、钾等元素，缺乏氮元素，土壤易板结。小麦、青稞、土豆、辣椒等农作物和核桃、苹果、葡萄、花椒、藏冬桃等经济林木适宜种植。

朗县可利用的土地资源少，耕地分布零散，质量较差，耕地保护形势严峻；重耕地轻山地，山地优势未能充分发挥；牧草地退化严重；生态环境脆弱，部分区域水土流失仍较严重。城乡用地缺乏统筹，农村居民点用地比重偏大，交通水利等基础设施用地规模较小，制约了县域经济发展。

3. 气候资源

朗县为青藏高原区气候，属温暖半湿润气候带。夏无酷热、冬无严寒、夏秋多雨、春冬干旱多风，垂直气候复杂多变、自然灾害较频繁。年均日照达 2000—2500 小时之间，日照百分率 70%—80%，太阳年辐射 700 兆焦耳/平方米，朗县降雨量偏少且四季不均，干季长达 8 个月，湿季仅为 4 个月。年均降水量在 350—600 毫米左右，多集中在 6—9 月，占全年降水量的 90%以上，年蒸发量在 2200 毫米左右，约为降水量的 4 倍。年平均气温 11.0℃，年平均最高气温 19.1℃，年平均最低气温 5.3℃，年平均气温日较差 13.8℃，全年无霜期日数平均在 130—170 天。

朗县独特的气候资源孕育了多种多样的县域生物资源，但寒旱气候导致农作物和牲畜生长缓慢，产量低。外来农作物和经济作物无干预状态下在朗县存活率低，必须借助温室大棚等农业技术，提高了作物的培育成本。另外，强光照、干旱、低温、低氧环境使农牧民易患白内障、风湿性疾病、心脑血管疾病，影响居民身体健康和劳动能力的发挥。最后，县域内容易发生旱灾、水灾、山体滑坡塌方与泥石流等自然灾害。

4. 水资源

朗县水资源总量丰富，县域内有大量的河流湖泊，地下水充足，水质普遍较好。朗县共有河流溪涧 14 条，河流总长度达 74.2 万米，雅鲁藏布江蜿蜒曲折，横穿县境，各支流以雅江为骨架向朗县全境纵深辐射，几乎遍布县城全境。比较大的支流有登木河、拉多河、金东河和工字荣河 4 条河流，形成 4 道沟，因此朗县又可称之为"一江四河（沟）"之地。朗县水能清洁可再生能源也比较丰富，工字荣水电站年发电量为 4600 万千瓦时，装机容量为 143.2 兆瓦。但朗县受地貌和气候影响，水资源时间分布极为不均，年降雨量、径流量的 50%—60% 主要集中在汛期，大多难以利用。

5. 农牧业资源

朗县境内农牧业资源较为丰富，是我国少有的天然植物博物馆，仅高等植物就有 1000 多种，生长着充满传奇色彩的国家二级保护树种——雅江巨柏。主要经济林木有沙棘、核桃、桃、苹果、花椒、梨、葡萄等，还有储量丰富的当归、贝母、虫草、雪莲花等藏医药材。县域内饲养动物有牦牛、黄牛、犏牛、马、骡、驴、山羊、绵羊、藏猪、鸡等。朗县依托丰富的生物资源，大力扶持推动了南派藏医药业的发展，并将"一果一椒两桃"（苹果、辣椒、核桃、藏冬桃）发展成为县域特色农产品。

一果：据检测，朗县苹果果实硬度 18.9 磅/平方厘米，含水量 89.3%。果肉含原糖 8.7%，蔗糖 15.1%，可溶性固型物含量 16.1%。果肉滴定酸 0.295%，果汁 pH 值 3.3，以上指标均高于全中国代表值。朗县黄香蕉苹果种植基地，辐射带动全县 4 个乡（镇）黄香蕉苹果产业发展，使之成为带动产业经济发展新的增长点。

一椒：朗县辣椒果味辛辣、硬实、香味浓郁、果型呈小牛角形，含有多种维生素及无机盐离子且维生素 C 含量 ≥220 毫克/100 克，高于一般辣椒。朗县辣椒顺利通过了农业农村部农产品地理标志认证。2018 年，全县推广辣椒种植面积达 2500 亩，实现产量 2250 吨，实现产值 1350 万元，实现收益 780.95 万元。

核桃：朗县核桃具有皮薄、果大、果仁饱满、含油量高、含有丰富的维生素和钙、铁、锌等多种无机盐的特点。朗县核桃在首届中国核桃大会荣获金奖，并成功注册了"贡布千年核桃"商标。2017 年冲康村巴热村核桃林以"平均树龄最长"入选"大世界吉尼斯之最"，被上海大世界吉尼斯总部授予"西藏自治区林芝市朗县古核桃林"。

藏冬桃：朗县藏冬桃具有果肉多、色红、味甜、口感上佳、含有多种维生素、营养丰富的特点，深受大众喜爱，藏族群众称其为"夏精桃"，主要分布在沿雅鲁藏布江 3 个镇，洞嘎镇的藏冬桃品质上佳。全县藏冬桃种植面积 2570 亩，其中丰产面积为 920 亩，年产量为 13.9 万斤。

截至 2018 年底，朗县经济林木成活面积达 2.1 万余亩，蔬菜种植面积达 1100 余亩，辣椒种植面积达 2000 亩，采挖虫草 115 斤，新增经济收入 585 万元。各类牲畜存栏量持续增高，其中，牛 7 万头，羊 1.3 万只，猪 2817 头。朗县逐步形成了以沿江三镇大力发展"一果一椒两桃"的城郊农业（高效日光温室、菜篮子工程）和以偏远三乡开发农畜产品、灌木林地山草产业为主的高寒畜牧业产业布局。

朗县县域周边藏药材资源较丰富，但目前对藏药材掠夺性的开发已导致藏药资源日益枯竭，濒危的野生藏药材超过四十种，再加上种植技术和基地的匮乏，藏药材储备量将成为制约朗县藏医药产业发展的重要因素。

6. 矿产资源

朗县境内主要有铬铁矿、铜、大理岩、透闪石、岫岩玉、沙金、硫、建筑用砂、花岗岩等矿产，且其中砂石矿地处河道，成本低，可持续开采，但其他矿藏价值低，可开发利用难度较高。

二、昔日的国家深度贫困县

进入 21 世纪以来，西藏自治区实施了系列脱贫建设工程，广大人民群众的生产生活条件得到极大改善，扶贫开发效果显著。2016年以来，西藏共有 55 个贫困县（区）脱贫摘帽。作为昔日的国家深度贫困县，朗县的脱贫攻坚工作取得了决定性的胜利，于 2019 年实现了脱贫摘帽。因此，准确了解朗县脱贫攻坚的成功经验必然要先了解其脱贫攻坚前的状况，研究其贫困特点，并且深入解剖致贫原因。

（一）脱贫攻坚前朗县的贫困状况

在精准扶贫战略实施以前，朗县的贫困状况可以从以下几个方面来展开分析。

1. 贫困发生面积广、程度深，陷入"贫困的恶性循环"

第一，贫困发生面积广。2015 年朗县全县总人口共计 18769 人，2015 年底贫困户建档共计 1061 户 2853 人（一般贫困户 620 户 1991 人，低保贫困户 295 户 715 人，"五保"贫困户 146 户 147 人），贫困发生率高达 19.9%，远高于同期全国贫困发生率——5.7%。其中，朗县贫困人口广泛分布于全县洞嘎镇、仲达镇、朗镇、登木乡、拉多乡、金东乡等 6 个乡（镇），52 个村（居）。

第二，贫困程度深。从事农牧业的人口在朗县总人口的行业构成中所占比例最大，2015 年全县总人口为 18769 人，农牧民总户数 4253 户，农牧民人口为 14333 人，占全县总人口的 76.3%，因此以农牧民人均可支配收入与全国居民人均可支配收入对比可充分了解朗县脱贫攻坚前的总体贫困程度（见图 1-1）。虽然朗县 2010—2015 年农牧民人均可支配收入分别保持了 17.6%、19.97%、13.2%、10.91%、20.5%的增长速度，但是与当年全国居民人均可支配收入的差距明显，仅占当年全国居民人均可支配收入的 28.1%、29.04%、30.9%、32.49%、33.6%、37.54%。

第三，陷入"贫困的恶性循环"。美国经济学家拉格纳·纳克思的"贫困恶性循环"理论认为，发展中国家的贫困主要是由于资本形成不足，贫困地区人均收入低，可支配收入少，储蓄水平低，导致

图 1-1 朗县农牧民人均可支配收入及全国居民人均可支配收入

资本形成不足，居民无法进行投资或者扩大再生产，因此便陷入了贫困恶性循环中。朗县的昔日贫困状况非常符合"贫困恶性循环"理论。从图 1-1 可以看出，朗县农牧民人均可支配收入偏低，而绝大部分农牧民将收入用于生活消费和宗教信仰消费，储蓄率必然偏低，农牧民资本积累不能顺利实现将导致扩大再生产受阻，再加上农户抗灾减灾能力较弱，"看天吃饭"的情况广泛存在，容易造成家庭财富的缩水减值，甚至遭遇灭顶之灾。当农户个体资本积累受阻时，又因朗县地方经济财力比较薄弱，民间资本进入意愿弱，市场环境发育不理想，即使有国家专项补助资金和各省市部委的对口援助，公共投入和社会资本投入也难以满足朗县农牧民脱贫增收的需求，反而陷入了"贫穷生产了贫穷"的恶性循环。

根据朗县贫困人口所占比例数据以及朗县农牧民人均可支配收入和全国人均可支配收入的对比，不难发现精准扶贫之前朗县贫困范围之广，贫困程度之深，而朗县贫困的"恶性循环"也说明了朗县脱贫攻坚任务之艰巨。

2. 贫困人口分布不均衡，相对贫困现象凸显

第一，贫困人口分布不均衡。2015 年底，朗县全县贫困户建档共计 1061 户 2853 人。其中，拉多乡 128 户 334 人、金东乡 141 户

269 人、登木乡 266 户 782 人、洞嘎镇 153 户 461 人、仲达镇 213 户 535 人、朗镇 160 户 472 人。朗县贫困人口虽然广泛分布在各个乡镇，但是分布不均衡，区域性特征明显，贫困人口呈现出集中连片与插花分散并存的态势（见图 1-2）。其中，登木乡比拉多乡和洞嘎镇贫困发生率高出一倍，登木乡贫困人口占全县贫困人口的 27%，贫困户返贫率在一定程度上高于其他乡（镇），即使全区已经实施过的整乡推进扶贫乡（镇），但登木乡贫困发生率依然最高、贫困现象依然最突出，仍是全县最贫困的乡（镇）。

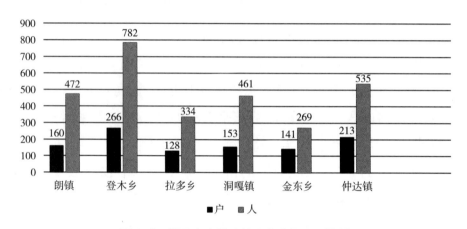

图 1-2　朗县各乡镇建档立卡贫困人口统计

第二，相对贫困现象凸显。多年以来，中央及各级政府重视朗县社会建设力度，加大了县域内的公共产品供给和公共服务的投入，不断提升社会兜底保障的水平。以 2015 年为例，全县固定资产投资累计完成 64863.61 万元，其中国家投资 33000.2 万元，援藏投资 3110.51 万元。建设项目工程主要包括有工字荣跨江桥、6 个乡镇农技推广服务站、朗镇、仲达镇、洞嘎镇、登木乡 2013 年公共租赁房项目，登木乡、仲达镇 2014 年公共租赁房项目，社会综合福利中心整改项目，小康示范村建设，朗县体育场建设等涉及民生、基础设施建设、产业发展、社会稳定等 95 项固定资产投资项目。2015 年还完成了包括农村水渠、温室大棚、农村道路、农田整治等扶贫项目建设以及投资 800 万元的朗县"兴边富民"项目。朗县合作医疗制度也实现突破，2015 年大病统筹报销共计 541.18 万元，城乡五大类八大险种参保人数 1.56 万人次，征缴基金合计 1429.38 万元，八大险种参保率 100%。全县发放城乡最低生活保障资金共计 113.79 万元，兑现各项惠农资金 4413.36 万元，农村"五保"资金 50.43 万元，朗县"五保户"集中供养中心也于当年建成，并安排 94 名"五保"人员入住，实现了老有所依，老有所养。

根据以上资料不难发现，2016 年脱贫攻坚工作实施之前朗县群众"吃不上饭，穿不上衣，住不上房"的绝对贫困现象基本消失，但仍然无法满足老百姓脱贫致富奔小康的需求。占全县人口大多数的农牧民收入与全国平均水平差距较大，2015 年全县农村居民可支配收入实现 10802 元/人，全国居民人均可支配收入为 31185 元/人，仅占 34.6%，特别是主要依靠种植业和养殖业的农牧民贫困家庭，收入结构单一，现金性收入和财产性收入较少，生产生活积累不足，容易受到疾病、上学困难、生产困难、看病困难、就业困难、发展困难的困扰，处于相对贫困的生活状态。朗县 791 户贫困建档立卡户中，35 户因病致贫，占比 4.42%，30 户因残致贫，占比 3.79%，34 户因学致贫，占比 4.3%，2 户因灾致贫，占比 0.25%，14 户因缺土地致贫，占比 1.77%，1 户缺水，占比 0.13%，106 户缺技术，占比 13.4%，122 户缺劳力，占比 15.42%，306 户缺资金，占比 38.69%，4 户因交通条件落后，占比 0.51%，65 户自身发展力不足，占比 8.22%（见图 1-3）。

3. 脱贫攻坚难度大

首先，由于朗县受到高海拔、气候和地貌环境等自然因素的限制，自然条件恶劣，生产生活条件较差，贫困农牧民家庭占有的土地、草场、牲畜等生产资料也少于非贫困家庭。其次，因青藏高原特殊的环境，风湿病、大骨节病等地方性疾病高发，贫困户中有相当一

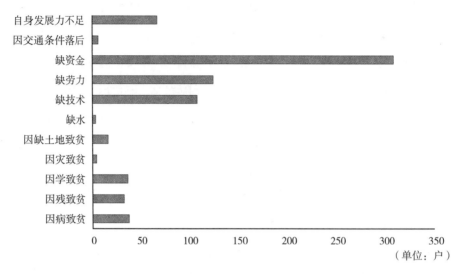

图 1-3　朗县建档立户贫困人口致贫原因统计

部分属于病残户。再次，贫困人口普遍受教育程度低，观念陈旧，缺乏致富能力和发展门路。贫困户因资源占有量少，抗灾能力弱，身体素质差，受教育程度低，缺乏专业技能，每年都会出现一部分已经脱贫的人群，由于脱贫基础不稳，因病、因灾、因学等原因又重新返贫，扶贫工作困难重重。

另外，朗县脱贫攻坚工作开展之前精准帮扶机制不完善，对贫困人口的基本情况掌握不够清、指向不够准、针对性不够强，存在着将"特惠性"政策变为"普惠性"政策的现象，部分地区在整村推进工作中重点放在了基础设施方面，难以顾及贫困户的个别化诉求。部分基层干部对扶贫工作的业务学习不够，存在工作流程不清、政策不懂、对群众关心不够等问题，增加了"脱真贫、真脱贫"的工作难度。

在脱贫攻坚之前朗县经济虽然通过扶贫项目建设基础设施有所改善，但仍不能满足当时及今后的发展需要。同时因交通和信息制约，县域没有稳定的经济增长点，不能顺利地与市场对接，导致朗县陷入落后→贫困→落后加剧→贫困加剧的恶性循环中，脱贫攻坚的任务非常艰巨。

（二）脱贫攻坚前的县域贫困特征

在朗县开展脱贫攻坚行动以前，首先必须要厘清县域的贫困特征，才能充分做好脱贫攻坚的战略布局，使扶贫工作更加精准，从而提升脱贫攻坚工作的成效和效率。总的来看，脱贫攻坚战略实施以前，朗县的县域贫困有以下主要特征。

1. 历史累积型贫困

据《朗县志》记载，从清朝到西藏和平解放之前，朗县生产资料和生产力（农奴）由官家、贵族和寺庙上层僧侣把持。三大领主依靠沉重的捐税、高利贷和徭役对农奴进行人身控制。首先，农奴占有牲畜等少量生产生活资料还成为上缴名目繁多的苛捐杂税的依据。其次，农奴为了维持家庭生活，不得不付出高额的利息向三大领主借粮食、牲畜、种子、货币，其绝大部分的收成都用来还债，但不足以偿还债务利息，剩下食物根本不够全家的口粮。农奴不得不请求放债人放宽其债务期限并且再次举债以维持家庭生存。三大领主还会为了防止农奴逃跑，强迫放债。如此年复一年，农奴们直到死后世代子孙还要背上祖传债务继续被三大领主压榨，永无翻身之日。再次，除了苛捐杂税和借债之外，农奴们还要承担沉重的徭役。农奴不仅要为依附的庄园主义务劳动，支付"劳役地租"，还要无偿地承担官府强制分派的修路、建筑、运输等工作。三大领主还设有监狱和私牢，触犯领主利益的农奴还要面临断肢、挖眼、割舌等残酷的刑罚。被压迫的农奴不敢逃走，只能世世代代被永久性地束缚在贫穷的土地上。

1959年3月，国务院命令西藏全区废除政教合一的农奴制度。1959年6月，朗县结合实际在全县开展了民族改革运动。在农区开展"三反两减"和土地改革，在牧区开展"三反两利"运动，废除牧主阶级霸占草场的特权。1961年，朗县的民主改革基本完成，彻底摧垮了残酷、黑暗的经济剥削和乌拉杂役制度，解放了社会生产力，促进了农牧业生产的发展。

尽管西藏农奴制已经废除了 60 年，但历史累积依然是造成朗县贫困的重要因素，也是县域贫困的重要特征。首先，从时间上来说，朗县发展相对较迟滞。我国 1949—1959 年期间出现农业生产合作社，并制定了国民经济的首个"五年计划"，国家经济呈现"百业正兴"的新局面。在 1959 年之前，朗县这片土地上的广大农牧民不仅没有生存的尊严，而且一贫如洗，生产、生活资料的积累极端匮乏。1959年之后才开始从"农奴社会"迈入"社会主义新社会"，广大农牧民从暗无天日、一无所有的旧时代过渡到生产、生活资料初步积累的新时代只有 60 年的时间，县域经济发展"先天严重不足"。其次，极左路线也阻碍了西藏农牧业的发展。朗县县域发展起步晚、底子薄又受到错误路线的影响，县域贫困具有历史性和积累性的特征。

2. 资源匮乏型贫困

朗县虽然县域广阔，拥有雪山、冰川、森林、草原、湖泊等壮丽自然风光，还拥有矿产、水力、"一果一椒两桃"、藏药、藏猪、藏鸡等独特的资源禀赋，但是资源"丰富"的同时也存在资源"匮乏"。朗县"硬件"资源和"软件"资源的匮乏使得朗县的独特资源禀赋不能充分发挥优势，县域贫困呈现出明显的资源匮乏特征，可持续发展乏力。"硬件"资源主要指生产生活所必需的自然资源和基础设施等。"软件"资源主要指包括文化及教育资源、政策资源、高素质人才储备、市场容量、市场发育程度、市场信息、营销渠道、行业产业化、优势品牌打造等。

第一，"硬件"资源匮乏。朗县全县幅员面积广阔，达 4105.90平方公里。但能有效利用的"硬件"资源——自然资源和基础设施建设不足以满足农牧民生产生活需求，不能充分促进旅游等优势资源禀赋转化为经济优势。

以土地资源为例，县域贫困人口户均拥有的耕地面积、草场面积、有效灌溉面积、林地面积、果林面积不足。其中，人均耕地面积仅 1.003 亩，不到世界人均耕地面积（4.8 亩）的四分之一。有效灌溉面积仅 0.706 亩，人均林地面积仅 0.6949 亩，人均果林面积仅0.0477 亩。农牧业作为附着在土地资源上的行业，土地资源数量的多寡和质量的高低制约了当地农牧业的发展水平。朗县区域内不仅土地人均资源匮乏，而且因沟谷地貌的分割导致土地分布不集中，大部分地区不得不采用家户生产的模式，难以实行规模化机械化生产，发展现代化农业生产的难度颇高。

又因朗县地广人稀，人口分布"过于稀疏"，交通、电信、电力、水利等基础设施建设成本高、难度大，与中东部地区发展程度差距甚远。以交通为例，截至 2015 年底，朗县 52 个行政村（居）公路通达率100%，但只有 16 个行政村能够实现交通通畅，通畅率仅为30.7%。朗县县城至林芝市和山南市的客运班线有客车 11 辆，但农村客运班线未开通，现有的县城八一、山南的客运班线仅覆盖了 3 个乡（镇）、10 个行政村，边远山区的群众出行难问题依旧存在。另外，牧场公路、旅游公路和自然村公路建设滞后，公路等级低。拉林铁路及 219 国道的建设虽可在一定程度上完善县域交通网络体系，但是运距依旧较远，县域内"难走出去"，县域外"难走进来"。基础设施建设严重滞后，使得贫困农牧民难以获得发展机遇和致富机会，成了县域经济发展的掣肘。

朗县脱贫攻坚前，农业区生产资料匮乏、生产生活条件差，易灾多灾，抗灾能力弱，靠天吃饭的状况仍未根本改变，因灾、因病返贫率高，因此朗县贫困具有明显的"硬件"资源匮乏特征。

第二，"软件"资源匮乏。朗县的优势资源禀赋的经济转化率不高除了"硬件"资源匮乏之外，"软件资源"不足也是重要因素。朗县比较丰富的软件资源包括国家针对边疆民族地区的优惠政策、其他省市的对口援藏政策、灿烂而丰富的藏族文化，但是"软件"资源的短板也尤其凸显。首先，朗县教育资源供给不足，全县幼儿园 21 个，小学 7 个，中学 1 个，无高中，尤其缺乏职业技能教育，教育层次及水平和中东部地区差异巨大。专业技术人才、本土优秀企业家和农村致富能人等高素质人才储备状况也并不乐观，全县专业技术人才岗位 349 人，致富带头人 134 人，"社会精英"的带头作用示范难以发挥。其次，朗县国家财政资金投资占比大，民营经济发育不充分，本土居民投资意愿不强，没有投资意识和习惯，民间资本不活跃。我国东部及沿海发达地区经济繁荣社会稳定，居民获得收入的机会多则是得益于当地市场体系发育完善，民间投资活动活跃，而朗县 2015 年全县固定资产投资全年累计完成 64863.61 万元，其中政府专项投资 33000.2 万元，援藏投资 3110.51 万元，国家扶持投资占比高达 55.67%，招商引资 17152 万元，占比 26.44%，本土民间投资 11600.9 万元，占比仅为 17.8%。再次，朗县县域产业结构单一，产业链条短，行业产业化水平不高，生产生活资料交易市场及市场配套服务体系发育不健全，"一果一椒两桃"等农牧业拳头产品深加工程度低，市场信息获取不及时，营销渠道不通畅，缺乏享誉全国的优势品牌。最后，全县仅有一万八千余人，不仅生产能力有限，而且消费市场体量小、潜能低，居民消费需求层次低，消费力不强。上述软件资源的欠缺使得本地优势资源无法通过市场合理配置转换为经济优势。

3. 人口素质型贫困

人口素质通常包括身体素质、文化技术素质和思想素质，朗县贫困人口呈现出整体素质偏低的特征。

第一，朗县贫困人口中因病、残疾等身体素质不良致贫现象凸显。朗县 791 户建档立卡贫困户中，共计有 65 户被认定为因病、因残致贫户。全县 1967 名贫困群众中，282 人患有关节炎、大骨节病、白内障等慢性病，占比 14.34%；37 人患大病，占比 1.88%；231 人残疾，占比 11.74%。身体健康状况不良的贫困人群部分或者全部丧失劳动能力，不仅难以为家庭创造财富，反而因治病花费和家庭照顾使全家陷入困境。尽管朗县已经实施居民低保救助、医疗保险、大病救助等社会福利政策，但是病残人群会降低家庭生活质量和影响家庭致富能力的发挥。

第二，朗县贫困人口受教育程度普遍不高，缺乏致富手段和现代化的劳动技能。根据国家统计局公布的《2017 年中国统计年鉴》，全国文盲率仅为 5.28%，朗县贫困建档立卡户中 48.28% 的群众属于"文盲""半文盲"，远高于全国平均水平，42.22% 的贫困群众仅有小学教育水平，8.18% 的贫困群众具有初中教育水平，贫困群众受教育程度低、接受知识能力有限且缺乏技能学习的机会。朗县贫困建档立卡户中就有 106 户因缺技术致贫，占比 13.4%。全县贫困人口中"文盲""科盲"比例大，严重影响其家庭经营性收入、财产性收入和工资性收入。首先，贫困农牧民家庭在从事农牧业生产时，只能沿用传统、落后、盲目的种植养殖手段，难以掌握现代化的农牧业技术和市场供需信息，无法根据市场需求引进农畜新品种及使用新型生产工具，生产与市场衔接度差。农牧民在恶劣自然环境和激烈的市场竞争的双重挤压下产量低、收入少、脱贫困难，贫困户户均生产经营性年收入仅为 5549.46 元。其次，贫困群众缺乏理财意识、投资眼光及能力，难以通过资本投资增值、技术让渡和科学经验管理方式活化银行存款、有价证券、房屋、车辆、收藏品等家庭财产所有权以获得利息、租金、专利、红利以及其他财产增值收益等，贫困户户均财产性年收入仅 3235.17 元。再次，朗县贫困群众除了缺乏农牧业生产技术、投资理财能力之外，对于能够获得工资性收入的劳务输出（尤其是向国内其他省市劳务输出）所需要的汉语沟通技能、团队合作能力、任职岗位所需知识储备及专业技能也掌握不足，难以通过劳务输出获得经济收益，贫困户户均务工年收入仅 3722.16 元。

第三，朗县贫困人口受落后思想影响大，缺乏脱贫内生动力。1959 年之前，朗县大多数牧民都是依附于庄园主的农奴，庄园主长期残酷地压榨剥削和宗教宿命观导致老一代的牧民们长期处于压抑、消极、退缩的状态，生活动力不足，缺乏长远打算和积极向上的精神。朗县解放后，因县域环境相对封闭，老一代的牧民的思想并没有随之转变，生活诸事不按照科学规律而是问询神佛的旨意。群众对饲养牲畜"惜杀惜售"，以牲畜存量论财富，不仅难以兑现为经济收入，还增加了饲养负担，造成牧场超载。他们不重视子女的教育，认为子女读书影响生产劳作，子女早早辍学在家从事农牧业生产的现象非常普遍。子女在家庭中不仅继承了老一代的落后思想而且还无法学习到致富手段和技能，"精神穷根"和"贫困文化"也完成了代际间的传递。

另外，国家的各类扶持、援助、脱贫政策让部分贫困群众认为"生活过不下去也没关系，反正有国家管着"，滋长了"等靠要，懒散慢"思想，他们表现为安于现状，不思进取，贪图享受，习惯于躺在国家优惠政策下无所事事，成为具备脱贫条件却拒不脱贫的"贫困老赖"，"坐在门口晒太阳，等着政府送小康"，"有钱花光，有肉吃光"，增加了政府扶贫的难度。

三、朗县的致贫特征及原因

朗县由于山高谷深、气候恶劣、生态脆弱、资源匮乏、基础设施落后、贫困人口文化程度低，缺乏脱贫能力及历史等复杂因素交织，导致县域贫困呈现出历史累积型、资源匮乏型及素质型贫困特征，新生贫困与返贫共存，扶贫工作难度高、任务重。因此，朗县若想真正脱贫摘帽，必须总结县域致贫原因，才能"精准脱贫"。

（一）自然条件恶劣，生产生活环境差

根据《朗县志》记载，朗县高寒缺氧，空气干燥稀薄，虽然白天日照时间长，但夜晚温度低，昼夜温差大。降雨量偏少且四季不均，干旱季长达 8 个月。土地干旱半干旱面积广，土壤沙物质含量高，高山寒漠土等难以利用的土地面积大，占 17.35%。朗县垂直气候多变，干旱、霜冻、冰雹、雪灾、大风、强降温等灾害性天气较多。又因山高谷深，地貌构造复杂，生态环境脆弱，灾害性天气容易引发洪灾、泥石流、山体滑坡等地质灾害，给居民生产生活带来极大的危害。朗县居民以农牧业生产为主要产业，对气候、日照、降雨、土地等自然要素依赖性强，恶劣的自然条件会造成农牧业减产甚至绝收，减缓经济增长，威胁农牧业生产安全，造成新生贫困或者脱贫户返贫。此外，朗县农牧民生产方式落后，只依靠耕地原生的肥力和林地、草地资源。又因可利用的自然资源匮乏，农牧民为了维持生计只能选择在植被条件好的地方开荒种地或者放牧，几年之后土地资源质量下降就将它撂荒再开垦新的地方。这种"广种薄收，靠天养畜"的粗放生产方式加重耕地和草场的承载负担，造成水土流失、草场退化和沙漠化，原本脆弱的生态环境更加恶劣，也进一步加剧了贫困状况。严酷的自然条件还使居民多患上大骨节病、风湿病、碘缺乏病等地方性疾病，因病致贫返贫率高，甚至因治愈难而群体致贫，降低了人力资本的素质，增加了脱贫难度。

（二）基础设施薄弱，公共服务供给不足

截至 2013 年底，朗县全境各级公路里程仅 508 公里，70% 以上的行政村公路没有实现通畅，缺桥少涵，路况差，路面硬化率低，客运班线只覆盖不足 50% 的乡镇，民用汽车仅 597 辆，群众出行不便，

商品流转困难，又因运输距离远，运输成本高，企业投资意愿弱。"要想富，先修路"说明了交通对地区发展的重要性，而交通不畅又是朗县社会发展最大的瓶颈。另外，电信业2013年全年业务总量只有175万元，固定电话用户1550户，其中农村电话用户仅544户，高海拔山区信号不稳定，与外界联络不畅，信息闭塞。边远地区困难家庭还存在人畜饮水困难、灌溉困难、饮水安全及生活用电困难。朗县因地域广阔，人口居住分散，道路、供水、排水、供电、通信、网络及商业、文化、医疗、金融等基础设施和公共服务设施建设需投入人力、物力、财力成本非常高。又因地处高山峡谷地带，山高路远谷深、地势高低不平，滑坡塌方等地质灾害频发，施工技术要求高、难度大、周期长。而朗县财政收入及可投入建设资金有限，导致基础设施薄弱，农牧民缺乏基本的生产生活条件，难以获得平等的发展机遇和条件，严重影响了全县脱贫攻坚工作的开展。

朗县缺乏科教文卫等领域的专业技术人才及公共服务建设资源，教育、文化传播、医疗卫生、社会福利保障等各项社会事业发展也非常滞后，与其他省市差距较大，公共服务供给不足。教育方面，全县一万八千余人仅有小学7所，中学1所，无高中和职业技术学院，全县教职工仅278人，中高级以上职称44人。朗县教育项目建设、师资配置及教师培训等方面的教育资源匮乏，群众中"文盲""半文盲"率高，贫困建档立卡户中更是高达42.28%，文化素质低，难以掌握脱贫致富的技能。文化传播方面，乡镇文化站配套设备不到位，开放率低，农家书屋使用率不高，卫星广播电视覆盖率低，县电视台演播设施老化，电影播放及文娱活动举办次数少，难以满足广大人民群众日益增长的文化生活需求。医疗卫生方面，县域医疗保健网络不健全，截至2013年，全县共有医院卫生所7所，床位85张，医务技术人员85人，执业医师仅8人。基层医疗技术及设备有限，服务可及性差，看病难，难治好，群众就医成本高，身体素质差。社会福利保障方面，社会保险覆盖率有待提升，社会救助及最低社会保障体系不健全，五保集中供养工作及城乡医疗救助工作进程缓慢，部分弱势群体和困难家庭的识别不够精准，生活补贴水平低，居民难以享受社会发展带来的社会福利，贫困人口比例较高，县域发展缓慢。

（三）三大产业发展落后，经济效益低下

历史上，朗县根据自然资源、自然条件和农牧业生产的特点将全县分为雅江两岸农牧区和高寒农牧区两个区域。人们收入主要依靠发展农业和畜牧业，盛产青稞、小麦、辣椒、马铃薯、油菜籽等农产品，畜牧业主要是养殖牦牛、黄牛、犏牛、绵羊、山羊等畜种。封闭的自然环境和原始粗放的生活方式使传统农牧业思想在朗县根深蒂固，原住民鲜少涉足其他行业。

脱贫攻坚前，全县产业结构不甚合理，以2015年为例，当年第一产业产值8400万元，占比16.7%，第二产业产值14200万元，占比28.3%，第三产业产值27600万元，占比55%。第一产业内部结构不甚合理，农牧业依然是支柱产业，林业、渔业等非农产业发育程度低。第二产业中工业、制造业基础薄弱，农牧产品加工链条短，特色资源禀赋难以产生经济效益。第三产业虽然所占比值较高，但主要偏重生活服务，餐饮业、零售业占比例高，零售业占全县社会消费品总额的86.9%，餐饮业占比12.3%，第三产业中通信、互联网、金融、教育、旅游等产业发展严重滞后，也不能为特色产品产生经济价值提供配套服务。

综上所述，朗县产业结构不合理，产业基础薄弱，经济效益低下，居民增收渠道狭窄。首先，三大产业发展处于自发散乱状态，产业缺乏规划及合理布局。第一产业起步晚、水平低，却集合了占全县76.3%的人口。第二、三产业畸重，却未能实现产业的规模化和集约化，缺少"龙头企业"和产品质量统一标准，制约了产业经济效益的提升。其次，产业科技含量低。朗县农牧产品虽然品类繁多，但是

产业生产方式落后，缺乏产业技术服务支撑体系，农牧民没有掌握科学种植养殖技术，农牧产品科技附加值低，抗灾能力差，市场竞争力弱。再次，农牧产品深加工行业发展滞后，第三产业配套服务匮乏，第二产业加工链条短，没有打造出区内外知名度高的"朗县"品牌产品，无法形成品牌效应和强大的市场影响力，直接影响了农牧民稳定增收。

（四）劳动力文化水平偏低，贫困文化难以"断穷根"

朗县贫困群众的劳动力文化水平偏低，欠缺脱贫能力。48.28%的贫困群众属于"文盲""半文盲"，文化素质不高使得贫困人口在新产品引进、新技术推广、投资理财以及掌握市场供需情况方面处于劣势，因县城自然条件恶劣，医疗条件差，居民健康意识淡薄，地方病高发，不仅增加了家庭和国家的负担，而且降低了人力资本质量，难以提高劳动效率，因病因残致贫返贫率高。

恶劣的自然条件，薄弱的基础设施建设和公共服务体系，落后的产业发展水平在客观层面上确实成为朗县经济发展的障碍，但除了客观因素之外，贫困人口的思想观念、内生发展能力等主观因素也与贫困有着深刻的关系。长期生活在贫困中的人群一旦具备了特定的价值观念、生活态度和行为习惯，形成某种"贫困文化"，将会比物质贫困更难"断穷根"。第一，普遍性贫困产生了"得过且过"的生活观。由于朗县处于深度贫困连片区，贫困率发生较高且贫困历史悠久，"共同贫困"和"长期贫困"会使群众中产生低水平的心理平衡，安于贫困现状，不求生活富裕，得过且过。第二，落后的生产方式造成了"多生养、少教育"的养育观。因朗县传统农牧业的发展采取了粗放型的生产方式，需要依靠生产资料和劳动力的持续投入才能维持，生产资料有限的情况下劳动力的持续投入可导致生产的"内卷化"的发生，滋生了贫困。此外，他们还认为子女接受教育会减少家庭劳动力，影响生产劳作，不愿意把子女送到学校接受教育。第三，闭塞的环境造就了"故土难离"的迁徙观。由于朗县山高谷深闭塞的自然地理环境，居民迁徙难度大，对外交流活动少。他们对外部世界排斥，不愿意离开故土，劳务输出经济发展迟滞。第四，"输血式"扶贫滋生了福利路径依赖。朗县脱贫攻坚工作开展之前，扶贫以"输血式"的物质、补贴为主要方式。虽然贫困户的生活得到帮扶，但是也产生了负面后果——扶贫工作养了"懒汉"，部分困难群众滋生了"等靠要"的依赖思想，他们不努力摆脱生活困境，而是坐等国家救济。"贫困文化"使得困难群众身陷贫困而不知，甘于贫困，从精神层面丧失了战胜贫困的斗志和内生动力。

第二章

朗县脱贫攻坚的总体部署与主要措施

消除贫困、改善民生、逐步实现共同富裕，是社会主义制度的本质要求，也是我们党的重要历史使命。打赢脱贫攻坚战，是实现西藏长治久安和长足发展的重要保障。自脱贫攻坚战打响以来，朗县县委、县政府紧紧围绕脱贫摘帽这一历史性目标，认真贯彻落实党中央、国务院决策部署和习近平总书记关于精准扶贫工作的重要论述，牢固树立以人民为中心思想，坚持把脱贫攻坚作为头等大事和第一民生工程。以朗县为代表的西藏自治区贫困问题，不仅指向基础设施等"硬件"上的不足，更体现在当地群众的文化、资源技术、知识、信息、社会资本等层面的弱势。而要弥补这些差距，仅仅依靠当地群众的主观努力，依然存在很大难度。长此以往，反而加剧了贫困地区"强势精英"与"弱势贫困户"的不平等现象。聚焦于这一社会转型过程中的结构性问题，唯有以国家战略与重大政策部署为契机，进而从制度上破除藏区脱贫攻坚的难点与重点问题。

朗县聚焦"六个精准"，精准实施"五个一批"和"十项提升基础工程"，全力构建"东西部协作+援藏扶贫"格局，严格"五级书记抓扶贫"责任落实，紧盯"两不愁、三保障""一高于一接近"的目标，凝心聚力，合力攻坚。西藏自治区作为全国唯一省级集中连片特困地区，也是全国贫困发生率最高、贫困程度最深、扶贫成本最高、脱贫难度最大的区域。推动西藏的精准扶贫工作是贯彻落实新时代习近平关于治边稳藏重要论述的具体体现，也是实施国家反贫困战略的主要任务。①

---

① 高大洪、甄菲菲：《以实施乡村振兴战略为契机，努力实现西藏农牧区精准脱贫》，《中国民族报》2018 年 9 月 14 日。

习近平总书记反复强调，脱贫攻坚贵在精准、重在精准，成败之举在于精准。作为代表西藏自治区脱贫攻坚的正面典范，朗县的脱贫攻坚工作的重要意义不仅仅在于融入到国家政略、国家政策与市场力量的多重影响中，集全县干部群众的智慧，厘清工作思路，使脱贫攻坚工作有序开展、环环相扣以保证脱贫攻坚任务的高效完成；更关键的是，朗县"融合式"脱贫进一步促进干群关系和谐、社会安定、民族团结等目标的有效实现，为全面建成小康社会和落实乡村振兴战略打下了坚实基础。以朗县为代表的西藏自治区将打赢脱贫攻坚战作为经济社会发展的头等大事和第一民生工程，从而让贫困地区和贫困人口共建共享改革发展的成果。①

一、朗县脱贫攻坚的总体部署

朗县县委、县政府在部署脱贫攻坚工作的过程中，牢固树立全局观念和"全国一盘棋"思想，强调县委、县政府对扶贫攻坚工作负总责，落实党政一把手负总责的扶贫攻坚责任制。同时，朗县把扶贫开发纳入经济社会发展总体规划，统筹制定全县扶贫开发实施规划和年度计划，合理确定发展战略、目标任务和发展方式。统筹是脱贫攻坚的刚性任务和客观要求，即表现在统筹资金、统筹布局、统筹兼顾等，只有发挥政治优势和制度优势，形成强大合力，才有利于打赢脱贫攻坚战。在这个过程里，朗县始终注重将脱贫攻坚与维护祖国统一、加强民族团结这个着眼点和着力点相结合。注重把脱贫攻坚与改善民生、凝聚人心这个经济社会发展的出发点和落脚点相结合。注重科学制定实施西藏地区集中连片贫困地区扶贫开发规划，制定符合中

---

① 徐伍达：《西藏打赢脱贫攻坚战决胜全面建成小康社会》，《新西部》2018年第Z1期。

央要求与西藏区情的规划。

朗县在逐步消除贫困、改善民生、实现共同富裕，努力打造全区脱贫攻坚典范的工作中，遵循以下基本原则：一是坚持党委领导，政府主导原则。充分发挥党委总揽全局、协调各方的领导作用，为脱贫攻坚提供坚强的政治保障。强化政府责任，调动社会力量参与脱贫攻坚的积极性，激发贫困群众活力，引领市场、社会协同发展。二是坚持突出重点、差异扶持原则。综合全县六个乡（镇）的贫困程度，实行差异化政策，把贫困人口最集中、贫困类型最多、脱贫难度最大的登木、仲达两乡（镇）作为脱贫攻坚主战场，家庭人均可支配收入低于最低生活保障标准及易地搬迁群众等重点人群作为脱贫攻坚重点，做到资源、政策要素向重点贫困地方集中。三是坚持因地制宜、精准施策原则。全面落实"六个精准"要求，严格做到精准识别，找准扶贫对象，坚持因村因户因人施策，因贫困类型施策，落实帮扶政策措施，做到力量配置向扶贫集中、资源配置向扶贫聚焦、政策配置向扶贫倾斜。坚持改革创新，转变方式原则。创新扶贫资源使用方式，由"大水漫灌"向"精准滴灌"转变；创新扶贫资源使用方式，由多头分散向统筹集中转变；创新扶贫开发模式，由偏重"输血"向注重"造血"转变，协调配合，联动发力。

（一）总体理念

自党的十八大、十九大以来，脱贫攻坚被作为治国理政的重点工程来抓。无论是"两个一百年"奋斗目标的设定，还是在推进"五位一体"总体布局、"四个全面"战略布局中，都将扶贫脱贫视为其中的重要内容来谋划。西藏自治区作为我国集中连片深度贫困地区之一，受制于恶劣的自然条件、薄弱的基础设施以及落后的公共服务等客观约束，当地群众普遍都陷入一种贫困程度深、脱贫能力弱的被动局面。加上西藏自治区教育普及程度低、人力素质缺乏优势，也限制了群众脱贫的速度和效率。为了确保朗县贫困人口如期脱贫，早日实现与全国各自治区同步全面建成小康社会目标，朗县县委、县政府全面贯彻党的十八大和十九大精神，深入贯彻习近平总书记关于扶贫开发的系列重要讲话精神和中央扶贫开发的总体部署以及习近平在中央第六次西藏工作座谈会上的讲话。围绕中央"四个全面"战略布局，在牢固树立创新、协调、绿色、开放、共享发展理念的基础上，充分发挥政治优势和制度优势。强调依法治藏、富民兴藏、长期建藏、凝聚人心、夯实基础，是党的十八大以后党中央提出的西藏工作重要原则。精准脱贫是新形势下国家扶贫开发战略的完善和升级，目的是更好地发挥党委、政府主导作用，构建政府、市场和社会协同推进的精准扶贫新格局。

因此，朗县结合本地地区特色，明确了脱贫攻坚要立足于未来的可持续发展道路。更为重要的是，朗县脱贫攻坚经验是充分融入国家战略、国家政策、充分融入市场之中的，在总体部署上注重前瞻性和可操作性，坚持着力提升实际工作效率和脱贫攻坚长期效果。从宏观上看，朗县的"融合式"脱贫将脱贫攻坚与县域发展，置于国家治藏方略、脱贫攻坚战略等国家扶持政策与良好发展环境之下，抢抓发展机遇，从而实现自身脱贫摘帽与可持续发展内生动力的提升。从微观上看，这种"融合式"理念也贯穿于当地的基础设施建设、粤藏扶贫协作等环节中。总体而言，朗县在"融合式"脱贫的科学理念的指导下，做好战略部署，不断地强化政策保障，进一步加大中央对西藏地区发展的支持力度，充实和完善特殊优惠扶持政策，继续执行"收入全留、补助递增、专项扶持"的财税优惠政策。增加中央投资，强化金融支持，加强对口支援。以八大脱贫政策为工作方向，推动"强根基""兴产业""断穷根""双联动"四大领域为其脱贫攻坚工作的重点布局，并在组织动员机制、分级责任机制、资源整合机制、统筹协调机制和激励督导机制的作用下，精准锁定扶贫对象，将朗县脱贫攻坚真正落到实处。

（二）战略部署

精准扶贫工作是一项庞大的系统工程，涉及方方面面、各行各业，面广量大、情况各异、任务艰巨，需要朗县县委、县政府运用更高的思维去思考、更宽的眼界去谋划，理出一个具体而清晰的思路，为朗县精准扶贫工作的开展做好规划。为了打赢扶贫攻坚战，朗县县委、县政府紧紧围绕中央和西藏自治区、林芝市要求，结合朗县贫困人口分布情况和贫困区域资源情况，加快区域发展与实施精准扶贫攻坚同步进行，争取外部支持和自身艰苦奋斗紧密结合起来。坚持因村因户施策，加强"造血"和"输血"相结合，发挥合作社、村集体、能人、双联户的帮扶带动作用，切实把精力放到精准脱贫最大任务上，树立看齐意识、精准意识、攻坚意识，提高脱贫致富实效。为了全面贯彻落实中央，朗县县委、县政府以及西藏自治区、林芝市脱贫开发工作会议精神、朗县"1463"精准脱贫攻坚工作思路①为战略指导，并从健全组织领导、注重顶层设计、聚焦精准帮扶三个方面进一步细化了总体部署与要求。

1. 健全组织领导，全面落实脱贫攻坚责任

2016年以来，朗县成立了以县委书记任组长、县长任常务副组长的脱贫攻坚领导小组和县长任总指挥长、分管副县长任副指挥长的脱贫攻坚指挥部以及脱贫攻坚11个专项组，县级领导分片包干6个乡（镇），立下脱贫攻坚军令状。自2016年以来召开县委常委会、

---

① 朗县"1463"精准脱贫攻坚工作思路："1"即瞄准"一个目标"；"4"即开展"四心工作法"，耐心走访，横向到组、纵向到户，真心访贫，做到真扶贫、扶真贫，细心建档，深入抓好政策宣传，实心帮扶，确保精准扶贫推进；"6"即做到"六个到户"，结对帮扶到村到户、产业扶持到村到户、教育培训到村到户、农村危房改造到村到户、易地搬迁到村到户、基础设施到村到户；"3"即做好"三个强化"，强化组织保障、强化责任落实、强化廉政扶贫。

政府办公会和指挥部推进会等专题会议研究部署脱贫攻坚工作46次，议定脱贫攻坚政策性、导向性事项30余件；政协、人大等部门根据工作职责，将工作重点向脱贫攻坚工作倾斜，开展各类专项扶贫调研督导活动20余次，提出意见建议22条；各乡镇、各部门紧密团结在县委、县政府领导下，围绕部署抓落实，全县上下形成了"县委总管、政府具体负责、各部门协同、乡镇部门专干、村抓到户"的良好格局。朗县县委、县政府与乡镇党委、政府签订目标责任书，乡镇党委、政府与各驻村工作队签订目标责任书，层层压实目标责任。创新推行县级领导包乡（镇）、党政部门包村、科级干部包户精准脱贫工作责任制，使每个包抓人员身上有担子、心里有压力、手里有办法、措施有实招。严格落实"一把手"负责制，层层签订脱贫攻坚目标责任书，主要领导负总责，分管领导具体抓，确保精准脱贫工作责任落实到行动中、体现在成效上。形成了脱贫攻坚路线图、时间表、任务书，以高站位、准定力全力推动脱贫摘帽攻坚拔寨。

此外，朗县还尤其注重发挥与强化扶贫专干的积极作用。每个乡（镇）的扶贫专干都能够及时掌握贫困户进入和退出建档立卡动态监测系统，扶贫专干联合乡镇府分管领导抓好督促落实工作，及时提出工作意见，适时请示汇报，主动加强与各级政府及部门的沟通联系，掌握扶贫工作政策规定和最新动态。朗县扶贫办还定期召开领导小组会议，通过情况通报、经验介绍、座谈讨论等形式，做到工作互动，资源共享，扶贫共进。

2. 注重顶层设计，完善政策保障体系

朗县扶贫规划是贯彻党的十八大精神的具体行动，是落实习近平在中央第六次西藏工作座谈会上的重要讲话精神的具体行动。加快扶贫攻坚，关乎"四个全面"的协调推进，关乎全面小康社会的如期建成。实施脱贫不仅要以全面小康的时间表，倒逼扶贫攻坚的路线图，以全面深化改革的举措，引领扶贫攻坚的顶层设计；还要以全面

依法治国的成效，营造扶贫攻坚的良好环境；更要以全面从严治党的实绩，筑牢扶贫攻坚的政治保障。增强责任心和紧迫感，积极主动参与扶贫，竭尽全力投身扶贫。在此要求上，进一步转变和优化扶贫格局，加大产业扶贫力度，促进贫困人口整体脱贫致富，对构建和谐社会区域经济协调发展、生态文明建设和可持续发展及加快实现全面建设小康社会的奋斗目标，具有十分重要的意义。

因此，朗县始终坚持规划引领，精力向脱贫攻坚集中、资源向脱贫攻坚倾斜、智慧力量向脱贫攻坚汇集，科学制定《朗县打赢脱贫攻坚战的实施方案》、《朗县深度贫困地区实施方案》和11个专项组的专项扶贫规划，以及各行业部门的行业扶贫计划，全面贯彻落实中央，西藏自治区、林芝市脱贫攻坚工作各项决策部署；负责制定全县脱贫攻坚工作重大决策，研究解决重大问题，部署脱贫攻坚重大举措，统筹社会各方面力量，落实脱贫攻坚项目资金，督查考核脱贫攻坚成效。朗县从突破本县发展瓶颈的大局出发，在县"四大班子"经过充分调研论证、召开座谈会听取各方面意见的基础上，确立了朗县"12345"工作思路①，以做大做强做精"四大产业"为目标。立足朗县自然资源、经济社会条件，对本区域内6个乡镇的种植业、养殖业和加工业等产业进行了分析与规划，确定沿江三镇特色种植业和高寒三乡特色养殖业的产业规模，调整充实精准扶贫产业项目库。明确了朗县脱贫攻坚的总体要求、布局、建设内容和保障措施，充分展现了产业发展在扶贫工作过程中的有效作用。

3. 聚焦精准帮扶，补齐脱贫攻坚短板

朗县坚持把精准识别作为打赢脱贫攻坚战的基础，按照自治区和

---

① 朗县"12345"工作思路："实现一个目标"（即实现全面建成小康社会目标），"推进两大工程"（即进一步推进"党的建设和民族团结"两大工程），"坚守三条底线"（即坚守"维护稳定、安全生产、生态环境保护"三条底线），"做精四个产业"（即做大做精"农牧特色业、文化旅游业、藏医藏药业、清洁能源业"四个产业），"建设五个朗县"（即建设"美丽、幸福、文明、法治、和谐"朗县）。

林芝市总体部署，以"精准识别、不落一户、不漏一人"为原则，按照"户、村、乡、县"四级严格落实申请、评议、公示、批复程序，组织县乡（镇）村三级干部进村入户，对贫困户进行摸排、核查、建档。切实做到户有卡、村有册、乡有簿、县有档，确保全县建档立卡扶贫对象的识别精准。建立贫困人口动态管理机制，及时更新贫困人口扶持情况，做好贫困人口动态调整工作和档案管理工作，确保贫困人口动态管理更加精准。朗县在聚焦"精准扶贫"的具体做法有：一是精准建档立卡。工作队对贫困村、贫困户以及贫困人口进行摸底核查，摸清了贫困原因，找出了致贫根源，通过"一户一卡"，形成了《建档立卡贫困户基本信息核查表》，制定了"一户一策"脱贫方案。对贫困村的现状进行了全面摸底调查，形成了《建档立卡贫困村基础设施核查汇总表》，并与相关职能部门进行有效对接，及时调整项目投入规划，加大扶贫项目倾斜力度。二是精准制定措施。全县扶贫攻坚动员大会后，各工作组在摸清所包村的基本情况后，相继制定了切实可行、具体详尽的实施方案。三是"四大班子"领导包镇包村。朗县把各镇、各部门划分了扶贫攻坚作战区域，由县"四大班子"领导发挥带头作用，包镇包村，分片管理，并采取区域竞赛，营造比学赶超良好氛围。

朗县的战略部署（见图2-1）不仅统一到精准脱贫的核心工作上，还统一到精准脱贫的攻坚意识上。由于精准扶贫的核心要求是"精"和"准"，朗县各级各部门需通过对贫困村和贫困户的精准识别、精准帮扶、精准管理和精准考核，引导各类扶贫资源有效对接贫困对象。变"大水漫灌"为"精准滴灌"，优化资源配置，真正构建政策、项目和措施到村、到户、到人的精准帮扶机制，进一步提高朗县扶贫开发的针对性和实效性。在精准扶贫的最后阶段，朗县脱贫攻坚的主战场集中在6个乡（镇）的偏远村、高寒村，这些地方自然条件差、环境恶劣，产业发展和基础设施建设滞后，群众受教育程度低，增收门路普遍较少，是朗县打赢脱贫攻坚战中最难啃的"硬骨头"。鉴于此，朗县的各级各部门在实际工作中准确把握精准脱贫的方向和要求，进一步强化攻坚意识，集中资源和力量，在精准施策上出实招、在精准推进上下实功、在精准落地上见实效，形成合力，共同发力，推动朗县精准脱贫工作顺利开展。

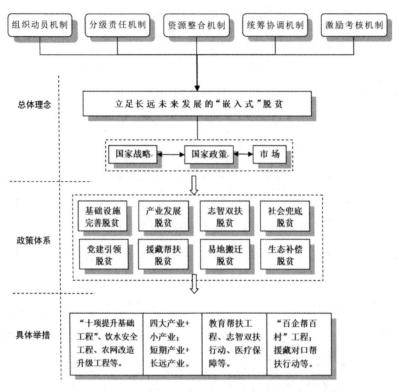

图2-1 朗县脱贫攻坚的总体部署与主要措施示意图

二、朗县脱贫攻坚的政策体系

中央第六次西藏工作会议决定实施"特殊优惠扶持政策""全力推进精准扶贫"，给朗县实现地区减贫与经济社会发展带来前所未有的机遇。西藏自治区朗县县委、县政府以及各相关部门根据国家、自治区和市扶贫开发战略部署，结合各自职能，充分履行扶贫工作职能。在向上争取支持、制定政策、编制规划、分配资金、安排项目时，坚持集中资源、合力攻坚、连片开发、整体联动的基本原则，重点向贫困乡镇和贫困群众倾斜，努力构建"五位一体"大扶贫工作格局，形成扶贫攻坚的合力。从纵向上看，朗县脱贫攻坚的政策体系设计与具体举措之间内在逻辑保持高度一致；从横向上看，朗县坚持贯彻组织动员机制、分级责任机制、资源整合机制、统筹协调机制以及激励督导机制，是脱贫攻坚工作的强大保障，为朗县打赢打好脱贫攻坚战作出了巨大贡献。

（一）政策体系

政策是有效推进脱贫攻坚的"指挥棒"和保障脱贫成效的"紧箍咒"[1]。政策往往是人民群众关注的焦点与热点，重在执行、实施与实效。朗县始终坚持把完善政策作为保障，在实践过程中，朗县以贯彻落实中央关于打赢脱贫攻坚战的决定为总纲。按照自治区实施意见具体要求，在广泛调查研究、征求意见建议的基础上，研究出台"十三五"脱贫攻坚总体规划和易地扶贫搬迁规划、产业扶贫规划、转移就业规划、生态补偿规划等一系列文件。2016年，朗县县委、县政府制定出台《打赢脱贫攻坚战的实施方案》，由此延伸出《扶贫的"十三五"规划》《扶贫产业的"十三五"规划》，针对深度贫困地区的《扶贫三年行动计划》《扶贫巩固提升》等具体办法。并根据朗县脱贫攻坚实际工作的需要，不断细化完善行业部门精准扶贫实施方案，各专项组都有具体的工作方案与实施计划，形成了"1+N"的政策体系。精准扶贫政策内容涉及产业扶贫、易地搬迁扶贫、交通扶贫、水利扶贫、教育扶贫、健康扶贫等诸多领域。[2] 可以说，朗县县

---

[1] 苟灵：《以习近平总书记脱贫重要思想为指导——打赢"十三五"时期西藏脱贫攻坚战》，《西藏研究》2017年第2期。
[2] 刘永富：《中国特色扶贫开发道路的新拓展新成就》，《人民日报》2017年9月4日。

委、县政府始终把农牧民群众的利益摆在至高无上的地位，从群众最关心、最关注的事情做起，不断优化社会服务，推动惠民政策落实。

1. 基础设施完善脱贫政策

朗县交通部门坚持以人民为中心的发展思想，充分发挥农牧民主体作用，尊重农牧民意愿，鼓励支持农牧民参与"四好农村路"建设。朗县加强基础设施建设，努力改善贫困地方的生产生活条件。把社会效益放在首位，贫困地方地处偏远、自然条件差，造成建设难度大、投资效益低，针对扶贫受益面显著的基础设施建设实行倾斜政策。发动群众积极投工投劳，主动参与项目建设，使他们真正成为项目的实施者和受益者。

在具体政策中，朗县首先坚持以交通助力扶贫为着力点，推动脱贫攻坚工作稳步开展。其次，朗县坚持以交通项目支撑为重点，切实服务好产业经济发展。结合朗县"四大产业"发展，提出切实可行的"交通+产业、产业+交通"的发展模式。通过统筹规划、科学安排，相继实施了嘎贡瀑布、拉多藏湖等4个旅游景点公路和3个牧场公路项目，真正使农村公路与产业园区路和机耕道实现了有效对接，有力支撑了"四大产业"的快速发展。最后，朗县坚持以升级改造和优化路网结构为原则，以方便农牧民出行为出发点和立足点，朗县把交通建设与小康示范村和边境一线美丽乡村建设有机相结合，真正做到了统筹规划、协调实施，真正使交通项目建设与新农村建设实现无缝衔接，有效解决了边远高海拔山区农牧民的出行难问题。

此外，朗县还坚持"服务于民、问计于民"，提高群众参与度。朗县在规划建设农村公路项目时，充分征求群众意见，在项目设计初期及竣工验收等环节，积极邀请县环保、林业、乡镇及村（居）"两委"班子和村民代表全程参与，为项目的顺利实施创造了良好的服务环境，交付使用后，及时组织群众参与养护工作，确保农村公路畅通无阻。

2. 产业发展脱贫政策

朗县的产业发展脱贫政策以《朗县"十三五"产业扶贫规划》为根本，实施精准扶贫产业项目。根据贫困群众实际需求，经过层层上报和多轮筛选，调整充实了《朗县"十三五"产业扶贫规划》，共6大类132个项目，总投资139235.4万元。并把"4+1"（12个总投资1312万元）、深度贫困地区（31个总投资11166万元）、脱贫致富产业发展项目（2018年26个总投资39333万元、2019年7个总投资42850万元、2020年5个总投资5656万元）一并归纳到《朗县"十三五"产业扶贫规划》中，推动朗县产业发展上水平，以产业支撑促进全县贫困群众长期可持续脱贫。

朗县还依托各地资源禀赋和扶贫对象自身实际，加大"龙头企业"和各类专合组织扶持力度，发挥其对贫困群众的组织和带动作用；强化企业、专合组织与贫困户的利益联结机制，以土地、草场流转方式让贫困户取得租金，以订单收购原料方式让贫困户取得酬金，以国家扶持资金折股到户的方式让贫困户取得股金。在扶贫产业项目实施过程中，朗县积极鼓励支持贫困群众参与项目建设，学习种植养殖技能；针对每个扶贫产业项目，制定相对应的利益联结机制，保障贫困户有分红，提高贫困群众参与度；朗县严格按照项目审批程序，建立健全项目土地、环评、初步设计及投资概算审批制度，坚决杜绝未批先建等情况发生。

结合"四大产业"布局，朗县县委、县政府持续增强产业发展促民富的"火车头"效应，保持收入稳定性。朗县坚持"政府引导、企业主体、科技支撑、金融撬动、群众参与"的产业发展思路，加快培育新型农业经营主体，引导新型经营主体与脱贫户建立稳定的产业带动关系，采取"企业+脱贫户""合作社+脱贫户"的模式，实施好产业化扶贫项目，鼓励支持贫困户"入企（社）打工挣薪金、入股参股挣股利"，不断提高收入水平。积极探索产业与贫困群众的利益联结机制，以增加脱贫人口资产性收益为目标，鼓励、引导脱贫户与新型经营主体形成利益共同体，分享经营收益。

3. 志智双扶脱贫政策

朗县对建档立卡中因家庭困难导致子女难以完成学业的贫困人口，支持其完成从学前到大学学龄的学业教育，从根本上斩断"穷"根，防止贫困代际遗传。对贫困家庭小学生、初中生，继续用足用好义务教育阶段各项政策；对贫困家庭高中生，实行免除学费，同时协调教育部门，在上学帮扶上给予资金扶持，减轻贫困户家庭的经济压力。

强化教育基础地位。朗县继续巩固义务教育均衡发展成果，认真落实十五年免费教育、"三包"政策①及贫困学生"两免一补"政策②，加强党建和德育工作力度，全面提高学校师生党性修养和道德品质。

加大教育补助力度。朗县给予贫困生每人每年（区内）1000 元、（区外）2000 元的生活补助费；对贫困家庭中高职在校生，除享受国家职业教育资助政策外，通过实施"雨露计划"等培训项目，每生每年一次性给予（区内）2000 元、（区外）3500 元扶贫助学补助；对贫困家庭在校大学生，通过实施农村贫困家庭大学生助学项目、发放助学金、助学贷款等，帮助其完成学业。

实施人才支持计划。朗县进一步向基层倾斜，鼓励教育、科技、文化、卫生、法律等行业人员定期到基层工作服务，大力实施"三支一扶"和大学生志愿服务西部计划，激励博士服务团成员、志愿者到基层服务锻炼，支持大专院校、科研院所、医疗机构为贫困地区培养人才，鼓励和支持区内高校毕业生到基层就业创业。加大对基层

---

① "三包"政策：指对西藏义务教育阶段的农牧民子女实行包吃、包住、包学习费用。

② "两免一补"政策：指农村义务教育阶段，免教科书费、免杂费、补助寄宿生生活费。

专业技术、经营管理、党政人才等各类人才的培养力度。

组织协调和落实扶贫培训和转移就业工作。发挥朗县人社局的职能作用，积极构建财政项目引导、主管部门统筹、培训机构实施、贫困群众自主参与的科技培训机制，加大各类中长期就业渠道，提高培训就业率。

坚持物质文明与精神文明齐头并进。朗县坚持把学习贯彻习近平新时代中国特色社会主义思想和党的十九大精神作为主题教育和宣传思想工作的首要政治任务，在推进"两学一做"学习教育常态化制度化的基础上，延伸开展"四讲四爱"遵循四条标准，组织宣讲巡回宣讲中央脱贫攻坚政策、宣传脱贫致富先进典型，坚持团结稳定鼓劲、正面宣传为主。

4. 社会兜底脱贫政策

近年来，朗县积极落实医疗救助、社会兜底、定向扶贫补助等政策，制订印发了《朗县精准扶贫对象医疗服务绿色通道工作方案》和《精准扶贫对象就医绿色通道合作协议书》，落实民政救助政策，加大民政政策和扶贫政策的有效衔接，集中供养老人等。朗县民政部门将民政惠民政策和脱贫政策有效结合，逐步实现农村低保标准与扶贫标准"两线合一"，切实解决了贫困群众"三不愁"，为贫困群众织牢了一张民生的"兜底网"。

确保困难群众的基本生活保障。全面加强困难群众基本生活保障，成立了困难群众基本生活保障工作领导小组，确保困难群众生活保障工作的顺利实施；强化城乡低保制度体系建设，提高城乡低保对象和特困人员救助标准，实现扶贫与低保政策"两线合一"，将符合建档立卡贫困户纳入社会救助范围，扩大低保对象覆盖面；完善医疗救助工作机制，建立"一门受理、协同办理"制度，加强医疗救助制度与新型农村合作医疗和城镇居民医保制度有效衔接，提高医疗救助工作效率；扎实做好临时救助工作，解决低收入群众突发性、临时性基本生活困难；扎实做好流浪乞讨人员救助工作，坚持"自愿求助，无偿救助"的救助原则，切实加强生活无着的流浪乞讨人员救助工作。

提高医疗保障水平，以健康扶贫强基础。继续认真落实农牧区医疗制度，抓好疾病预防控制工作，积极开展免费健康体检及建档工作。落实医疗救助政策。进一步完善医疗救助工作机制，开辟贫困群众绿色通道，设立兜底基金150万元，为贫困户发放就医绿卡2900张，实现了"一人一卡"。朗县坚持以医疗卫生公益性质为核心，以建设覆盖城乡居民的基本医疗卫生制度为目标，以推动卫生发展方式转变为着力点，建立起比较完善的医疗卫生服务体系，努力实现人人公平享有基本医疗卫生保健目标。落实健康扶贫工作，统一印制发放藏汉双语朗县扶贫医疗卫生救助政策解读和医疗救助流程图海报。

加强社会兜底保底线。朗县统筹兼顾办好民生实事，持续加大民生投入，大力推动基层科技服务体系建设，加大科技普及力度，不断强化新时代经济社会发展的科技支撑；建立健全以社会保险、社会救助、社会福利为基础，以基本养老、基本医疗、最低生活保障制度为重点，覆盖城乡居民的社会保障体系；持续加大本级财政教育经费投入力度，健全贫困学生资助、保障机制。朗县创建"老吾老以及人之老，幼吾幼以及人之幼"暖心工程。朗县民政部门通过下乡走访宣传、逐户入村调查等方式，确保符合条件的"五保"老人"应保尽保"。与此同时，朗县还成立了农村留守儿童关爱保护工作领导小组，明确相关部门职责，确保农村留守儿童救助工作的顺利开展，留守儿童、困境儿童做到了一人一档。对建档立卡中的特殊贫困群体，按照国家相关政策，由政府兜底脱贫。对贫困老年人，按规定发放基本养老金和高龄生活补贴；对生活困难残疾人，发放残疾人专项补贴；对因病丧失劳动能力的贫困人口，用好新合疗等医保政策，符合条件的优先纳入大病医疗保障范围予以救助；对符合条件的"五保户"、孤寡老人等贫困群众，全部纳入农村最低生活保障和"五保"

供养范围。

5. 党建引领脱贫政策

朗县深入推进脱贫攻坚与基层党组织建设"双推进",以党建带扶贫,以扶贫促党建,进一步充实加强县乡村三级扶贫系统的机构和队伍建设,增设内设机构,增加事业编制,配强领导班子和专业技术人员,解决好扶贫部门必要的工作条件和经费保障。牢固树立抓好党建是最大政绩,是推进改革发展稳定工作的重要保障,是治本之策的理念。朗县通过强化理论学习、完善培养机制、严格日常管理等措施,全面深化"三个培养"工作,为打赢脱贫攻坚战提供有力的组织保障。坚持把特色优势资源转化为经济优势,由村党组织唱主角,以党建促产业发展,以产业发展助推脱贫攻坚。通过"党建+庭院经济+扶贫""党建+扶贫与预制厂""支部+文化+合作社+扶贫""党建+劳务输出+扶贫""党建+养殖业+扶贫""党建+公司+农户+扶贫"等模式,发展壮大村集体经济,为如期打赢脱贫攻坚战提供保障。

强化"党建+培养"引领,通过强化理论学习、完善培养机制、严格日常管理等措施,全面深化"三个培养"工作,为打赢脱贫攻坚战提供有力的组织保障。强化"党员+脱贫"引领,充分发挥基层党员的先锋模范作用,部分党员成立种植养殖合作社、创办朗敦红辣椒加工厂、创办山羊养殖合作社等先进做法,以党员带动贫困户脱贫,为群众拓宽增收渠道,在基层脱贫攻坚工作中发挥党员引领作用,鼓励群众增收致富作出表率。

6. 援藏帮扶脱贫政策

党的十八届五中全会指出:"实施脱贫攻坚工程,实施精准扶贫、精准脱贫,分类扶持贫困家庭,探索对贫困人口实行资产收益扶持制度,建立健全农村留守儿童和妇女、老人关爱服务体系。"《中国农村扶贫开发纲要（2011—2020 年）》提出："已明确实施特殊政策的西藏、四省藏区、新疆南疆三地州是扶贫攻坚主战场。"中央扶贫开发政策、西部大开发政策将会向西藏进一步倾斜，朗县将在"十三五"时期继续享受贫困县政策，这为全县扶贫开发提供了重要机遇。同时，中央召开的中央第六次西藏工作座谈会，全力推进精准扶贫"通过中央制定实施西藏特殊连片贫困区域专项计划，同等条件下国家扶贫政策优先向西藏倾斜，对贫困村、贫困户建档立卡，支持贫困对象自主创业等有力举措，确保贫困人口到 2020 年如期全部脱贫"，援藏资金重点向扶贫开发倾斜，将精准扶贫项目纳入援藏规划和年度计划，重点给予支持。这些政策都将极大促进全县扶贫开发事业不断前进。

7. 易地搬迁脱贫政策

朗县对生活在深山峡谷、资源缺乏、基础设施落后、公共服务欠缺等"一方水土养不活一方人"的贫困群众（边境地区贫困群众除外），按照政府引导、群众自愿、就地就近、积极稳妥，以县、乡内部搬迁为主的原则，统筹新型城镇化和新农村建设，依托小城镇，实施易地搬迁。积极落实国家稳慎前推控制要求，鼓励引导贫困地区群众向边境一线实施易地搬迁，帮助边境一线地区解决用电难、饮水难、行路难、就医难、创收难等问题，确保边境"留边民、稳边民、富边民"的特殊扶持政策落地生根。

朗县注重搬迁与脱贫并重，把易地扶贫搬迁与产业发展生态修复等结合起来。同步开展旧房拆除、土地复垦和生态修复工作。对符合条件的实行农村危房改造、避险解困。根据搬迁户的人均住房需求，结合人均住房面积不低于 25 平方米/人，房屋按照大中小三种户型布局，主要以砖混结构为主，同时协调发改、住建、水利、国土、林业、农电公司，根据易地搬迁的各项要求，通过争取项目，整合资源，共同推动易地搬迁顺利进行。并加大创业就业、发展生产等扶贫力度，确保贫困户搬得出、稳得住、能致富。

8. 生态补偿脱贫政策

朗县严格按照自治区要求分配好生态补偿岗位，做好岗位的动态管理工作，及时落实兑现岗位资金。坚持"四定"原则，制定生态岗位管理考核办法，积极加强生态岗位管理。县乡村三级每年签订目标责任书，制作岗位出勤台账。注重将定向补助性政策与生态补偿政策同安排、同部署。大力宣传生态补偿政策，带动群众参与植树造林，建设生态绿色朗县。同时，县脱贫攻坚指挥部也积极主动与生态补偿各成员单位、各乡镇沟通协调，将生态补偿责任落实到位。根据各行业部门的岗位职责、定岗职责，细化岗位内容，建立健全岗位出勤台账，要求岗位人员持证上岗，发挥建档立卡户的内生动力，进一步提升参与岗位工作实现增收的积极性，确保生态补偿脱贫成效。同时，朗县还大力推进西藏生态安全屏障保护建设规划的实施，加大主体功能区转移支付与森林生态效益、小流域综合治理、草原生态保护补助奖励机制等补偿力度，开展湿地、自然保护区、水生态的生态补偿试点，建立湿地、水利生态、资源开发补偿机制。加大生态保护修复力度，增加重点生态功能区转移支付，扩大政策实施范围，大力推进天然林保护，退耕还林、退牧还草等重点生态保护工程建设，完善草原生态补偿奖励机制。

（二）重点布局

在朗县开展脱贫攻坚行动以前，首先必然厘清当地的贫困特点及成因，才能做好朗县脱贫攻坚的重点布局，使脱贫攻坚工作能够具有针对性地展开，从而提升扶贫攻坚工作的效率。总的来看，朗县贫困原因存在历史和现实两个方面的原因。就历史而言：封建落后的思想根深蒂固，传统观念落后，科技意识淡薄，发展基础差，底子薄。现实方面存在着自然地理环境恶劣，基础设施建设落后，资源匮乏，生产方式落后，山高路远谷深，交通信息闭塞等不利因素。

贫困源于发展滞后，解决贫困根本要靠发展，同样扶贫也为发展拓展了新的增长空间。朗县在脱贫攻坚以前，在特殊生态环境、基础设施落后、产业发展起步慢等客观不利因素，以及当地贫困人口内生动力不强、脱贫能力较弱、人力资本低下的主观不利因素的共同影响下，长期处于落后阶段。因此，这就要求朗县脱贫攻坚工作有的放矢，精准瞄向这些阻碍因素。

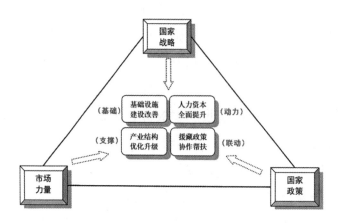

图 2-2　朗县"融合式"脱贫的重点布局

1. "强根基"：人口过疏化背景下的基础设施改善

朗县民风淳朴、当地人民勤劳善良，但支撑经济发展的资源、土地、资金等要素保障不强，县域内农田水利等配套设施承载能力较弱，除洞嘎、朗镇、仲达三个沿江镇，其土地较为平整肥沃、基础设施相对较好外，金东、拉多、登木三个高寒乡，受地理环境、气候条件等影响，交通、水利、环境等配套基础设施建设相对落后，区域平衡发展有待进一步改善。主要表现在：

一是自然条件恶劣，返贫形势严峻。朗县属于集中连片的贫困区，境内地形复杂，土层瘠薄，生产能力较低，地质灾害等较为严重，农牧业生产的稳定性差。干旱、洪涝、冰雹、霜冻等气象灾害及山体滑坡、泥石流等地质灾害频发。当地农牧业基础条件差，防抗灾能力较弱，每年都有大量人口返贫、复贫，新增贫困人口、因灾致贫人口和残病人口等，返贫形势严峻。

二是朗县地域限制突出，基础设施薄弱。作为全国唯一省级集中连片特困地区，整体处于深度贫困，贫困发生率高、贫困程度深、扶贫成本高。朗县又是全区44个深度贫困县之一，受到历史因素、自然因素、社会因素等多方面的影响，发展条件较为艰难。朗县地质灾害点多、灾害发生频繁，且防御自然灾害能力弱。高寒地区气候较为恶劣，资源相对匮乏、社会发育低，群众生产生活环境总体来说还比较差。

因此，基础设施落后是西藏经济发展和脱贫攻坚最大的短板，而交通又是短板中的短板。[1] 因此，朗县持续加大对基础设施建设的投入力度，巩固基础设施的"基石"作用，完善基础设施建设，筑牢发展"硬件"。在巩固"十项提升工程"覆盖率的基础上，深入推进重点水利工程、农村饮水安全巩固提升工程项目，巩固农村饮水安全工程；实现农村公路硬化全覆盖，全面解决农村出行难、运输难的问题；实施新一轮农网改造升级，提升农网供电能力和供电质量。为全县经济发展配齐硬件，推动各项产业共同发展，为全面达到小康标准提供有力保障。此外，朗县还充分发挥新农村建设对脱贫的推动作用，积极开展传统村落整治和危房改造，不断提高村容村貌的硬化、亮化、美化程度，加大村内道路、路灯、生活污水处理、改水改厕等建设，积极推进美丽乡村建设。

2. "兴产业"：资源禀赋贫瘠条件下的产业结构优化升级

结合实际情况，朗县扶贫产业落后的主要原因有三：首先，朗县

---

[1] 农发行西藏自治区分行：《脱贫攻坚担重任治边稳藏显身手》，《农业发展与金融》2017年第31期。

产业基础薄弱，起步晚、规模小，组织化程度低，没有真正形成带动贫困群众脱贫致富的产业。其次，朗县产业发展主要以农牧业为主，而农畜产品加工业环节薄弱，深加工产品缺乏，农牧业产业化水平低，规模生产、集约经营水平低，能起到推动农牧区经济发展的"龙头企业"少。因此，缺乏产业支撑和"龙头"带动，也成为影响产业脱贫的重要制约因素。此外，由于朗县财政收入较低，同腹心县相比，优势不显、后劲不足，产业均处于起步阶段，没有形成完整的产业链，自身发展能力还有待进一步提高。

朗县土地面积有限，人均耕地面积仅为 1.6 亩。尽管朗县核桃有两千多年的悠久历史，但核桃种植周期太长，当地核桃须有 10 年以上才能结果。因此，已经种植的核桃将被保护好、使用好，发挥其作用，但面积将不再扩大。另外，朗县藏冬桃的营养价值较高，但成熟以后保存时间短，有效保质期只有 2—3 天，且面积也不大。相比之下，苹果种植的优势很大，成熟期较短，而保存时间较长，因此朗县立足区域资源优势，尊重群众种养传统，努力挖掘能够代表县域资源条件、人文内涵、民族特色的优势产业，将产业相对集中布局在最适宜区。把乡镇作为产业发展和建设的基本平台，实施规模化、集约化开发；着眼于产业整体开发和整体竞争力的提高，通过延伸产业链和产业化经营，提高特色产品整体竞争力。

朗县结合脱贫攻坚工作实际，始终把调整壮大产业结构、改善农牧民群众生产生活条件作为主攻方向，牢固树立"扶产业就是扶根本"的理念，增强贫困群众"造血"功能。积极发挥农牧特色产业带动效力，以"四大产业"布局为中心，大力发展农牧特色产业，逐渐形成以沿江三镇发展"一果一椒"①的城郊农业和以偏远三乡开发农畜产品、灌木林地山草产业为主的高寒畜牧业产业布局。具体来说，朗县的"四大产业"分别为：农牧特色产业，文化旅游产业，

---

① "一果一椒"：指朗县的苹果和辣椒。

藏医藏药产业，清洁能源产业。在农牧特色产业方面，朗县的六个乡镇区位各异，其中三个镇位于雅鲁藏布江旁，种植业优势明显，包括辣椒种植和经济林木的种植。而三乡的产业优势则体现在养殖业，尤其是以牦牛养殖产业为主。通过比较优势，种植业的选择也从"一果两椒三桃"① 精细到"一果一椒"产业。文化旅游产业平稳起步。立足朗县南派藏医始祖苏卡·娘尼多吉出生地，藏纸、藏香、药香制造工艺以及冲谐、贝谐等文化特色，大力挖掘保护县域文化资源；成功举办了 2018 年林芝市第十六届桃花文化旅游节朗县分会场活动。藏医藏药业创新传承。朗县在继承藏医南派传统的基础上，在登木、拉多开展藏中药材试种，并取得初步成效；充分利用投资县藏医院建设项目，广泛开展尿诊、把脉、火罐、针灸、放血、推拿等技术。清洁能源产业带动潜力巨大。朗县注册成立国家电网投资集团朗县能源有限公司，安排贫困户就业和分红等带动贫困户脱贫事宜。

3. "断穷根"：人力资本的全面提升

朗县受历史、地理、环境资源等诸多因素制约，贫困人口呈现出点多面广线长、致贫原因多、脱贫难度大的特征，群众增收渠道狭窄，收入结构单一，大多数群众仅依靠虫草采挖、传统农牧业、少量运输业和简单的劳务输出增加收入。加之贫困群众文化水平不高，"等靠要"思想依旧存在，脱贫攻坚仍存在较大压力。此外，朗县地处偏远、经济欠发达、生活工作环境相对较差，吸纳人才的载体、空间和吸引力有限，特别是教育、卫生、农牧、水利等行业专业人才缺乏。随着中央支援西藏工作的持续深化，自治区党委、政府和林芝市委、市政府对边境地区的大力支持，藏东环线的融会贯通，给朗县带

---

① "一果两椒三桃"："一果"是指朗县苹果；"两椒"是指朗县辣椒、花椒；"三桃"是指朗县藏冬桃、油核桃、葡萄。

来了前所未有的发展机遇。但朗县现有人才总量、素质和结构配置不够合理，引进人才方面亟须进一步增强。

贫困恶性循环理论认为："穷人之所以穷，就是因为他们穷。"贫困群众是农牧区的弱势群体，突出表现为：受教育程度低，组织化程度低，生产方式落后，发展技能缺少，"等靠要"思想严重。他们的话语权、参与权和发展权在一定程度上受到了限制，接受信息、教育和培训的机会也必然面临各种制约，内生发展动力不足，阶层固化现象有所体现。总之，朗县贫困人口分布广、扶贫难度大、扶贫任务重，面临相对贫困与跨越式发展之间的矛盾、巩固温饱与发展方式转变之间的矛盾、稳定脱贫与全面建成小康社会目标之间的矛盾，扶贫开发是全县一项长期艰巨的历史任务。

在朗县脱贫攻坚工作中，为了全面提升人力资本的落后状态，贯彻落实思想脱贫的重点布局，朗县县委、县政府积极推进三个计划（基础教育均衡发展计划、职业教育富民行动计划、高等教育人才支持计划）、完善两个体系（学生资助政策保障体系、脱贫攻坚全民支撑体系）、落实一个方案（教育结对帮扶实施方案），制定《朗县教育部"十三五"时期教育精准扶贫规划》《朗县教育脱贫攻坚三年行动计划2016—2018年》《朗县2018教育帮扶实施方案》。朗县县委、县政府借助这些政策、计划的完善与落实，坚持群众主体，自力更生原则，以充分发挥贫困群众的主体作用，以及充分调动贫困群众的积极性、主动性和参与性。真正激发朗县贫困群众的内生动力，引导当地贫困群众参与扶贫、自主脱贫，从而变"要我脱贫"为"我要脱贫"。

4. "双联动"：大融合大团结格局下的粤藏携手并进

根据中央第六次西藏工作座谈会和东西部扶贫协作座谈会精神，对口支援省市、中央企业赴藏考察调研，进行需求对接、签署协议、编制规划，将援藏资金的80%向深度贫困地区倾斜。国务院扶贫办先后召开了三次深化对口援藏扶贫工作会议，推动对口支援省市、中央企业与受援地开展需求对接、协议签署，加快对口援藏向产业扶贫、就业扶贫、智力扶贫和消费扶贫转变。援助朗县单位逐年加大援藏资金投入，积极开展对口援藏扶贫工作，严格按照中央所提出的"把援藏工作和加强民族团结紧密结合起来，始终坚持援藏资金和项目向基层倾斜、向农牧民倾斜"的工作要求，加大援藏扶贫工作。随着援藏工作的不断深入，援藏扶贫极大地促进全县扶贫开发深入开展。仅 2018 年，援藏会议签约项目就有 26 个，总投资 80 亿元，已落地 25.6 亿元；中央机关和援藏省市专项招录西藏籍高校毕业生262 名，对口援藏包干帮扶受援县 10% 的贫困人口；援藏省市选派1273 名优秀教师和 658 名医务人员深入贫困地区开展教育、医疗"组团式"援藏。

朗县工作组注重将"结对帮扶"作为教育援藏的重要抓手持续用力，不断取得新的成果。下发了《关于做好对口支援西藏朗县教育援藏工作的指导意见》，整体规划教育援藏思路、确定目标任务、明确具体要求，确定安排了 11 所惠州市优质中小学（幼儿园）与朗县 9 所中小学（幼儿园）建立结对帮扶关系，为深入开展教育援藏工作奠定了坚实的基础。志愿支教活动全面展开。惠州市教育局出台有关鼓励教师前往西藏朗县支教的文件后，各有关学校积极响应，精心挑选了一批思想政治素质高、身体条件好、教学能力强，中级职称以上的数学、英语、道德与法治、音乐、体育、美术等学科骨干带头教师作为支教人选到朗县各学校开展支教活动。

朗县工作组重视人才培养工程，通过"请进来"、"走出去"、远程教育等方式，大力培养教育、医疗卫生等专业人才。利用"互联网+"技术搭建智力援藏信息化平台，加大远程网络教育、医疗、技术培训工作力度，弥补智力资源的不足。强基惠民工作也是一项惠及农牧民群众的民生工程，尤其是工作队的成员为当地带去了新观念和部分技术，为当地农牧民致富开辟了新的空间。扶贫开发工作充分借助驻村工作队扎根基层、亲近农牧民的优势，探索产业扶贫工作与强基惠民工作相结合的机制。产业扶贫项目实施的过程，其实质也是对优势资源、优势产业整合的过程。

（三）具体举措

党的十八大以来，习近平总书记立足党和国家工作全局，高度重视和关心贫困地区的扶贫开发工作，多次对精准扶贫工作作出重要指示。林芝市委和朗县县委、县政府在行业扶贫、专项扶贫、社会扶贫、产业扶贫、援藏扶贫"五位一体"大扶贫格局和大力实施面上扶贫、整村推进、劳动转移、雨露计划、贫困户安居工程、农牧民技能培训等"六大工程"基础上，确定了"1463"脱贫工作思路和"232"精准脱贫工作布局①。朗县各级各部门在抢抓政策机遇、积极衔接汇报的基础上，争取更多的扶贫项目投放朗县，真正做到将政策机遇转化好、优势资源开发好、共建平台拓展好。朗县在具体举措的实施中，严格按照精准扶贫的要求，由面上推进转向点上突破，把所有扶贫项目和帮扶资金具体到村、到户、到人，切实让每一个贫困户和贫困人口脱贫有支撑、致富可持续。朗县的脱贫攻坚工作将项目建设作为重要支撑，同时也是将全县"融合式"脱贫理念、战略贯彻、落实到具体层面的直接表现。

1. "十项提升基础工程"、道路建设与养护工程、农村饮水用水工程等

朗县注重农牧区交通、水利、电力等基础设施建设，农牧民群众生产生活条件大幅改善，发展后劲全面增强。朗县还大力推进通信基

---

① "232"精准脱贫工作布局：指林芝市计划于 2016 年巴宜区、米林县完成脱贫摘帽，2017 年朗县与工布江达、波密县完成脱贫摘帽，2018 年墨脱县、察隅县完成脱贫摘帽。

础设施建设，实现移动网络、宽带网络广覆盖。不断完善邮政普遍服务体系，优化用邮环境，满足扶贫脱贫用邮需要。

"十项提升基础工程"。自 2016 年以来，朗县以"十项工程"促长效提升，累计实施项目 178 个，其中培训类 16 个、搬迁类 9 个、交通类 29 个、教育类 12 个、产业类 65 个、水利类 44 个、危房类 3 个，完工项目 151 个。实现了户安全饮水率、乡镇和行政村道路通达率、户通电率、通信覆盖率、行政村通宽带率、科学技术普及率、义务教育适龄儿童入学率、村级卫生室覆盖率、村医配备、医疗费用报销率、养老保险参保率达到 100%，有劳动能力贫困人口培训率和就业率达到 80%。并且完成了现代农业生态观光园项目的场区基础设施改造，形成了"四园三区一中心"的总体结构。

道路建设与养护工程。朗县推进道路联网工程和贫困乡村公路安全防护设施建设，加大对断头路、瓶颈路、年久失修路、牧场道路和危桥改造，打通基层贫困地区与外界的交通联系。建立农村公路养护机制，继续加大吸纳贫困群众作为护路员参与农村公路养护管理。据此，朗县成立了由住建、环保、林业、水利、安监、交警等多部门联合的执法大队，扎实开展农村公路路域环境综合整治，加大违法违规整治行为，确保交通运输领域风清气正，进一步改善农牧民生产生活环境。此外，朗县完善巡查制度，确保巡查工作的有效性，在坚持时间、范围、频率"三到位"的基础上，严格实行"两站两员（交通安全劝导站、农村公路养护站和交通安全劝导员、农村公路巡路员）"工作机制，科学合理地安排和调整巡查时段，建立了严格的路产逃逸案件责任追究制。有效地提高了路政巡查效率，每半个月至少进行一次全县农村公路全面巡查，并且严格落实巡查负责制和违章建筑查处清理等工作的首办负责制，切实加强对护网等设施的安全控制。

水利工程建设、安全饮水工程。朗县推进中低产田改造和高标准农田建设，大力实施良种推广，稳步发展青稞、油菜、小麦等粮食生产。确保贫困人口基本良田人均达到 2 亩以上。优先解决贫困地区灌溉问题，加快推进重大水利工程、农田水利建设、中小河流治理、"五小"水利工程建设。实施农村安全饮水巩固提升工程，提高自来水普及率。

此外，朗县对建档立卡户，通过实施整村推进、新农村建设等项目，整合各行业部门和社会投入精准扶贫资金，加强水、电、路、两委会阵地、卫生室、绿化美化等基础设施建设，进一步改善群众生活条件、提升人居环境水平。对建档立卡中有危漏房等安全隐患的贫困户，通过实施危房改造、高崖滑坡治理等项目，促使贫困户住有所居、安居乐业。

2. "四大产业+小产业""短期产业+长远产业"相结合

朗县以乡村振兴战略统领为总布局，以农业供给侧结构性调整为抓手，全面提升现代农牧业发展水平，抓重点、补短板、强弱项、促改革。以特色产业选择为核心，促使农业农村经济稳定向好，农牧民收入持续增长，各项工作取得显著成效。2018 年以来，朗县县委、县政府按照"12345"工作思路，坚持以全面建成小康社会为目标，坚持持之以恒抓好产业建设发展与改善群众生活，重点实施了"一带四基地"和"4+1"为主导线的产业类项目。

脱贫产业项目推进。加强对 2017 年第二批脱贫攻坚统筹产业项目、"4+1"产业模式项目、"一带四基地"项目和短平快项目的建设，力争 2019 年项目全部建设完成，建立健全利益联结机制，确保项目利益分配到位。朗县按照自治区藏猪产业发展决策部署，因其处于藏香猪产业发展辐射区，根据市政府安排，结合朗县的实际确定了"公司+养殖大户+村集体+农户"发展模式，在广东省第九批援藏工作队及县商务局的大力支持下，引进广东粤旺集团作为朗县推进藏香猪产业发展的企业，以增强藏猪养殖发展的内生动力和"造血"功能。在藏猪初养殖的基础上，朗县不断总结经验，建成藏猪产业原种保护与繁育、仔猪扩繁与生态育肥、加工与物流等体系，确保朗县藏猪产业发展逐步高效推进。

强化精准扶贫产业实施。朗县发挥资源优势，积极调整产业结构，主打"四大产业"精准扶贫产业模式，精准发力向贫困户倾斜，呈现产业规模不断壮大、项目支撑日趋明显、产业链条继续延伸的发展态势。以"一果一椒"为重点，大力发展苹果和辣椒的特色产业。积极引导群众调整产业结构，按照品种特色化、种植规模化、产销一体化的"公司+基地+农户"的经营模式，鼓励群众发展辣椒种植，多举措、多渠道开辟"订单种植"模式。朗县不断充实科学技术力量，组织专家团开展技术服务培训，对全县辣椒种植进行技术培训。成立辣椒产业工作专班，从特色产业发展资金中安排专用经费。强化对本地辣椒苗的复壮提纯，选育适合本地生长的优良品种。对建档立卡中有劳动和经营能力但无产业途径的贫困人口，通过实施产业扶持开发、低收入户产业扶持、产业化扶贫等项目，鼓励发展核桃、藏东桃、辣椒种植，土鸡、犏奶牛、山羊养殖等特色产业，拓宽增收渠道。

特色产业品牌建设与打造。朗县深入推进"三品一标"① 认证，打造精品农业。朗县已获得"三品一标"认证农畜产品4个，其中绿色食品标志2个（朗县花椒和藏冬桃）；农产品地理标志2个（包括朗县核桃和朗县辣椒），其中朗县辣椒地理标志已于6月5日的农业部专家评审会上通过农产品地理标志。还积极推进重点贫困乡镇农畜产品交易市场建设，大力扶持商运大户，继续实施"万村千乡"市场工程，进一步培育传统市场体系。并探索建立"互联网+"和电商扶贫市场体系，开拓农畜产品电子商务，促进朗县农产品网上销售平台建设。

金融扶贫带动作用。朗县设立产业金融扶贫风险补偿担保基金

---

① "三品一标"：指无公害农产品、绿色食品、有机农产品和农产品地理标志。

3000 万元，积极撬动金融资金投入产业发展。还巩固提升合作社和村集体经济的"硬件"和"软件"，想方设法延长产业链条、提升产业价值，不断加大农牧特色产品研发力度和品牌申报力度，打造出一批区内外叫得响、卖得好、有效益的特色产品，让群众感受到"看得见、摸得着"的实惠。

3. 教育帮扶工程、志智双扶行动、医疗保障工程等

朗县坚持把转变深度贫困地区群众思想观念作为脱贫攻坚的重要举措，进一步激发当地贫困群众内生动力，引导贫困群众由"要我脱贫"向"我要脱贫"转变，切实增强贫困群众依靠勤劳双手脱贫致富的主动性。

教育帮扶工程。朗县积极开展社会专项教育援助，帮助贫困家庭子女更好完成学业；设立"鹅祥基金"和"榕朗情"教育基金，专款用于鼓励学业成绩优异的学生，尤其是贫困学生。结合"四讲四爱"群众教育实践活动，在学校大力开展感党恩教育，学生德智体美劳全面提升，为广大学生成为社会主义事业的合格建设者和可靠接班人夯实教育基础。2016 年以来，朗县投入资金 3570 万元，修建幼儿园 18 所，切实提升教育硬件水平，全面改善硬件设施解决贫困家庭子女就近入园难问题，大力提升教育教学质量，教育均衡发展通过国家验收。同时，积极构建政府主导、社会参与、援藏支持、企业协助的贫困学生自主体系，切实减轻贫困家庭供养子女上学的经济负担。

职业培训工程。朗县对接市场需求，进一步优化培训方案，建立健全立卡劳动力贫困群众花名册，坚持就业有门路、户户有收入、精准开展贫困群众转移就业技能培训。开展温室大棚种植、藏餐烹饪技能、建筑基础操作、生态护林员业务知识、挖掘机操作、牦牛养殖、机车维修、旅游业客服等技能技术培训项目。并针对建档立卡中有劳动能力但缺少职业技术技能的贫困人口，通过整合培训资源，衔接好人社、农牧、林业、旅游等部门，加大培训力度，提高贫困人口经营

和就业技能本领，有效增加其经营性和工资性收入。

医疗救助方面。朗县深入开展"五下乡"活动，免费为符合条件的育龄群众进行生殖健康医疗服务；邀请河北等地专家开展包虫病患者甄别；与林芝市济民医院结对开展"党建+医疗+脱贫"健康扶贫活动；为贫困家庭落实签约医生，提供健康知识教育、定期检查、疾病治疗随访等一系列服务，进一步减轻贫困群众就医负担，防止因病致贫返贫，为贫困群众购买"脱贫保险"。

社会保障方面。朗县提高社会保障水平，继续加强就业指导、服务和技能培训，推动高校毕业生、农村转移劳动力和城镇困难人员实现就业。朗县不断提升城乡低保、农村"五保"供养、医疗救助、孤儿救助、自然灾害和临时困难救助水平和保障标准，完善社会救助体系。同时，要求相关单位对于农牧民群众的咨询、办事，以端正的态度，耐心向群众讲解国家政策、解释办理流程，锤炼"马上就办"的工作作风。

4. "百企帮百村"工程、援藏对口帮扶行动等

朗县在脱贫攻坚过程中充分调动社会各界参与扶贫开发的积极性，鼓励支持援藏帮扶、企业帮扶、驻村工作队、爱心人士等社会各界参与帮扶脱贫。

援藏对口帮扶行动。朗县充分落实援藏扶贫工作，充分发挥援藏的人才、技术、资金优势，推进农牧区基础设施建设特别是小康示范村建设，健全援藏扶贫长效机制。突出援藏扶贫，聚焦技术援藏、人才援藏，学习借鉴其他省市的先进的企业管理和发展经验，组织开展更多的技能培训，为朗县具有劳动技能的贫困群众打开赴沿海城市就业的通道，进一步巩固扩大援藏扶贫成果。同时，朗县还充分调动社会各界参与扶贫开发的积极性，鼓励支持社会团队、驻村团队、爱心人士等社会各界参与帮扶脱贫。朗县还加大科技成果在贫困群众中的推广应用，充分发挥科技人员"传帮带"作用，加快先进适用技术

的转化步伐，对贫困群众提供养蓄管理、种田帮助等便捷有效的科技服务。

"百企帮百村"工程。朗县大力实施"百企帮百村"精准扶贫行动，与12家非公有企业签订《精准扶贫企业对接帮扶协议书》。发动在朗县企业根据各自经营状况和能力，积极承担社会责任，发挥吸纳就业、生产生活帮扶作用。突出企业帮扶作用，坚持引导企业积极承担社会责任、发挥资金、技术、市场等优势，通过开发就业岗位、产业培训、生产生活帮扶等形式，带动朗县贫困人口脱贫。

"四对一"帮扶。按照乡（镇）包村到户、村"两委"班子包户到人，驻村工作队派出单位包村到户，乡科级以上党员领导干部包户到人的对口帮扶模式，朗县落实"四对一"帮扶措施，提高贫困群众生产生活水平，实现对口帮扶脱贫。强化结对帮扶，推进"党员干部进村入户，结对认亲交朋友"活动常态化、长效化，摸清致贫原因后对症下药，丰富帮扶内容，加大帮扶力度，做到"四对一"帮扶全面覆盖。除此以外，朗县强化行业部门驻村帮扶作用，实现扶贫解困与强基惠民驻村工作的有效衔接，切实履行部门的定点扶贫责任。

三、朗县脱贫攻坚的工作机制

脱贫攻坚是一项系统工程，事关贫困群众根本利益，事关经济社会长足发展和长治久安，需要全县上下共同努力、精密配合，才能形成合力攻坚的强大力量。朗县的各级党组织切实履行脱贫攻坚主体责任，将扶贫责任扛在肩上，将扶贫任务抓在手上，形成一级抓一级、层层抓落实的工作格局。结合朗县实际，明确脱贫职责与任务，聚合力完善组织动员机制、分级责任机制、资源整合机制、统筹协调机制和激励督导机制五个方面，由此形成脱贫攻坚工作机制，以持续加强动态跟踪管理，坚决防止虚假脱贫。同时，建立健全稳定脱贫长效机制，继续对已脱贫的群众进行强化帮扶，把脱贫攻坚战向纵深推进。

（一）组织动员机制

正如习近平总书记所讲的"把党的政治优势和组织优势转化为制胜优势"[1]，脱贫攻坚工作要组织、动员起党员干部发挥积极作用。朗县注重强化脱贫攻坚工作的领导、指挥和协调机制，完善党委领导、政府主导、各级各部门齐抓共管、全社会积极参与的脱贫攻坚组织领导机制。一是调整充实朗县扶贫开发工作领导小组。二是成立朗县脱贫攻坚指挥部，指挥部下设综合组、生态补偿脱贫组、教育脱贫组、转移就业脱贫组、社会保障组、督查考核组、宣传组等11个工作组，负责落实县委、县政府和县扶贫开发领导小组的工作部署，指导和统筹脱贫攻坚工作的组织实施，加强脱贫攻坚各项工作的督促落实。三是朗县各乡（镇）相应调整充实本级扶贫开发工作领导小组，成立脱贫攻坚工作机构。党政主要负责人亲自挂帅，强化决策部署、统筹协调和督促检查，扎实开展朗县脱贫攻坚工作。

朗县在加大各级驻村工作队指导帮带力度的基础上，引导各级工作队采取扶贫与扶志、扶智相结合的工作方式，结合"四讲四爱"群众教育活动，既讲党的好政策、好方略，又传授促民增收的好经验、好举措。做到既解决生活难题，又解决思想难题，从而不断提高朗县群众对党的感恩之情，真正激发起群众参与脱贫攻坚的思想自觉和行动自觉。

---

[1] 《习近平新时代中国特色社会主义思想学习纲要》，学习出版社、人民出版社2019年版，第194页。

（二）分级责任机制

压实各级党组织脱贫攻坚主体责任，为脱贫攻坚保驾护航。朗县重视强化各级党委和政府的分级责任，按照"县委领导、县政府直管、乡（镇）村落实到户"的脱贫工作分级责任机制，做到分工明确、任务到人、责任清晰，解决好"谁来扶"的问题。在脱贫攻坚工作中，朗县实行严格的党政"一把手"脱贫责任制，各级党政主要负责人是第一责任人，层层签订目标责任书，立下军令状，一年一考核。朗县县委、县政府承担全县脱贫攻坚的领导责任，确保贫困乡（镇）如期脱贫。各乡（镇）、村承担具体落实责任，确保贫困村、贫困户如期脱贫。朗县扶贫开发领导小组及其办公室承担监管责任，确保脱贫攻坚的部署要求、工作任务落到实处。各部门各单位承担脱贫攻坚的配合责任和驻村帮扶责任，充分发挥职能优势，积极参与脱贫攻坚。朗县的村"两委"班子、驻村工作队、"双联户"户长承担帮扶责任，确保各项政策措施到户到人，做到真扶贫、扶真贫。真正建立精准脱贫项目实施责任制，由朗县脱贫攻坚指挥部负责加强统筹，朗县扶贫办制定高效管用的项目实施规则。朗县脱贫攻坚指挥部负责项目审核，朗县扶贫办负责统一协调、审批、管理、督导、验收等工作。

在这种分级责任机制之下，朗县各级各部门和广大干部自觉形成了强烈的责任意识，以积极主动的态度、认真负责的精神、持之以恒的努力，担当扶贫重任，破解脱贫难题，不折不扣推动脱贫攻坚各项工作落到实处。特别是各乡（镇）"一把手"认真履行第一责任人责任，熟悉掌握了本辖区贫困人口的致贫原因、脱贫规划、脱贫项目、脱贫措施，尤其是针对那些政策宣讲不到位、扶贫举措不到位、资料归档不到位等突出问题，定期自查，研判解决，真正在精准施策上出实招、在精准推进上下实功、在精准落实上见实效。

（三）资源整合机制

朗县充分发挥政府投入在脱贫攻坚中的主体和主导作用，力争"十三五"期间中央和自治区财政扶贫资金投入朗县的专项资金在"十二五"基础上翻两倍。大幅度提高脱贫攻坚的资金投入水平，其中县财政按不少于三年度公共财政预算收入的10%安排专项扶贫资金。援藏项目中惠及贫困群众的资金不少于援藏资金总额的60%。朗县各有关部门统筹安排，加大少数民族发展资金、兴边富民资金和以工代赈资金争取力度，整合各类专项扶贫资金、相关涉农资金和帮扶资金，统筹用于脱贫攻坚行动。加大金融信贷扶贫投入力度，结合自主创业、产业发展，落实西藏自治区金融信贷扶贫投入政策，用好用活专项建设基金、政策性金融贷款等扶贫资金，为打赢脱贫攻坚战提供资金保障。

此外，朗县在项目整合、人员整合方面也进行充分的考量。在项目整合方面，针对以往基础设施建设缺乏整体性和系统性的不足之处，切实地注重产业发展与整体道路建设、水利设施建设等之间的关联，避免重复建设，造成资源的浪费。在人员整合方面，朗县成立了脱贫攻坚指挥部，从各级各部门抽调精干人员整合到脱贫攻坚专项小组；同时组织部选派优秀第一书记进驻到贫困村，壮大扶贫力量，扎实解决贫困地区的发展难点。

（四）统筹协调机制

朗县县委、县政府以统筹协调、归口管理、统筹落实为原则，为打赢打好脱贫攻坚战聚合力、通力下好这一盘棋。首先，明确了主责与主体的关系。脱贫攻坚工作始终坚持党的全面领导，实行的是中央统筹、省负总责、市县抓落实的管理体制，即"五级书记一起抓"

的工作机制。朗县脱贫攻坚指挥部突出其统揽全局和协调推进的作用发挥，通过制定时间表、任务表，会同各涉农部门将工作领域、资金投入和服务职能向农牧区贫困群众覆盖和延伸，切实破除各自为战、单打独斗思想，着力打好脱贫攻坚"组合拳"。既做到了强化和健全党委统一领导、政府负责、各级各部门统筹协调的工作领导体制，同时也做到了以贫困群众为主体，充分调动其摆脱贫困的积极性与主动性，以达到提升基层群众获得感、幸福感，维护群众根本利益的最终目的。

另外，朗县县委、县政府在面对基础条件和资源禀赋条件不一的地区和农牧户时，很清楚这些地区和贫困户起步阶段不一、发展速度不一，有相对快速和落后的情况出现。因此，要从县一级层面做到统筹安排、投入与建设。通过援藏帮扶、企业帮扶、行业帮扶、"四对一"帮扶等做法，使得发达地区的资源、资金和人才都能优先服务于脱贫攻坚工作，"地市县乡"的领导干部积极地帮扶到每一户，为贫困户出谋划策、思想动员，解决实际的困难。结合上述内容，朗县县委、县政府则能在资源、人才、项目等内容的分配与整合上实现横向纵向的交织，达成点线面的结合，有效完成脱贫攻坚任务。

（五）激励督导机制

朗县将精准脱贫攻坚工作作为各乡（镇）、各部门年度考评体系的重要内容，提高考核的比重。制定脱贫攻坚考评考核办法，严格落实脱贫攻坚工作考核奖惩机制，作为干部提拔任用的重要依据。一是严格督查，采取实地督查、明察暗访等方式，及时督促检查脱贫攻坚的政策落实、项目推进、资金使用、任务完成、责任落实等情况，查找薄弱环节，确保脱贫进度。二是严格考核，将脱贫攻坚成效纳入各级各部门领导干部考核内容，把精准识别、精准帮扶、资金管理和减贫成效等内容，作为评价党政领导班子和党政主要负责人的重要标准。三是严格奖惩，对领导重视、工作突出、成绩出色的，给予表彰奖励、重点培养和选拔使用。对脱贫人任务落实不力、重视不够的各乡（镇）党委、政府、县直部门主要负责人进行约谈，责令限期整改，情节严重的，将移交县纪委（监察局）依法依纪进行严肃处理。

此外，朗县组织部坚持正确的用人导向，注重选拔会干事、敢干事、干成事，对群众有感情的干部，确保脱贫攻坚有力量、有队伍。择优选拔乡镇干部20名充实基层脱贫攻坚力量，至2019年，共有52个村居党支部第一书记，县乡选派的29名干部已有7名提拔使用。自2016—2019年，三年间累计提拔干部262名，其中扶贫一线干部166名，切实提振了各级干部真扶贫、扶真贫的动力和干劲。对那些长期在脱贫攻坚一线工作、政治坚定、实绩突出、群众公认的优秀干部，大力培养选拔使用；对在脱贫攻坚工作中不作为、不担当的干部严肃处理，不脱贫不摘帽就先摘掉他们的帽子。同时，朗县制定《朗县脱贫攻坚工作问责暂行办法》《关于进一步推进扶贫领域监督执纪问责工作实施方案》，开展专项治理，对各级党委、政府确定的目标、议定的事项、明确的重点，抓实抓牢。通过随机抽查、抽样调查、现场督查等方式，加强日常督促检查，发现存在问题，及时督办整改。严格落实目标考核和责任倒查制度，确保精准脱贫攻坚目标如期实现。不仅鼓励干部担当干事，也会给干部改错纠错的机会，坚持严管和厚爱结合、鼓励和约束并重。

四、朗县脱贫攻坚的资源投入

自脱贫攻坚战打响以来，朗县县委、县政府坚持把脱贫攻坚作为头等大事和第一民生工程，聚焦"六个精准"，精准实施"五个一批"和"十项提升基础工程"，全力构建"东西部协作+援藏扶贫"格局。同时，朗县严格"五级书记抓扶贫"责任落实，紧盯"两不愁、三保障""一高于一接近"的目标，凝心聚力，合力攻坚。经过艰苦卓绝的努力，作为自治区 44 个深度贫困县之一的朗县于 2018 年底顺利完成摘帽任务。贫困人口从 2016 年初 1061 户 2853 人降至 16 户 28 人，贫困发生率从 19.9% 降至 0.19%，全县 52 个贫困村全部退出。朗县脱贫攻坚目标的顺利实现离不开中央、西藏自治区、林芝市等各级财政资金、人才资源、社会资源等的投入与保障。不可否认的是，政府投入在朗县扶贫开发中发挥着主体和主导作用，因此，朗县着力巩固政府、金融、援藏、社会等多元化脱贫攻坚投入机制，继续强化脱贫攻坚资金投入，以确保资金落实到位。本部分将详细阐述朗县在稳定财政扶贫投入、创新产业扶贫投入、优化援藏扶贫投入、夯实教育扶贫投入、稳固健康扶贫投入和完善驻村工作投入中的做法与经验。

（一）稳定财政扶贫投入

朗县按照 80% 的援藏资金要投向基层和农牧区的要求，确保每一笔援藏资金都扶到点上、用到实处。朗县脱贫攻坚战指挥部政策资金保障组按照县委、县政府的正确领导，积极向上争取扶贫项目资金、转移支付资金，对扶贫领域资金加大支出力度，严格按照《扶贫资金管理办法》要求进行保障，确保了扶贫资金使用效率。发挥政府投入在扶贫开发中的主体和主导作用，实现中央财政对朗县扶贫发展资金在"十二五"基础上翻两番；大幅提高朗县财政收入，保障扶贫开发需要。加大少数民族发展资金、农业综合开发资金和以工代赈资金争取力度，把专项扶贫资金、相关涉农资金和社会帮扶资金统筹集中使用（见表 2-1）。

表 2-1 2014—2018 年朗县扶贫资金总投入及来源情况

（单位：万元）

	2014 年	2015 年	2016 年	2017 年	2018 年	合计
扶贫资金总投入	1675	1956	10987.44	18557.02	27824.04	60999.50
上级拨付扶贫资金	1675	1956	6448	10346.82	12067.11	32492.93
整合涉农资金总规模	—	—	2564.44	7482.66	14280.02	24327.12
本级财政预算内扶贫投入	33	40	335	579.60	637.60	1625.20
本级财政预算外扶贫投入	—	—	1620	147.94	839.31	2607.25

朗县建立健全了多元投入机制，2014—2018 年县财政共捆绑整合各类资金 60.9 亿元。2016 年整合资金 2564.44 万元，主要投入在以下几个方面：基础设施建设投入 133.72 万元，占总投资的 5.58%；产业发展 1671.89 万元，占总投资的 74.74%；民生改善 957.3 万元，占总投资的 39.46%。2018 年朗县计划涉农资金整合 14280.02 万元，其中中央扶贫资金整合 6593.7 万元、自治区扶贫资金整合 1239.81 万元、林芝市扶贫资金整合 4933.6 万元、县级扶贫资金整合 1512.91 万元。2018 年财政涉农资金统筹整合实际使用 13121.09 万元，其中基础设施建设投入 4900 万元，占总投资的 37.34%；产业发展 6815.24 万元，占总投资的 51.94%；民生改善 1126.65 万元，占总投资的 8.59%。

朗县 2016 年财政专项扶贫开发投入资金共计 335 万元，计划实施 11 个项目及 1 个其他费用。2017 年财政专项扶贫开发资金投入共计 579.6 万元，计划实施 16 个项目。2018 年县投入扶贫项目资金 637.6 万元。2019 年县投入扶贫项目资金 421.8 万元。

表 2-2 2014—2018 年朗县扶贫资金支出的变化情况

（单位：万元）

	2014 年	2015 年	2016 年	2017 年	2018 年
产业发展资金	1263	1745	10400	451.45	8099.30
教育扶贫投入	—	—	132.20	160.74	234.70
医疗、灾害等保障和救助投入	329.49	329.49	329.49	379.49	429.49

续表

	2014 年	2015 年	2016 年	2017 年	2018 年
生态补偿金投入	—	—	883.50	1167.30	1318.20
基础设施建设投入	502	211	258	1890	3681.52
易地扶贫搬迁投入	—	—	4739.16	—	—
第一书记/驻村工作队资金投入	352.54	336.39	339.09	460.29	389.92

朗县扎实推进产业扶贫、基础设施提升、教育扶贫、健康扶贫、兜底保障扶贫等领域的投入。由表 2-2 可知，自 2016 年起，朗县按照林芝市扶贫办要求推进实施了精准扶贫产业发展项目、易地搬迁项目、生态岗位就业、定向性政策补助资金等主要工作。2016 年度争取生态脱贫转移就业资金共计到位资金 681 万元，2017 年度、2018 年度分别到位 965.7 万元、1336.3 万元。此外，2016 年争取朗县定向政策性补助投入资金 210.65 万元，2017 年度与 2018 年度分别争取定向政策性补助资金 133.5 万元、44 万元。

（二）创新产业扶贫投入

朗县从突破发展瓶颈的大局出发，在县委、县政府等四大领导班子经过充分调研论证、召开座谈会听取各方面意见的基础上，以做大做强做精"四大产业"为目标，调整充实精准扶贫产业项目库。《朗县"十三五"产业扶贫规划》重点突出产业支撑，把产业扶贫作为长远之计，不断加大产业投入力度。其中规划投资的总金额达3125.05 亿元，精确到每一个子项目进的实施。并把"短平快"项目22 个，总投资 1019 万元；"4+1"项目 12 个，总投资 636 万元；"一带四基地"项目 12 个，总投资 4290 万元，归纳到朗县产业规划中。同时，加快推进实施相关项目，从项目的立项、批复、实施过程、运营等，使产业项目尽早发挥效益，群众得到实惠。

2016 年，朗县实施项目 13 个，总投资 15229 万元（其中申请国家资金 1 亿元，信贷配套 5229 万元）。2018 年全面支持贫困村产业建设，实施项目 47 个（农牧业优势种植养殖业发展项目 21 个，投资 1174.5 万元；建设无公害农产品种植大棚项目 4 个，投资 1336.5 万元；培育农产品加工项目 7 个，投资 978 万元；旅游、服务业建设项目 9 个，投资 7781 万元；壮大各类专业合作社项目 5 个，投资 265 万元），总投资 12085 万元，预计带动 9276 人次稳定脱贫。朗县在产业扶贫方面的投入表现为：

一是特色种植业规模进一步扩大。在 2017 年，种植辣椒 500 多亩，2018 年种植辣椒 2500 亩的基础上，2019 年进一步扩大辣椒种植规模，达到 5495.4 亩，形成了示范基地 2 个，建成种植基地 15 个，共计 1442 亩。全县苹果种植面积累计达 5989.4 亩，实现挂果 1950 亩。

二是高寒畜牧业养殖积极推进。以发展"基地"养殖带动辐射全县养殖业走上产业化、规模化的模式，全县共建成 11 个养殖基地，养殖牦牛、山羊达 3500 余头（只）。

三是农牧民合作社不断壮大。现具有农业农村局批复的合作社 47 家，入社农户数 467 户，入社人数 1084 人，推动优势产业规模化发展，为农村经济注入了新的活力。

四是"三品一标"品牌效应凸显。已获得"三品一标"认证农畜产品 4 个，其中农产品地理标志 2 个（包括朗县核桃和朗县辣椒），绿色食品标志 2 个（朗县花椒和藏冬桃）。

五是扶贫产业稳步推进。扶贫产业项目共计 94 个，其中种植类项目 29 个、养殖类项目 32 个、加工类项目 14 个、文化旅游 4 个、商贸流通类项目 4 个、资源开发利用类 11 个，总投资 3.125 亿元；其中在建工程 10 个，已完工项目 63 个，完成投资 1.854 亿元；2019—2020 年产业规划内项目 24 个，总投资 9466.5 万元，3 个已开工建设。

2018 年以来，朗县坚持以全面建成小康社会为目标，坚持抓好产业建设发展和改善群众生产生活，重点实施了一系列着力改善生产生活及小型基础设施类项目，共计5691万元（全部为国家投资），项目共计33个，开工建设32个，未开工1个，完工1个；重点打造以"一带四基地"和"4+1"为主线的产业类项目，项目总投资10445万元，其中国家投资8100万元，其他投资2345万元，项目共计49个。力争以产业项目脱贫致富为核心，围绕朗县重点农产品打造产、供、销体系建设，实现产业项目经济又好又快发展，促进农牧民脱贫致富。

此外，朗县还对扶贫产业项目的投入作出计划：2019年计划实施项目16个（其中种植业项目4个，投资386万元；养殖业项目2个，投资4049万元；文化旅游业项目6个，投资21860万元；商贸流通业项目3个，投资4641.5万元；资源开发项目1个，投资25600万元），总投资56536.5万元，预计带动7775人次稳定脱贫。2020年计划实施项目8个（其中养殖业项目2个，投资510万元；加工业项目2个，投资2145万元；文化旅游业项目2个，投资530万元；商贸流通业项目2个，投资3362万元），总投资6547万元，预计带动3567人次稳定增收。2019—2020年，计划实施项目24个（其中种植业项目15个，投资3973.5万元；养殖业项目7个，投资4812万元；文化旅游业项目1个，投资52万元；商贸流通业项目1个，投资629万元），总投资9466.5万元，预计带动6507人次增收。

（三）优化援藏扶贫投入

党的十九大报告指出，要"深入实施东西部扶贫协作"，将这项工作摆在了打赢脱贫攻坚战中特别突出的位置。与朗县结对帮扶的地区是广东省惠州市，在《广东省"十三五"对口支援西藏林芝经济社会发展规划》中计划安排援朗项目15个（小康村建设项目包含16个子项目），总投资2.6906亿元。其中，农牧区基础设施建设项目 5 个[①]。2017 年，惠州市第八批援藏工作队朗县工作组紧紧围绕朗县率先全面建成小康社会目标，紧密结合朗县实际，实施援藏项目 9 个，总投资 8416 万元，完成投资 5880 万元；争取到"十三五"援藏规划外朗县冲康庄园及千年核桃园一体化 3A 景区建设项目，至 2019 年 8 月到位资金 850 万元。

2018 年援藏项目共计开工建设 17 个项目，总投资 15317.79 万元，其中基础设施建设 9 个，总投资 8059.84 万元；产业建设 3 项，总投资 5260.4 万元；医疗卫生 3 项，总投资 868.02 万元；其他 2 项，总投资 1129.53 万元。其中用于涉农资金 14188.26 万元，占总投资的 92.63%。

朗县大力实施援藏对口帮扶，加强东西部协作。累计实施 20 个援藏项目（含）8 个小康村建设项目，总投资达 1.9383 亿元。完工项目 8 个（小康村项目），正在实施的 12 个，完成投资 1.8 亿元，累计完成拨付 1.19 亿元。安排 11 所惠州市优质中小学（幼儿园）与朗县 9 所中小学（幼儿园）建立结对帮扶关系，选派 10 批次 54 名优秀教师在朗县开展教学帮扶支教活动，选派两批医疗队共 16 名医疗专家进驻朗县开展对口医疗援助工作。深入开展各类干部考察、交流、学习、培训 18 次，人数达 151 人次，惠朗两地的交往交流交融进一步加深。

（四）夯实教育扶贫投入

自脱贫攻坚战打响以来，朗县切实提高教育硬件水平，全面改善教育硬件设施以解决贫困家庭子女就近入园难问题，大力提升教育教学质量，教育均衡发展通过国家验收。还积极构建政府主导、社会参

---

① 农牧区基础设施建设项目 5 个：指朗县 16 个村居小康村建设项目、朗县光明新区至江南新区跨江桥项目、朗县吉祥新区给排水项目、朗县县城老城区民俗化和基础设施改造工程项目、朗县光明新区至吉祥新区公路护坡工程项目。

与、援藏支持、企业协助的贫困学生资助体系，切实减轻贫困家庭供养子女上学的经济负担。2014年以来，朗县针对贫困人口义务教育累计投入资金2440万元，用于薄弱学校改造，改善基层农牧区学校硬件条件。并且，扎实开展控辍保学工作，全县拥有学校19所，2019年在校生2313人，初中毛入学率为103.13%，小学适龄儿童净入学率为99.92%，学前毛入学率为83.45%，九年义务教育巩固率为95.24%，对三类残疾儿童12名，开展送教上门服务24次。累计培养骨干教师48人次，学科带头人90人次，兑现激励资金88.3万元，接收新教师81名，其中在农村学校任教75名，占92.6%。

2016年以来，朗县整合财政、援藏、企业等多渠道资金256.864万元，资助贫困学生761人次。全面落实义务教育"三包"和"营养餐"政策，三年落实资金392万元，义务教育学生"营养餐"受益学生达5964人次；落实"三包"经费1780.57万元，农村义务教育阶段受益学生达4820人次，落实资金285.1万元，为就读高校的贫困大学生解决学费、住宿费、交通费等经费。

2017年，朗县县级财政投入67.6万元，惠及贫困高中生、大学生177人；投入1500余万元用于薄弱学校改造，建成县级、乡村级幼儿园11所，10所村级幼儿园主体已完工。投入资金92.5万元，开展技能培训5场次，培训建档立卡贫困户群众660人，实现建档立卡户转移就业856人。积极开展"四对一"帮扶活动，区、市、县、乡497名党员干部结对帮扶638户1837人，落实帮扶资金174.1万元。同时，朗县还开展技能技术培训29期，落实企业对口帮扶培训资金54.53万元，转移就业137人。

（五）稳固健康扶贫投入

朗县高度重视为贫困群众提供医疗、卫生以及社会救助方面的服务。自精准扶贫实施以来，朗县进一步完善医疗救助工作机制，开辟贫困群众就医绿色通道，设立了兜底基金150万元，为贫困户发放"一人一卡"（就医绿卡）达2900张，累计医疗救助232人次，救助金额达289.287万元。

同时，朗县进一步健全健康扶贫工作，统一印制发放藏汉双语朗县扶贫医疗卫生救助政策解读和医疗救助流程图海报500份；深入开展"五下乡"活动，免费为符合条件的育龄群众进行生殖健康医疗服务；与林芝市济民医院结对开展"党建+医疗+脱贫"健康扶贫活动，为干部群众发放免费体检卡2万张；落实1048户贫困家庭签约医生139名，为贫困群众提供健康知识教育、定期检查、疾病治疗随访等一系列服务。落实投保资金20.96万元，为全县1056户2838人按户均100元的标准购买"脱贫保险"。

此外，朗县还进一步落实民政救助政策，加大民政政策和扶贫政策的有效衔接。自2016年以来，为189户412人城乡低保群众发放补助资金410.75万元；季总供养老人111人，投入日常开销资金450余万元；接受医疗救助申请6813人次，发放救助资金660.7万元。

（六）完善驻村工作投入

朗县制定《"四对一"结对帮扶方案》，强化帮扶责任，细化帮扶措施，积极帮助帮扶对象理思路、出主意、办实事、做好事。2019年，朗县承担"四对一"结对帮扶人的干部共829名，包户帮扶贫困户（包含边缘贫困）983户2717人。在驻村工作队队长中，以青壮年骨干为主，年龄在40岁及以下的超过了80%，充分展现了朗县对落实脱贫攻坚工作的高度重视（见表2-3）。

表 2-3　2015—2018 年朗县驻村工作队的基本情况

（单位：个）

		驻村工作队队长情况				驻村工作队队员情况			
		2015 年	2016 年	2017 年	2018 年	2015 年	2016 年	2017 年	2018 年
年龄	40 岁及以下人数	46	47	44	42	139	142	133	129
	41—50 岁人数	4	4	7	7	14	9	19	20
	50 岁以上人数	2	1	1	3	3	5	4	7

具体做法包括：一是朗县各级工作队按照林芝市强基办《关于组织开展村级脱贫攻坚业务培训的通知》要求，结合村（居）实际，采取驻村工作队集中组织村（居）"两委"班子开展培训的方式，先后组织培训 121 场次，受教育村干部 1600 余人次，有效提升了村（居）"两委"班子扶贫工作业务水平。

二是朗县各派驻单位各级驻村工作队以及各帮扶责任人坚持"扶贫与扶志、扶智"相结合。采取走村入户、召开村民大会、推送微信消息、播放广播、扶贫夜校、张贴扶贫宣传标语等方式，运用通俗易懂的语言，开展各类宣讲工作，脱贫攻坚政策知识宣讲 1423 次，发放宣传资料 6000 余份，受教育群众达 76000 余人次。

三是朗县扎实落实"四对一"结对帮扶各项举措，大力开展"送温暖"活动，耐心细致了解群众所思、所盼、所想，积极帮助解决突出问题，为群众办实事好事，广泛收集整理群众关于脱贫攻坚工作意见和建议。朗县自 2019 年以来，各驻村工作队及各帮扶责任共计帮助贫困群众开展技能培训 38 场次，帮助贫困群众转移就业 1379人，发放慰问品、慰问金价值约 74 万元；帮助群众办实事好事 363件，投入资金约 23 万元。2019 年以来，各级驻村（居）工作队通过多方渠道争取落实强基惠民项目 30 个，投入资金 1826.45 万元。

第三章

强根基：人口稀疏地区的基础设施改善

较高水平的道路、电力、通信、供水等基础设施是经济社会发展的基础，是老少边穷地区脱贫的重要基础。朗县属藏东南沟谷地貌，雅鲁藏布江穿县而过，平均海拔在 3200 米以上，一般山峰海拔 5000 米以上，沟壑纵横，山高谷深，人口稀疏。尽管如此，朗县依然实现了全县所有自然村基础设施较高水平的全覆盖，为三年脱贫攻坚的胜利奠定了坚实的基础，也为加强民族团结并促进经济发展奠定了坚实的基础。

一、基础设施概况：人口稀疏地区的弱基础设施

（一）人口密度的分级及朗县的人口分布

人口密度和经济社会发展呈正相关，人口密度大的地区，水、陆、空、管立体交通就更为发达，医疗、教育等公共设施也更为齐全。[1] 从经济学的角度来看，人口密度越大，平均到每个住户头上，基础设施建设的成本就会越低，基础设施服务的人数就会越多，呈现出规模效益。

地理学家胡焕庸先生于 1935 年提出了瑷珲—腾冲线（即胡焕庸

---

[1]　朱震葆：《人口密度与社会经济发展的相关性》，《统计科学与实践》2014 年第 9 期。

线），线东南的人口密度大，36%的国土占了全国人口的96%，线西北的人口密度小。朗县位于胡焕庸线的西边。葛美玲等2009年在《地理学报》上发表的《中国人口分布的密度分级与重心曲线特征分析》一文，根据人口密度将中国人口地理分布划分为集聚核心区、高度集聚区、中度集聚区、低度集聚区、一般过渡区、相对稀疏区、绝对稀疏区、极端稀疏区、基本无人区等9大类型区。[①] 其人口密度值、县级单元个数、人口数量、人口比重和面积比重如表3-1所示。

表3-1 人口密度分区的分类统计

级别	人口密度类型区	人口密度值（人/平方千米）	县级单元个数（个）	人口数量（万人）	人口比重（%）	面积比重（%）
1	集聚核心区	>1000	184	23523	18.8	1.1
2	高度集聚区	501—1000	440	34143	27.3	5.4
3	中度集聚区	401—500	181	12457	10.0	3.0
4	低度集聚区	201—400	466	26102	20.9	9.7
5	一般过渡区	101—200	492	17751	14.2	13.0
6	相对稀疏区	51—100	265	6543	5.2	9.4
7	绝对稀疏区	26—50	108	2276	1.8	6.5
8	极端稀疏区	2—25	222	2099	1.7	30.9
9	基本无人区	0—1	36	93	0.1	21.0

全国人口密度在2—25人/平方千米的县级单位有222个，人口总计2099万人，占全国总人口的1.7%，国土面积则占30.9%，主要分布在大小兴安岭、内蒙古高原、西部干旱区和青藏高原等自然条件恶劣的地区。朗县的面积4186平方千米，有6个乡镇，51个行政村，1个居委会。户籍人口加流动人口共计1.9万多人，平均每平方千米不足5人，属于典型的极端稀疏区。朗县各乡镇人口分布如表3-2所示。

---

① 葛美玲、封志明：《中国人口分布的密度分级与重心曲线特征分析》，《地理学报》2009年第2期。

表3-2　朗县6个乡镇人口分布状况

乡镇	行政村个数（个）	户数（户）	人口（人）
朗镇	9	817	2755
仲达镇	8	604	2076
洞嘎镇	7	728	2632
金东乡	8	575	1782
拉多乡	10	622	2239
登木乡	10	831	3015

　　朗县有6个乡镇，分别是朗镇、仲达镇、洞嘎镇、金东乡、拉多乡和登木乡。朗镇下辖1个居委会和8个行政村，分别是朗巴居委会、托麦村、冲康村、堆巴村、其次村、申木村、娘村、堆巴塘村、巴热村；朗镇是县政府的所在地，共有817户2755人，其中户数最多的是托麦村，有176户627人。仲达乡下辖8个行政村，分别是仲达村、伟列村、拉丁雪村、林古村、解协村、堆许村、卓岗村和达贵村，共有604户2076人，其中仲达村有172户571人。洞嘎镇下辖7个行政村，分别是达木村、堆村、嘎贡村、聂村、扎西塘村、卓村和滚村，共有728户2632人，其中户数最多的是滚村，有188户749人。金东乡下辖8个行政村，分别是秀村、东雄村、巴龙村、来义村、帮玛村、松木材村、康玛村和西日卡村，共有575户1782人，其中秀村有107户308人，人口最多。拉多乡下辖10个行政村，分别是巴顿村、扎村、杰村、拉多村、吉村、白露村、白坡章村、许村、昌巴村和臧村，共有622户2239人，人口最多的是杰村，有123户451人。登木乡下辖10个行政村，分别是登木村、洛龙村、崩达村、左嘎村、森木村、比邻村、巴桑村、崩嘎村、多龙村和如字村，共有831户3015人，其中登木村有151户505人，人口最多。这些行政村由数个自然村组成，比如登木乡下辖10个行政村，但是由49个自然村组成。

　　朗县共有52个行政村（含居委会），户籍人口4177户14499人，平均每个行政村仅仅有 80 户 279 人。这样的村庄规模和我国东中部人口密集地区相差甚远，中部的一些行政村可达 1000 户三四千人，一个乡镇的人口就有十几万之多。

总体来看，朗县的人口密度低，每平方千米 4—5 人，属于极端稀疏区。如此稀少的人口也并没有集中居住，52 个行政村中的 100 多个自然村散布在朗县 4186 平方千米贫瘠的土地上。路、电、通信和水等基础设施要覆盖所有自然村和住户，是一项难度很大而且投资上极不划算的事情。

（二）基础设施建设对于经济社会发展促进具有重要作用

《社会科学大词典》将基础设施称为基础结构，指的是："为保证生产和居民生活等经济活动顺利进行的各种服务系统的总称。包括：运输通信系统、动力系统、给水排水系统、商业服务系统、文化教育系统，以及其他公共服务设施等。它是国民经济各项事业发展的基础。基础设施越完善，经济活动效率越高。"[1] 基础设施（infrastructure）是人类生存发展的物质基础，具有基础性和准公共物品的性质，老百姓常常用"要想富，先修路"来表达基础设施的重要性。

在基础设施中交通、供电、通信、供水、教育和卫生设施是最为基础的，其中交通设施对于经济社会发展的促进作用最为重要。下面以交通为例，来说明基础设施建设对于经济社会发展的影响。

经济地理学非常注重交通对经济发展影响的研究，关注铁路和高速公路对农作物收入、制造业、出行、贸易、就业、金融、保险、房地产以及批发零售业的影响。董晓芳和刘逸凡 2018 年发表的《交通基础设施建设能带动县域经济发展么？》一文，基于 2004—2013 年国

---

[1] 彭克宏主编：《社会科学大词典》，中国国际广播出版社 1989 年版，第 699 页。

家级高速公路建设和县级经济面板数据进行分析，研究表明："国家级高速公路开通对所通过县的经济存在显著正向影响，连通县比非连通县 GDP 高出约 1.4%，人均 GDP 高出约 1.7%；相对于第一、第三产业，第二产业受高速公路开通的影响最为显著；距离大城市越远、规模越小的县城越容易受到高速公路连通带来的正向经济带动作用。"[1] 发展经济学和区域经济学往往会得到同样的结论，电力和通信等基础设施的发展常常会促进经济社会的发展，这符合近年来我国经济社会发展的实践，也符合人们的常识。基础设施建设和经济发展相辅相成。老少边穷地区滞后的基础设施建设很大程度上限制了经济社会发展水平，进一步延缓了群众生活水平和文化教育水平的提升。经济社会发展水平不高，就没有更多的资金投入到基础设施的建设中，打破这一恶性循环是实现脱贫的关键点。

（三）朗县基础设施建设的困难

1. 地形限制

朗县的县志中讲到，朗县境内的地壳分为南北两个部分，以雅鲁藏布江为界，北部属冈底斯陆块，南部属雅鲁藏布江板块结合带，由于漫长而强烈的地壳构造作用，雅江结合带中的岩层发生了强烈的变形和破碎，成为蛇绿混杂岩和内部层序不清的构造地层。雅鲁藏布江在县境中部自西向东穿过，将全县划分为南北两大部分，南部属喜马拉雅山脉北麓，最高海拔 6157.9 米，北部系郭喀拉日居南麓，最高海拔 5572.0 米，南北两山组成一个巨大"V"型谷地。县境内最高峰为拉多乡、金东乡、洞嘎镇交界处的钦拉山，海拔 6179.0 米，最低处为雅鲁藏布江流入米林县的江面，海拔约 3016.0 米，高差达

---

① 董晓芳、刘逸凡：《交通基础设施建设能带动县域经济发展么？——基于 2004—2013 年国家级高速公路建设和县级经济面板数据的分析》，《南开经济研究》2018 年第 4 期。

3163.0 米，是典型的高原高山峡谷地貌带。境内群山起伏，河流众多，河流总长度达 74.2 万米，每平方千米的平均河流长度为 177.3 米。地表在河流切割和地质构造的共同作用下，发育成各种地貌类型。县境内地貌可划分为高山冰蚀冰碛地貌、高山流水切割构造地貌、河流阶地堆积地貌和风沙地貌。

雅鲁藏布江横穿朗县，有登木河、拉多河、金东河和工字荣河 4 条河流，被称为"一江四河"之地，朗县的村寨沿着一江四河展开，乡镇政府所在地往往坐落在雅鲁藏布江边稍微宽阔的平地上，行政村和自然村散布在登木河、拉多河、金东河和工字荣河 4 条河流边的山坡之上。沟壑纵横，群山起伏，极大地限制了基础设施的建设。

2. 建设成本高

山高谷深，群山逶迤，基础设施建设成本很高。1950 年开始修建的川藏公路，到 1969 年才建设完毕，仅仅康定到拉萨段就牺牲了 3000 多人。藏区公路的建设代价之高，在整个世界范围内都极为罕见。从林芝经米林县到朗县的省道 306 沿着雅鲁藏布江延伸，在悬崖峭壁和险滩上穿梭。朗县县城离拉萨 420 千米，离林芝市 240 千米，正在修建的拉林铁路（川藏铁路拉萨到林芝段）从朗县穿境而过，位于朗县仲达镇的达拿隧道是全线的控制性工程之一，全长 2515 米，该隧道位于雅鲁藏布江缝合带附近，隧道内的岩体破碎，同时岩质软，遇水易软化，修建了 1388 天，将近 4 年的时间。[1] 朗县的基础设施建设成本居高不下，这也是大多数老少边穷地区基础设施建设中面临的主要问题。

3. 使用率低

人口规模和经济社会发展水平直接决定了基础设施的使用率，进

---

[1] 廉梦歌、柴济东：《拉林铁路令达拿隧道贯通》，2019 年 9 月 5 日，见 http://xz.people.com.cn/n2/2019/0905/c138901-33326969.html。

一步影响了基础设施投资的效益。省道 306 贯穿朗县，连接米林县和加查县，米林县大约有 2.3 万人，加查县大约有 2.2 万人，朗县、米林县和加查县三县人口之和，不抵东部和中部一个中等乡镇的人口数量，也就是说耗费巨资修建的贯穿三县的省道仅仅 6 万多人使用。通信、光纤和电力设施的建设更是如此，一个 4G 基站 LTE 的带宽一般是 20 兆，最多可同时服务大约 1200 个用户，如果人口集中，朗县需要几个 4G 基站就够了，而实际上朗县的村庄散布在"一江四河"的峡谷边缘，2018 年底中国移动一家的基站数量就超过了 100 个。电力也是如此，几十公里的输电线路通到一个行政村，只有二三十户的人使用。从经济效益上考虑，朗县的基础设施使用率很低，这是所有的人口稀疏化地区面临的共同难题。

4. 维护成本高

基础设施建成之后，保持常用常新的关键在于维护，朗县的基础设施维护成本很高。脱贫攻坚以来，通过艰苦卓绝的努力，朗县的公路实现了村村通，自然村到达率达到了 100%。由于公路都修建在河谷边缘，山上的落石、洪水的冲刷、泥石流的肆虐、冬季的暴雪经常阻断公路，造成车毁人亡。手机通信基站修建在海拔三四千米的高山之上，冬天山上积雪，维修非常困难。通到各家各户的自来水管冬天结冰，会造成爆管。总体来看，修建在河谷和高山之上的基础设施，损坏之后维修起来相当困难。

二、朗县做法：全面升级基础设施

基础设施的范围很广，这里重点讲述朗县交通、电力、灌溉和自来水、医疗教育等方面的成就。

（一）交通建设：融入国家建设规划的立体交通网络

1. 朗县交通简史

朗县金东乡列村东北约 1.5 公里的列山南坡，距离雅鲁藏布江 6 千米处，发现了 213 座不同规模和形制的墓葬，面积 80 万平方千米。有研究者认为，列山墓地恰好处于古藏文文献记载的下塔布和上工布交界之地，是古代藏族著名的氏族——钦氏（古代汉文文献译为琛氏）所建邦国（钦域）的中心区域，从地望上将墓葬主人指向钦氏家族。[①] 从列山墓地的规制和建筑来看，在古代吐蕃时期，朗县已经有了比较灿烂的文明。然而新中国成立之前，包括朗县在内的整个西藏都没有一条公路，1930 年出版的《西藏始末纪要》一书说西藏道路"乱石纵横，人马路绝，艰险万状，不可名态，世上无论何人，到此未有不胆战股栗者"。20 世纪 30 年代，十三世达赖喇嘛将英国生产的小汽车在印度拆解，人背马驮运到拉萨，修建了一条 2 千米的土路来行驶。20 世纪 30 年代的拉萨尚且如此，更不要说距离拉萨 400 千米的朗县了，县境内主要依靠骡马驿道。朗县至拉萨驿道地势陡峭，道路狭窄，全长近 600 千米，运输主要依靠马、牦牛、驴、骡。民众居住在雅鲁藏布江两岸，往来对岸需要木船，木船往往由两棵大树挖空并在一起。索桥也是一种重要的过江工具，往往在江两岸稍微开阔处建立石砌碉堡，再将铁索或藤索固定在石碉上。今天在朗县的雅鲁藏布江两岸还不时能看到铁索桥。藏戏的创始人噶举派喇嘛汤东杰布诵经化缘募集资金，在雅鲁藏布江上建造了大约 58 座铁索桥，在西藏建桥史上有着重要的地位。[②] 1965 年开工、1972 年建成的林邛公路横跨米林县、朗县、加查县，到曲松县的邛多江乡，全长

---

① 仝涛、赵慧民：《西藏朗县列山墓地的调查与发掘》，《考古》2016 年第 11 期。
② 李豫川：《藏区的索桥》，《中国西藏》1995 年第 6 期。

近 470 千米，该公路横穿朗县，初步解决了朗县与外界联系的问题。2005 年开通的江北公路（四级砂砾路面）长 86.64 千米，是朗县当时最大的基础设施投资工程，投资 4500 万元修建而成，贯穿朗县洞嘎、朗镇 2 个乡镇 18 个行政村，为 5000 多名农牧民和 2 万亩土地的生产提供了便利，江北公路能够服务三分之一的朗县人口，是一个巨大的成就。2014 年，米林县到朗县的柏油路修通，使得林芝到朗县有了柏油路连通，车程缩短到 4 小时以内。

2. 公路建设

（1）葡萄藤一样的公路布局

雅鲁藏布江自西向东穿越朗县，将之分为南北两个部分，有登木河、拉多河、金东河和工字荣河等支流，6 个乡镇 52 个行政村（居委会）散布在"一江四河"的两岸，朗县的公路就是沿着"一江四河"展开，如图 3-1 所示。

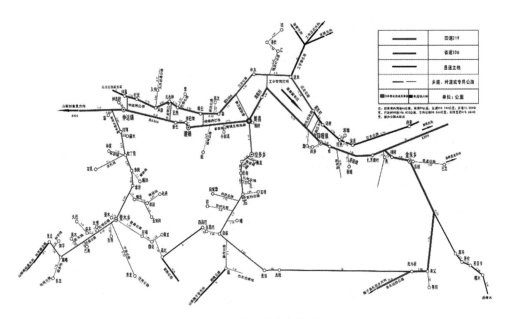

图 3-1　朗县公路交通图

图 3-1 中两条几乎平行的公路是雅鲁藏布江两岸的省道 306 和江北公路，省道 306 向东经过米林县通向林芝市，向西经过加查县通往山南。两侧 4 条大的支线是沿着河谷展开的县道和乡道，再分叉通向各个自然村，这就是"两横四纵"的公路架构，"两横"是省道 306 和江北公路，"四纵"分别是金东支线、工字荣线、拉多支线和登木支线，形成了乡镇到县城 1 小时的交通圈，再以 6 个乡镇为节点，辐射到 52 个村居。朗县的公路像一个漂亮的葡萄架，藤萝沿着雅鲁藏布江和 4 条支流延伸，村庄好比挂在枝头的大大小小的葡萄。

（2）更多的省道、县道转为国道

国道、省道和县道是朗县公路交通的骨架，最早的贯穿朗县的林邛公路 1965 年开始修建。党的十八大以来，朗县公路建设的成就更加巨大，国道由 2015 年、2016 年的 35.71 千米，增加到了 2017 年的 124.81 千米和 2018 年的 178.82 千米。从图 3-2 能够看出，省道和县道从 2016—2017 年有一个明显的下降，其原因在于部分省道和县道转化成了国道，这意味着中央财政和西藏自治区财政承担更多的公路建设和养护成本。

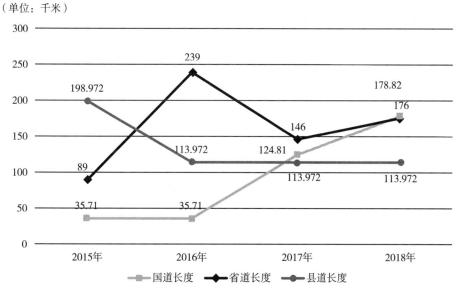

图 3-2　2015—2018 年朗县国道、省道和县道长度的变化

（3）乡道和公路总里程显著增加

乡道承担着通向行政村和自然村的功能，解决"最后一公里"的问题。如图3-3所示，朗县2015年的乡道为72.40千米，2016年乡道的长度为109.66千米，比2015年增加了51.46%，2017年和2018年都保持在109.66千米。乡道已经连通了100%的自然村。在保证通村路和通组路的基础上，朗县还建设了通向牧区的道路1547千米，等级较差，但是极大地方便了农牧民的生产生活。

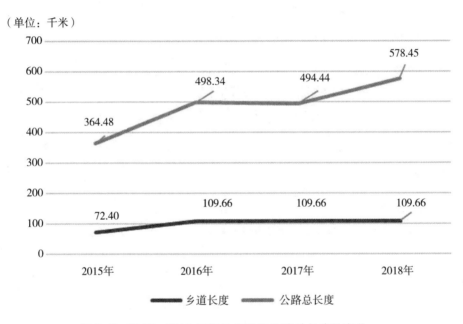

（单位：千米）

图3-3　2015—2018年朗县乡道和公路总长度的变化

朗县公路总长度在2015—2018年有着明显的变化，最大的变化发生在2015—2016年，公路总长度由364.48千米，增加到了498.34千米，增加了36.73%，2015年在习近平总书记提出"实事求是、因地制宜、分类指导、精准扶贫"重要指示的指导下，朗县的公路建设陡然加速，实现了一个完美的跳跃。2018年朗县的公路总里程增加到了578.45千米。

公路总里程的增加离不开巨额的投资，2015年公路投资金额为

11583 万元，2016 年为 23912.3 万元，2017 年猛增到了 50569.2 万元，2018 年为 13178.05 万元，巨额的公路建设投资铸就了朗县公路建设的奇迹。

（4）100%的通达率和良好的通畅率

通达率和通畅率是农村路网评价的基本指标。交通部 2005 年制定的《全国农村公路统计标准》规定："乡（镇）通达路线的路面宽度须≥3.5 米、建制村通达路线的路面宽度须≥3.0 米，且路面类型均需保证可晴雨通车；通畅标准为，在通达的基础上通沥青、水泥、石质、砖铺、砼预制块等硬化路面。"[1] 通达率的标准主要强调路边的宽度要超过 3 米，晴天和雨天都可以通车，因此路面是沙石的、宽度超过 3 米的公路就是通达的公路。通畅的标准更高，要求道路硬化，可以用水泥、沥青、砖块、石板或砼预制块等。标准的确立有助于全国公路的统计评估和各个地区的比较。

表 3-3 呈现了朗县 2015—2018 年行政村和自然村公路的通达率与通畅率。朗县的乡村大多在"一江四河"沿岸，村寨零零散散地分布在"一江四河"两边的山坡之上，地势陡峭，有的村庄海拔近 4000 米，道路修建确实相当困难。难能可贵的是，朗县 2015 年的行政村和自然村的通达率就达到了 100%，摩托车、小汽车、皮卡车和各种农用车能够行驶到农牧民的院坝里。如果说"通达"是"雪中送炭"，那么"通畅"就是"锦上添花"。2015 年行政村的通畅率只有 48%，到 2016 年就达到了 56%，比 2015 年提高了 8 个百分点；2017 年就达到了 79%，又比 2016 年提高了 23 个百分点；2018 年就达到了 86%，又比 2017 年提高了 7 个百分点。

---

① 《全国农村公路通达情况专项调查主要数据公报》，2013 年 1 月 5 日，见 http://csl.chi-nawuliu.com.cn/html/19886040.html。

表 3-3 2015—2018 年朗县到行政村、自然村的公路通达率与通畅率

	2015 年	2016 年	2017 年	2018 年
到行政村的通达率	100%	100%	100%	100%
到行政村的通畅率	48%	56%	79%	86%
到自然村的通达率	100%	100%	100%	100%
到自然村的通畅率	47%	65%	74%	89.7%

自然村的通畅率 2015 年是 47%，2016 年达到了 65%，比 2015 年提高了 18%；2017 年达到了 74%，又比 2016 年提高了 9 个百分点；2018 年达到了 89.7%。通畅率往往以行政村为单位推进，水泥路修到了行政村之后，往往很快就延伸到下辖的自然村。

2020 年，接近 100% 的通达率和良好的通畅率很好地展现了朗县在脱贫攻坚中基础设施建设的成就，这样的成就放在东部和中部平原地区或许不足为奇，放在山高谷深的西藏朗县，就是一个令人赞叹的巨大成就。

（5）朗县境内雅鲁藏布江上的 7 座大桥

雅鲁藏布江横穿朗县，波涛滚滚，气壮山河，然而天堑横绝，过去村民隔江相望，走到对面的村寨用上大半天或一天的时间是常见现象，农牧民群众形象地说"羊肠小道猴子路，云梯溜索独木桥"。过去溜索桥和藤网桥就是农牧民跨越雅鲁藏布江及其支流的重要依托，后来吊桥和水泥钢架桥慢慢取代了溜索桥和藤网桥。

朗县的公路往往要跨越雅鲁藏布江。一个常住人口 2 万人左右的朗县，在雅鲁藏布江上建设了 7 座大桥，如表 3-4 所示。在这 7 座大桥中县城跨江桥最为壮观，有几百米之长，架设在雅鲁藏布江的"之"字形转弯之处，连通县城的新区和老区，离朗县火车站只有几公里远，对朗县经济社会发展起着极为重要的作用。

表3-4　朗县雅鲁藏布江上的7座大桥

序号	大桥名字	序号	大桥名字
1	仲达跨江桥	5	工字荣跨江桥
2	子龙跨江桥	6	新扎村吊桥
3	朗镇跨江桥	7	滚跨江桥
4	县城跨江桥		

（6）城乡一体化的乡村客运

尽管朗县行政村和自然村的公路通达率达到了100%，行政村和自然村的通畅率达到了85%以上，摩托车、小汽车和皮卡车能够直接行驶到村寨，但是县城到林芝市八一镇和山南市的客运班线，仅仅覆盖了3个乡镇和10个行政村。为老人、妇女、孩童和残疾人的便利出行考虑，很有必要建立连通城乡的乡村客运班线。

2018年朗县制定了《朗县农村客运班线改革方案》，准备开通县城—朗镇—仲达镇—登木乡政府和县城—洞嘎镇—金东乡政府2条客运班线，计划投入3辆公交车，并且在合适的时机开通县城到拉多乡的路线。拉多乡是朗县海拔最高和最为偏远的一个乡镇。拉多乡的线路开通之后，朗县所有的乡镇都将开设通向县城的客运线路。

农村客运班线的开通是在公路100%通达率和道路通畅率基础上的更上一层楼，是党和政府推动朗县经济社会发展的又一项惠民举措。客运班线将农村和县城更好地连接在一起，方便了农牧民的生活，方便了老人的就医和孩子们的就学。农牧民群众可以乘坐农村客运班车，从乡村到县城，再乘坐朗县到林芝市的班车（每天早上7：30发车），旅客到了林芝市之后，可以在八一镇长途客运站乘坐班车前往成都、拉萨、昌都和山南等地区。

（7）越来越多的机动车辆

朗县公路的通达率和通畅率的提升，直接促进了朗县机动车数量的增加。图3-4显示2015年朗县的摩托车数量是3274辆，到2018

年增加到了 3851 辆，增加了 17.62%，朗县总共有 4000 余户居民，几乎每家一辆摩托车。经济社会的发展，特别是拉林铁路的建设，促进了朗县大货车数量的井喷式增长，2015 年朗县拥有 352 辆大货车，到 2018 年就增加到了 705 辆，翻了一倍。谁能想到，2005 年全县仅有客运车 3 辆，各式小汽车 12 辆。

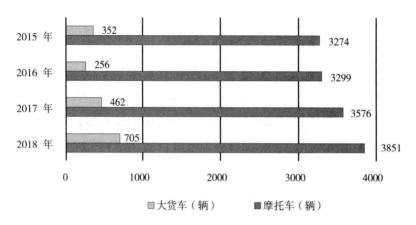

图 3-4　2015—2018 年朗县的摩托车和大货车的数量

朗县的农牧民也拥有越来越多的小型轿车和拖拉机，以拉多乡为例，拉多乡位于朗县东南部，乡政府驻地距离县城 5.4 千米，全乡总共有 622 户，小型轿车有 115 辆，拖拉机有 132 辆，小型轿车的拥有率达到了 18.49 辆/百户，随着朗县经济的进一步发展，更多的农牧民家庭将拥有自己的小汽车。

3. 铁路和航空的大突破

迄今为止，朗县的交通还是以公路为主，通过延伸在"一江四河"河谷中的公路织成了一张网，将村寨、乡镇、县城连往林芝和拉萨，再通往全国。拉林铁路的开通将改变朗县只有公路交通的格局。有旅行家曾经说过，有昆仑山脉在，铁路永远到不了拉萨。1956 年铁道部的第一勘测设计院开始勘测兰州到拉萨的线路，1973 年毛泽东主席在接见尼泊尔国王比兰德拉时表示，要加快修建青藏铁路。

1994 年中央再次提出修建青藏铁路，2001 年中央政府决定投资 260 多亿元修建青海省格尔木到西藏拉萨的铁路，2002 年开始冻土实验，2006 年青藏铁路试运行，从拉萨连接到格尔木，在兰州和陇海线、兰新线相连，接入到全国的铁路网络中去。中国人在世界海拔最高的青藏高原上修建了一条铁路，被称为一个奇迹。

2015 年 6 月开工的拉林铁路（川藏铁路拉林段）穿越朗县，将终结朗县没有铁路的历史。拉林铁路是川藏铁路、滇藏铁路和甘藏铁路的共同路段，全长约 430 千米，新建里程 402 千米，设计时速 160 千米，16 次跨过雅鲁藏布江，设置 34 座桥梁及 19 座隧道。铁路从拉萨出发，经过贡嘎县、扎囊、山南、桑日、加查、朗县和米林县，最后进入林芝市。为了方便沿线的农牧民群众，全线设置了 34 个车站，不到 13 千米设置一个站，是设站密度最大的铁路线。

拉林铁路在朗县设立了一座火车站，耗资 8000 多万元人民币，建设在雅鲁藏布江边的朗县县城新区，可以同时办理客运和货运业务。2021 年拉林铁路通车之后，朗县到林芝市不到 1 个小时，到拉萨不到 2 个小时，通过青藏铁路，连往格尔木和兰州，接入全国的铁路网中。川藏铁路的成雅段（成都到雅安）2018 年已经开通运营，2020 年 9 月国家发改委发布《关于新建川藏铁路雅安至林芝段可行性研究报告批复的主要内容》，11 月川藏铁路雅安至林芝段开工建设。1800 千米的川藏铁路通车后，朗县到成都的火车通行时间将缩短到 7—8 个小时，从而能够融入成渝经济区，进而通过成贵铁路和贵广高铁，和发达的珠三角城市群连接在一起。

朗县并没有飞机场，乘坐飞机要到米林县的林芝米林机场。米林机场离林芝市区的八一镇约 50 千米，海拔 2900 米，位于米林县的雅鲁藏布江的河谷地带，周围高山耸立，航道狭窄，是世界上飞行难度最大的机场之一，也是西藏自治区的第三座民用机场，2003 年开工建设，2006 年正式通航，共投资 7.8 亿元，设计年吞吐旅客 12 万人，是一个重要的支线旅游机场。新候机楼 2015 年开工建设，

2017 年投入运行，2020 年朗县统计的旅客吞吐量为 75 万人。为了方便旅客，以一级公路双向四车道的标准修建了 45 千米的米林机场专用公路。这条公路是林芝市的第二条高速公路，也是一条不收费的高速公路。

米林县建设有航空物流园区，省道 306 将朗县和米林机场连接在了一起，朗县可以方便地通过公路通往米林机场，再通过成都和重庆等航空枢纽城市融入全国的航空网络中。

（二）电力：从县域孤网到融入国家电力大网

1. 孤网运行的小水电时期

朗县在 1995 年前没有什么工业，在县城边上有一个装机容量为 320 千瓦的小水电站，县医院的 X 光机都无法正常使用。朗县属于全自治区 10 个有水力资源但是缺电的县。中央第三次西藏工作会议召开之后，水利部委派淮河水利委员会负责工字弄河水电站的建设。[①] 该水电站位于工字弄河上，距离雅鲁藏布江的入江口 1 千米，距离县城 18 千米，1998 年开工建设，2000 年建成，电站装机容量 1.2 兆瓦（3×0.4 兆瓦），设计年平均发电量 1051.2 万千瓦时，为朗县 5 乡 1 镇供电。除了该水电站之外，还有一些乡、村小型水电站。

1999 年 8 月朗县水电公司成立，归县水电局管理，属股级企业单位，定编 15 人。2003 年 12 月 20 日，县水电公司改为农电公司，主要负责县城以及部分行政村的供电。朗县共有水电站 7 座，由朗县水利局统一管理，自负盈亏，乡镇协管。2006 年，完成朗县朗镇四村通电线路的拉网铺设，结束了以往靠蓄电照明和看电视难的历史。2007 年，完成三期农网改造，解决了 10997 人的生产生活用电，使全县通电率达到 83.9%。

---

① 胡兆球：《朗县水电站设计要点综述》，《治淮》1995 年第 12 期。

2008 年，朗县三期农网续建项目正式开工建设。该项目总投资 100 万元，包括架设 10 千伏输电线路 17.3 千米，0.4 千伏输电线路 6 千米，安装变压器 2 台。该项目的建成，解决了金东乡 6 个行政村 227 户 982 人的用电难问题。

2009 年 5 月 15 日，总投资为 55 万元的金东电站维修工程开工建设，于 7 月 21 日全面竣工。12 月，经过近两个月紧张施工调试，投资 103.9 万余元的朗县老电站维修工程全面竣工，并于 12 月 11 日成功发电，顺利投入使用。老电站投入使用且与工字荣电站成功并网，有效缓解了县城及周边 3 个乡镇 32 个行政村电力紧张局面，提高了朗县供电质量。

2010 年 1 月 19 日，金东乡线路延伸项目竣工并投入使用。该项目总投资 180 万元，新建了 10 千伏输电线路 21 千米，0.4 千伏输电线路 2.03 千米，0.22 千伏输电线路 1.97 千米，装配变压器 4 台。该项目的完工，解决了金东乡来义村、松木才村、帮玛村 104 户 430 人的日常生活用电问题。

2011 年 4 月 25 日，总投资为 5226.79 万元的朗县局域网工程开工建设，于 2012 年 8 月 30 日完工。工程新建 35 千伏变电站 5 座，新建 35 千伏输电线路 99.81 千米；10 千伏输电线路新建 70.79 千米，其中城网 7.92 千米，改造线路 9.95 千米；0.4 千伏输电线路新建 53.28 千米，改造 48 千米；安装配电变压器 52 台，入户 2433 户。

2012 年 9 月，加查至朗县 110 千伏输变电及朗县农网改造升级工程开工建设，该项目概算投资 8938.8 万元，建 110 千伏变电站一座，110 千伏输电线路 57 千米，安装铁塔 157 基。

2013 年朗县才完成了全县的局域电网的建设，形成了县、乡、村、户百分之百覆盖的供电网络。朗县县城、拉多乡 7 个村、朗镇 15 个村、仲达镇 14 个村、登木乡 12 个村，由藏中电网供电。另外 3 座小水电站独立成网，分别向登木乡 4 个村，拉多乡 9 个村，洞嘎镇、金东乡等 26 个村供电，还有 5 座水电站暂停运行。加查至朗县

110 千伏电网延伸项目完成后，实现了乡镇、行政村、自然村、户100%通电。尽管受到水流量的影响，供电不稳定，甚至一些农机设备的使用都成问题，但是朗县实现了 100%的自然村和住户通电，是一个了不起的成就。

2. 依托藏中、川藏和青藏联网工程接入稳定的国家电网

2013 年 2 月完成了加查—朗县—仲达段线路 36 千米 110 千伏输变电工程的建设，实现了朗县与藏中电网的对接，标志着朗县电网从此结束长期孤网运行的历史。2014 年以来完工的藏中联网工程、川藏联网工程和 2011 年竣工的青藏联网工程，使得朗县电力极度匮乏的问题得到了彻底解决。

1949 年以前的西藏电力极其落后，1928 年西藏建立第一个水电站，仅供部分贵族和寺庙使用。1956 年拉萨的北郊建设了西藏和平解放后的第一座电站——夺底水电站。20 世纪 90 年代末，西藏全区已有各类电站 400 多座，年发电量达 6 亿多千瓦时。[1] 受地形等各种自然条件的限制，西藏慢慢形成了三个独立运行的电网——藏中电网、昌都电网和阿里电网，呈现出了"一大二小"的格局，藏中电网是主要的载荷承担区。将这三个电网连接起来，接入国家电网的大电网中，才能实现西藏和其他省、自治区、直辖市电力的互相调剂，实现西藏丰富的电力的外送，彻底解决西藏各县区电力短缺和不稳定的问题。朗县就是在这个建设过程中实现了电力大发展。

朗县在 2013 年接入藏中电网，覆盖拉萨、日喀则、山南、那曲和林芝等地区，是西藏电网的主要负荷中心，是一个局域电网。藏中联网工程由藏中和昌都电网联网工程、川藏铁路拉萨至林芝段供电工程组成，将这些地区的电网连在了一起。该工程起于西藏昌都市芒康

---

① 王临泽：《青藏联网"照亮"高原生活》，《西藏商报》2015 年 9 月 8 日。

县，止于山南市桑日县，跨越西藏三地市十区县，新建、扩建 110 千伏及以上变电站 16 座，新建 110 千伏及以上线路 2738 千米，工程总投资约 162 亿元，占西藏电网固定总资产的 50%，近一半为国家投资。藏中联网工程项目 2017 年 3 月获得国家发改委核准，2018 年投入运营，把波密县、察隅县和墨脱县 8 万多人纳入到了电网，实现了林芝地区主电网的全覆盖。朗县接入藏中电网后，将依托青藏联网工程和川藏联网工程，接入到国家电网的大电网中去。

青藏联网工程 2010 年开工，是西部大开发 23 项重点工程之一，投资 160 多亿元，2011 年竣工，使得以拉萨为重要节点的藏中电网和西北电网连接在了一起。朗县 2013 年就接入了藏中电网，2018 年藏中联网工程的竣工，使得朗县能够通过青藏联网工程接入全国的电力网络中。

2014 年建成的川藏联网工程是继青藏联网工程之后，我国又一项穿越高寒高海拔地区的输变电工程。川藏联网工程途经四川省甘孜州乡城县、巴塘县、西藏昌都地区的芒康县、察雅县、都昌县、八宿县和江达县，既是藏区电网的骨干网络，又是西藏昌都地区和甘孜南部水电外送大通道，可解决甘孜南部 18.9 万以及西藏东部 50 万农牧民群众的用电问题。[1] 川藏联网工程连接了西藏昌都电网和四川电网，线路长 1500 多千米，平均海拔 3800 米，最高海拔 4980 米，工程建设用骡马 1000 匹左右，索道架设 1000 多根，索道长度 1100 千米，建设难度非常大。通过川藏联网工程，接入藏中电网的朗县就能和四川电网连接在一起，进而融入西南诸省市的电力网络中。

2010 年以来青藏联网工程、川藏联网工程和藏中联网工程这些超级工程的建设，使得不到 2 万人口的偏僻的雅鲁藏布江边的朗县能够融入庞大的国家电网中，彻底解决了朗县农牧民的用电问题。

---

[1] 《川藏联网工程开建》，《四川水力发电》2014 年第 2 期。

考虑到电力在整个国民经济生活中的基础性作用，以及电网给朗县群众带来的巨大便利，不能不说这是一个伟大的成就。西藏当下还有阿里地区没有接入国家电网中。2019 年 9 月 7 日，阿里与藏中电网联网工程开始建设，计划在 2021 年竣工。该工程起于日喀则市桑珠孜区，途经查务、吉隆 500 千伏变电站，萨嘎、仲巴、霍尔 220 千伏变电站，止于阿里地区噶尔县巴尔 220 千伏变电站，将使仲巴、萨嘎、吉隆、聂拉木、普兰、改则和措勤 7 县接入大电网。工程竣工之时，占了全国面积八分之一的西藏自治区将建成统一电网，覆盖全自治区 74 个区县，主网供电人口占到自治区总人口的 97%。[①]

朗县电网的管理体制也发生了改变。2014 年根据西藏自治区人民政府农电体制改革的要求，朗县农电公司在国网西藏电力有限公司林芝供电公司和县委县政府的指导下于 11 月 24 日完成农电代管工作，划归国网林芝供电公司代管，改为朗县供电有限公司。随着国家电网在电网改造中投入的资金越来越多，朗县电力公司将成为国家电网的下属子公司。

3. 朗县电力网络的现状

表 3-5 展示了 2015—2018 年朗县电力事业的发展状况，朗县的局域电网在 2013 年建成，也是在这一年，朗县电网接入了藏中电网。尽管有 3 个小型水电站独立成网，但是朗县实现了行政村和自然村的 100% 通电。电力网络如蜘蛛网一样，将各个自然村连接了起来。2015—2018 年朗县电力事业发展的一个突出体现是全年售电量有了很大的提升，2018 年的全年售电量是 2015 年的 3.35 倍。

[①] 《世界海拔最高输变电工程　阿里与藏中电网联网工程开工建设》，中国日报网，2019 年 9 月 17 日，见 http://baijiahao.baidu.com/s? id = 1644920276910288621&wfr = spider&for = pc。

表3-5 2015—2018年朗县电力事业的发展状况

朗县电力事业建设情况	2015 年	2016 年	2017 年	2018 年
35 千伏变电站（座）	4	4	4	4
电力覆盖行政村比例（%）	100	100	100	100
电力覆盖自然村比例（%）	100	100	100	100
全年的售电量（万度）	671.45	2010.80	1995.58	2249.32

截至 2019 年 8 月，朗县电力公司供电面积 4186.94 平方公里，供电人口 1.9 万人，电网覆盖全县 6 个乡镇、51 个行政村、1 个居委会，通电率 100%。现有 35 千伏变电站 4 座，总容量 8000 千伏安；10 千伏配变 262 台，总容量 31850 千伏安；10 千伏公变 22 台，总容量 4920 千伏安。现有 35 千伏安线路 4 条，总长度 99.38 千米；10 千伏线路 16 条，总长度 369.87 千米；0.4 千伏线路总长度 146.32 千米。2016 年，实现售电量 2095.45 万千瓦时，线损率 19.82%，电网最高负荷 0.648 万千瓦，供电可靠率 98%。2017 年，实现售电量 1995.80 万千瓦时，线损率 18%，电网最高负荷 0.754 万千瓦，供电可靠率 98.5%。2018 年，实现售电量 2249.32 万千瓦时，线损率 13.19%，电网最高负荷 0.786 万千瓦，供电可靠率 98.7%。

新一轮农网升级改造工程于 2017 年 3 月开工，2018 年 1 月竣工，总计投资了 3.24 亿元，改造单项工程共 6 项，其中扩建了朗县 110 千伏变电站容量 1×10 兆伏安；新建 110 千伏加朗Ⅱ回线路 61 公里；增容改造洞嘎、金东、仲达、登木 4 座 35 千伏变电站各一台；新建和改造 35 千伏线路 102.2 公里；新建和改造 10 千伏配变 147 台，容量 1.5 万千伏安，新建和改造 10 千伏线路 248 公里（含朗拉、朗扎、朗工、洞达、洞扎、金西、金秀、仲拉、仲曲、登齐、登拉等 11 条 10 千伏配网线路），新建和改造低压线路 153.69 公里，实现一户一表改造 5941 户。新一轮农网升级改造相当于"再造一个朗县电网"，农牧民住户的通电率继续保持 100%。

将电力网络的管理权移交给国家电网和农网改造之后，朗县电网每年停电时间只有几个小时，达到了东部地区的标准，极大地方便了农牧民的生产生活，为工业、商业和旅游业的发展奠定了良好的基础。朗县还有一些在建或计划修建的大型水电站，比如位于朗县洞嘎镇工字荣沟装机容量3×400千瓦的工字荣电站，装机容量320兆瓦的仲达水电站，装机容量16.5兆瓦、年发电量6827万千瓦时的江村水电站，这些水电站发的电将通过藏中联网工程、川藏联网工程和青藏联网工程输送到外省。

（三）通信：4G信号和光纤的全覆盖

人类已经进入了人工智能时代，没有移动通信信号和光纤就不能说脱离了贫困。2005年的朗县县志记载，朗县1976年1月开通至泽当的长途电话，1995年安装开通程控电话121门，1997年八一至朗县长途电话有8条。1998年10月，朗县电信局成立。1998年3月27日，米林至朗县光缆工程动工，6月9日正式开通，外线铺设总长为163.71千米，使朗县县城的市内电话并入林芝地区本地网，解决了县境内人民群众打长途难的问题。1999年朗县至加查县环线光纤电缆铺通，开通139数字移动通信，县城电话装机容量由1998年的260部发展到1999年的348部。洞嘎、仲达2个乡和4个行政村开通电话，农话装机48部。

朗县的移动通信是从2003年开始发展起来的，这一年朗县开始建设移动基站。图3-5展示了三家移动通讯公司2018年的基站数量，基站数量最多的是中国移动。

2015年中国电信在朗县的用户达到0.7万户，全县电信宽带用户达到了0.16万户，有线互联网出口带宽达到10G，宽带接入端口容量0.3万。朗县电信有CDMA基站21个，电信网络覆盖全县所有乡镇和除了登木乡崩达村、如字村、多龙村和洛龙村之外的所有行政村，境内省道全程覆盖。中国移动的4G终端客户渗透率达到

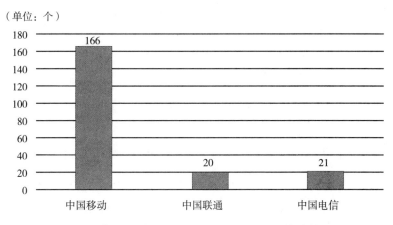

图 3-5 朗县三家移动通讯公司 2018 年的基站数量

91.4%，在朗县登木乡崩嘎村、美木村、巴桑村和比邻村完成覆盖工作。联通共发展移动网络用户 125 户，固网用户 75 户。

2016 年朗县电信公司手机网络覆盖率达到 95%，宽带计费用户 600 多户，在"扎日转山"的必经之地登木乡桑琼村附近投资 27 万元，建立 C 网基站一座，解决了信号盲区覆盖。中国移动全县网络扩建之后有 72 个移动基站，52 个村（居）网络覆盖率达到 80% 以上。

2017 年中国电信全面升级 4G 基站，共有 4G-LTE800M 基站 21 个。宽带速度从 20 兆、50 兆提升到 100 兆和 200 兆。中国联通全年在网用户 685 户，全县有 21 个基站投入使用，网络覆盖率达到 50%。中国移动共有 102 个基站。

2018 年底朗县通讯运营企业有 3 家。中国移动的通信基站有 166 个（2G：82 个，3G：37 个，4G：47 个），中国电信的基站有 21 个，中国联通的通信基站有 20 个。朗县的通信覆盖率达到了 100%；有线宽带用户 4612 户（县城 3173 户，乡镇 1439 户），全县宽带覆盖村（居）52 个，覆盖率为 100%。

移动通信和光纤在朗县已经覆盖了所有的行政村，在国道、省道、县道和乡村道路上行驶，都能便利地使用 4G 手机。雅鲁藏布江畔山高谷深的朗县一下子迈入了 4G 时代，迈入了信息化时代。这就使得网上购物和网上银行延伸到朗县的乡村，朗县的乡镇都有快递服务店，行政村都建立了掌上银行的示范点，网上购物在朗县也流行起来。

（四）自来水：自然村的全覆盖和灌渠的稳步增加

雅鲁藏布江横穿朗县，村庄散布在雅鲁藏布江边及其支流的两岸，丰富的高山冰雪融水，使得朗县并不缺水，但是为了防止洪水，传统上村庄往往建设在河岸地势稍微平坦的山坡上，农牧民取水比较费力，河谷中的水也不够清洁。

为了农牧民的饮水安全，"十二五"期间朗县投资 1753.87 万元，解决了 31 个点和 10 个寺庙的饮水问题。2015 年朗县行政村和自然村通自来水率达到 100%，如表 3-6 所示，2015 年以后，朗县自来水覆盖了 100% 的自然村和行政村。朗县的饮用水安全工程颇有可圈可点之处，往往因地制宜，就近选择水源地，几个村子或一个村子共用一个自来水网络。水源往往是山坡上的泉水，由县水利局负责水质的检测，利用水源地的自然高度，通过管道引入到农牧民家中，保证每家至少安装一个水龙头。现在自来水的入户率已经达到了 100%，工作的重点转向了水质的保证、自来水管道的维护和管理。

表 3-6　2015—2018 年朗县自来水的村庄覆盖率、
灌渠及灌溉田土面积

		2015 年	2016 年	2017 年	2018 年
饮用水	通自来水的行政村的比例（%）	100	100	100	100
	通自来水的自然村的比例（%）	100	100	100	100
灌溉	灌渠的长度（千米）	150	170	190	215
	能够灌溉的田土的面积（亩）	13000	14000	15500	16500

灌渠的建设是水利工作的另一个重点。朗县山脉连绵起伏，河谷纵横，能够耕种的田土主要分布在河谷两岸，田土稀缺。农田水利建

设是保证朗县粮食产量的关键。2015 年以来，朗县的灌渠和可灌溉田土在逐步增加，2015 年灌渠的长度是 150 千米，2016 年是 170 千米，2017 年是 190 千米，2018 年则达到了 215 千米，比 2015 年增加了 65 千米，增加了 43.3%。可灌溉的田土的面积 2015 年是 13000 亩，2016 年增加到了 14000 亩，2017 年增加到了 15500 亩，2018 年增加到了 16500 亩，比 2015 年增加了 3500 亩，增加了 26.9%。

除了自来水的自然村全覆盖和灌渠建设之外，还有江堤防护工程、水土保持、水电站维护、饮用水工程安全提升、防洪治理、灌区建设等。2013 年，江北仲塘灌区工程总投资 913.15 万元，县城雅鲁藏布江江北防护堤工程总投资 910.73 万元，登木河流域水土保持综合治理工程总投资 909.29 万元，拉多河流域水土保持综合治理工程总投资 881.86 万元，金东电站维修工程总投资 127.8 万元，仲达电站维修工程总投资 63.4 万元，小型农田水利专项工程总投资 302.11 万元，路村八龙灌渠总投资 34 万元，仲达镇卓岗水渠总投资 38 万元，农村饮水安全工程总投资 55.23 万元，工程建设解决 3 个村庄、共 91 户 345 人的居民和一所学校 177 名师生的饮水安全。寺庙饮水安全工程总投资 365.5 万元。

2014 年，朗县荣堆巴灌区工程总投资 334.21 万元，朗县普曲防洪治理工程总投资 1032.73 万元，朗县小型水利工程专项总投资 1153.51 万元。2015 年主要推进 2014 年没有完工的工程。2016 年拉多乡供排水工程总投资 409.05 万元，登木乡供排水工程总投资 243.57 万元，洞嘎镇供排水工程总投资 530.03 万元，朗镇供排水工程总投资 562.39 万元，金东流域水土保持综合治理工程总投资 1273.74 万元，朗县小型农田水利专项工程国家投资 1000 万元，朗镇灌区工程总投资 3015.98 万元。2017 年，朗县金东乡人工饲草基地灌溉工程投资 831.33 万元，小型农田水利专项县建设项目投资 1014.78 万元，农村饮水安全巩固提升工程投资 1099.82 万元。2018 年，朗县农村饮用水安全巩固提升工程投资 350.69 万元，仲达镇治理工程投资 2604.94 万元，县城水源地建设工程投资 3470.33 万元。

饮用水安全工程建设使得自来水覆盖了所有的自然村，自来水的入户率达到了100%，水质经过水利局检测，农牧民的饮用水问题得到了很好的解决，牦牛和羊等牲畜的饮水问题也得到了解决。电网和自来水的接入，使得洗衣机在朗县基本普及，减少了家务劳动的时间。灌渠的建设，使得青稞等农作物的产量有了增长，既保障了农牧民的粮食自给，也提高了其收入。

（五）医疗和幼儿园的全覆盖

1. 较高的免费医疗保障和村卫生室全覆盖

在2012年11月1日通过的《西藏自治区农牧区医疗管理办法》指导下，朗县农牧民免费医疗的标准2013年为340元，2014年为380元，2015年为420元，2016年提到435元。大病统筹报销的支付限额提高到6万元。农牧区医疗制度覆盖率达到了100%。2016年住院分娩补助由500元/人提到1000元/人，2017年制定并完善《朗县精准扶贫医疗保障工作实施方案》，为全县1061名贫困户2853名群众建档立卡，设立医疗机构绿色就诊通道，先诊疗后付费，在县医疗机构治疗一名陪护补助200元/人/天，在市医疗机构治疗一名陪护补助300元/人/天。2018年贫困建档立卡人员绿卡发放率达到100%。相比于我国一些中部省市的农村，朗县的免费医疗水平保障政策已经相当高了。

在这些制度和资金投入的保障下，贫困的农牧民看病也不成问题了。朗县有人民医院、防疫站、急救中心、地方病防治所、卫生监督所和妇幼保健院，还有6所乡镇卫生院。县城人民医院有X光机、B超等检查设备和手术室，能够开展无痛分娩、人流和无痛肠胃手术。乡镇卫生院往往配备7—8名医护人员。县城和乡镇卫生院的医疗能够得到基本的保证。

就近看病依靠的是村卫生室，如表 3-7 所示，朗县共有 52 个行政村和居委会，都有一个医务室，面积最大的 40 平方米，最小的 20 平方米，平均面积是 33.65 平方米。

表 3-7 朗县村（居）医务室的基本情况

医务室	52 个
医务室最大面积	40 平方米
医务室最小面积	20 平方米
平均面积	33.65 平方米

村（居）医务室的关键在于村医，如表 3-8 所示，2018 年朗县共有村医 102 名，其中小学学历的有 9 名，初中学历的有 86 名，高中学历的 4 名，中专学历的 3 名，分别占 8.8%、84.3%、3.9% 和 2.9%。拥有村医执业证书的有 71 名，占 69.6%，没有村医执业证书的有 31 名，占 30.4%，村（居）医疗室能够基本满足农牧民的就近看病需求。

表 3-8 2018 年朗县村医的基本情况

村医	类别	数量（名）	百分比（%）
村医学历	小学	9	8.8
	初中	86	84.3
	高中	4	3.9
	中专	3	2.9
村医执业证书	有	71	69.6
	无	31	30.4

2. 幼儿园的全覆盖

2019 年朗县 4—15 岁 15 年义务教育入学率达 89%，义务教育阶段初中毛入学率达 100.85%，小学净入学率达 99.83%。朗县当下教育发展关注点转向了幼儿园，2019 年朗县共有县级幼儿园 1 所，乡镇幼儿园 6 所，村级幼儿园 16 所，实现了全县各个行政村的全覆盖。朗县村庄分散，各个自然村人口较少，有些村庄共用一个幼儿园。城镇幼儿园的入园率达到了 100%，目标是争取使得农牧区学前 2 年的入园率达到 100%。

实现公立幼儿园的行政村的全覆盖是一件了不起的成就，很多中东部省市的农村也没有实现。全覆盖使得农牧民的孩子能够就近读幼儿园，促进了孩子们智力和情感的发展，也为就读小学奠定了比较好的基础。

三、朗县经验：多重"融入"强根基

毫无疑问，在人口极度稀疏而且沟壑纵横的朗县，公路、铁路、通信、水利等基础设施和基本医疗教育获得了较高水平的发展，取得了巨大的成就。在人类减贫史上，这样的成就都是耀眼的。其经验主要有三条。

（一）融入国家机遇：党委政府时不我待

中国是伟大的社会主义国家，一个重要优势就是集中力量办大事。共同富裕是社会主义的本质特征之一，中国共产党一直把消除贫困作为自己的重要目标。党中央制定了援藏政策、边疆政策、"三区三州"（"三区"是指西藏、新疆南疆四地州和四省藏区，"三州"是指甘肃的临夏州、四川的凉山州和云南的怒江州）政策，兴建大型工程并下拨大量资金。朗县党委和政府在认清朗县优势和劣势的基础上，只争朝夕、抓住机遇，促进朗县经济社会的发展，为农牧民谋福利。

朗县区位优势不强，距林芝市 240 公里，距拉萨 401 公里，沟壑纵横，雅鲁藏布江穿县而过，公路等基础设施建设的条件恶劣。农业方面，朗县独特的气候条件造就了"朗县辣椒"独特的口感，辣味纯正浓香并含有多种维生素及无机盐离子，在种植过程中不使用任何化肥和农药，是纯绿色蔬菜。朗县是重要的藏香猪的养殖基地，种植苹果、花椒、葡萄、核桃、藏冬桃的历史悠久。文化方面，九世班禅额尔德尼·曲吉尼玛出生于朗县，苏卡·娘尼多吉和嘎赤·洛珠加布也均出生于朗县，他们传承和发扬了玉妥·云登贡布的《四部医典》并创立了藏医南派；冲康庄园是十三世达赖喇嘛土登嘉措的出生地，庄园有十三世达赖喇嘛亲手栽种的多种果树；朗县也是吐蕃王朝第一任赞普（聂赤赞普）的登位之地，旅游资源丰富。自然景观方面，朗县拥有藏东环线上唯一的冰川——勃勃朗冰川，海拔 6179 米，有如诗如画的拉多藏湖。资源矿产方面，朗县光照充足，水电资源非常丰富，县域内有大量的河流湖泊，地下水充足，水质普遍较好，境内有铬铁矿、铜、沙金、大理岩等矿产，储量丰富。教育医疗社会事业方面，朗县人口（含外来人口）不足 2 万人，2011 年时小学和初中的入学率就几乎达到了 100%，乡镇和村卫生室的医疗资源较为匮乏。朗县的农业、文化资源、水电矿产等资源非常丰富，但是没有很好地开发，没有很好地转化成经济社会的发展成果。

1980 年中央第一次西藏工作座谈会召开，2015 年中央第六次西藏工作座谈会召开，习近平总书记在会上强调"治国必治边、治边先稳藏"，坚持依法治藏、富民兴藏、长期建藏、凝聚人心、夯实基础的重要原则。援助林芝的是福建省和广东省，过去对口援助朗县的是福建省福州市，现在是广东省惠州市。朗县县委和县政府积极与援助单位沟通，在其帮助下修建公路、学校和水利设施。现今惠州市的惠城区对口帮扶登木乡、惠阳区对口帮扶朗镇、博罗县对口帮扶拉多乡、惠东县对口帮扶金东乡、大亚湾开发区对口帮扶仲达镇、仲恺高新区对口帮扶洞嘎镇。

在中央和自治区政策的支持下，在福州市和惠州市的援助下，朗县的公路逐渐形成了公路网。黑辣椒已经成为朗县农产品的品牌，并且进入了盒马鲜生销售，藏香猪也形成了"公司+农户"的产销模式，在雅鲁藏布江上修建工字荣电站、仲达水电站和江村水电站，在朗镇建设了 25 兆瓦的光伏电站。由于生态脆弱，朗县的矿产资源不能轻易开发，但是文化旅游资源可以大力开发，现今这一块的开发还远远不够。

朗县县委书记扎西和县长亲自去惠州对接，确立援藏的方案和项目，使得援藏项目能够尽快落地。惠州市选派 8 名优秀干部组成工作小组进驻朗县开展对口支援工作，安排 11 所惠州市优质中小学（幼儿园）与朗县 9 所中小学（幼儿园）建立结对帮扶关系，选派 8 名医生支援朗县卫生服务中心创建西藏自治区二级乙等综合医院，朗县选派教师到惠州的小学跟岗学习，全方位了解惠州学校的办学理念、学校管理、队伍建设、文化建设和课程改革等内容。惠州市对于朗县的援助以项目为抓手，以援藏干部为依托，把科技援藏和教育援藏很好地结合了起来。

还有很多大型工程在朗县修建，朗县县委和县政府尽力为在朗县建设的大型工程做好服务，比如川藏铁路拉林段经过朗县，朗县县委和县政府专门针对铁路的施工做群众的工作，合理给予补偿，尽快完成土地征用等工作，不耽搁工程的施工，同时也向工程输送一些劳动力和物资，增加铁路沿线农牧民的经济收入。

（二）组织化融入扶贫治理：诸多部门同心协力

改革开放后，我们国家在国家治理的实践中形成了以项目制为抓手的国家治理体制，形成了中央与地方政府之间的分级治理机制。[1]

---

[1]　渠敬东：《项目制：一种新的国家治理体制》，《中国社会科学》2012 年第 5 期。

中央政府、西藏自治区和林芝市对于朗县的各种援助资金是通过项目的形式实施的。朗县形成了非常好的协作机制来实现诸多部门的协同，将项目争取下来，并实施好。

项目的实施过程有一个比较复杂的流程。如果要建设一条几十千米长的灌渠，超出了朗县的财政承担范围，要靠中央或自治区或援藏项目来完成，其基本流程有如下几个步骤：第一，纳入规划。纳入到中央政府、西藏自治区和各种援藏规划中去，这是第一步。第二，职能部门上报审批。负责灌渠项目的水利局就要上报该项目到上一级职能部门进行审批。第三，资金拨付。如果是中央支持的项目，中央政府的资金就会下拨到自治区，再从市州下拨到县。第四，职能部门组织开标、投标、实施和评估。职能部门在有关法律法规和制度的约束下，展开投标，由中标的公司负责项目的实施，职能部门组织评估。一个大一点的项目，整个过程实施下来需要几年时间，需要各个部门很好的协调配合。朗县的经验有如下几条：

第一，加大项目储备。项目库包含立项项目和在建项目，包括易地搬迁项目、基础设施建设项目和扶贫产业项目等。积极协调对应的厅局，对接"十三五"规划，对照《广东省对口支援"十三五"项目需求表（朗县）》设立项目。发改局、水利局、交通局、住建局、教育局等为将来2—3年做好项目准备。项目储备使得一有政策，朗县就能马上跟进。2017年朗县新建项目就达到104个，都是"有备而来"。

第二，成立扶贫办公室。朗县成立了专门负责扶贫工作的办公室，由副县长王海颖分管，从各个单位抽调精兵强将充实到该办公室来。扶贫办协调与本县国民经济和社会发展中长期规划及年度计划的衔接工作，承担与扶贫开发和农业综合开发有关的以工代赈、信贷资金、国内外援助等项目的组织协调工作，牵头组织开展扶贫开发和农业综合开发项目的筛选、评估、审核和申报工作。在朗县很多项目都可以纳入到扶贫的范围中来，无形中扶贫办成了重要的项目申报和实施的协调部门。

第三，举办重大项目推进会。县委书记、县长、发改局、县住建局、农业农村局、交通局、水利局、扶贫办等县直部门和各个乡镇的主要负责人统一出席，对重大项目建设推进情况进行通报，各个职能部门汇报自己在项目推进中遇到的问题，形成切实可行的解决方案。

（三）拓展力量融入基础建设：挖掘培固内生力量

在中央政府的巨大资金投入下，朗县的基础设施建设已经取得了巨大的成就，"二横四纵"的公路主架构已经初具规模，形成了从县城到 6 个乡镇的 1 小时交通圈，再以各个乡镇为节点，通向 52 个行政村和居委会。较好的公路网络使得朗县成为全国"四好农村路"的示范县。电力网络也做到了 100% 入户，4G 通信基站和自来水覆盖了所有的自然村，这是伟大的成就。这些基础设施要在更长的时间内发挥作用，就需要做好维护，电力网络由国网公司负责维护，通信网络由中国电信、中国移动和中国联通三家公司负责维护。最为困难的是通向各个村庄的公路和自来水网络的维护。朗县创造性地挖掘了广大农牧民的内生力量，实现了公路和自来水管网的良好维护。

朗县交通局建立了"一所六站"，即一个县乡村公路养护所和 6 个乡镇乡村公路养护站，并且把"一所六站"的工作经费纳入到县财政预算中来，切实做到"机构、责任、人员、资金和制度"的落实，加强农牧民群众公路养护员技能的提升，坚持每年不少于 5 次邀请各级专业养护队伍开展现场养护、技术养护、安全养护培训，建立了县、乡、村、养护人"四位一体"的公路养护机制，形成了"分段到村，责任到人"的养护格局。养护员主要是村里的农牧民，按照 1500 元/月/人的标准发放工资。朗县创造性地将精准扶贫和道路养护结合起来，在解决精准扶贫户就业的同时，实现了公路养护的常态化。在养护人的宣传带动下，各族群众的养路意识逐步增加，自发参与到乡村公路的保洁、绿化、落石和塌方清理等工作中。

朗县的自来水已经覆盖了所有的自然村，入户率达到了100%，保证每一户都有一个水龙头可用。管道老化破损、水源枯竭、管道结冰时需要维修，为了探索农村用水、节水、治水的新模式，朗县制定了《农牧民用水协会建设实施方案》，并配套落实《协会各项制度》，印刷农牧民用水协会知识普及读物，并下发到52个村（居）。由用水协会来征收水资源费，为自来水网的管护提供基础。基于各个村庄自来水网的建设成本和维修成本，各个村庄的征收标准不一，一个水龙头大约收2元/年、5元/年、100元/年或150元/年。

朗县的乡村公路通过"一所六站"的架构，将农牧民吸收进来，和各种扶贫政策结合起来，实现了公路的良好管护。自来水网络由用水协会维护，都比较好地挖掘了农牧民的内生力量。

总的来说，人口极端稀疏的朗县，基础设施建设取得了巨大的成就，为经济社会的发展奠定了坚实的基础，这是朗县脱贫的重要经验。朗县基础设施建设取得如此大的成就，原因在哪里？别的国家能否采用朗县的经验？

朗县基建取得如此大的成就，其最根本的原因是社会主义制度的优越性和中国共产党的领导。朗县面积4106平方千米，人口不到2万人，雅鲁藏布江穿境而过，山势险峻沟壑纵横，在这样的地方修建基础设施是没有经济效益的，2万人口仅仅相当于东部地区一个大的村庄，这些人却分散在52个村（居）中，导致电网、通信基站和道路的建设成本很高，很难回收成本。私企不会投资像青藏联网工程、藏中联网工程、川藏铁路这些注定长期亏损的项目。国家电网、中国电信、中国移动和中国联通等大型央企在明知要长期亏损的情况下，还大规模投资，体现了其社会担当，在朗县的基础设施建设中作出了不可磨灭的贡献。我国是社会主义国家，有着中国共产党的坚强领导，有着消除贫困的强烈愿望，有着集中力量办大事的优势。中央政府不计成本地大量投资是朗县基础设施建设改善巨大的根本原因。

　　干部群众的积极性是朗县基础设施建设成功的另一条原因。朗县县委和县政府有着消除贫困的强烈愿望，这种愿望来自共产党人的初心和担当，来自党中央和自治区党委政府的压力传导，也来自广大农牧民脱贫的殷切希望。朗县县委和县政府很好地对接了中央政府的各种援藏政策，很好地完成了各种类型的基础设施建设项目的申请和实施。广大农牧民群众也发挥了自己的积极性，参与到道路的养护和工程的建设中。

第四章

兴产业：资源禀赋贫瘠地区的
特色扶贫产业发展

　　精准扶贫是党中央 2020 年全面建成小康社会的历史使命，以及在新时代面对中国社会主要矛盾转变的及时响应。产业发展是打赢脱贫攻坚战的有力举措，在一个地区的优势产业挖掘和产业结构转型议题中，作为一个硬币的正反面，对于政府与市场的关系及其相互作用机制，一直是社会科学的核心议题。在古典经济学理论中，政府应当是有限责任政府，政府自身在规模、职能、权力和行为方式上受到法律与社会的严格限制和有效制约，市场运行更多地由"看不见的手"支配。同时，中国改革开放 40 多年来取得的巨大成就表明，计划经济时代的"无限政府"理念已是明日黄花，"发挥市场在资源配置中的决定性作用，更好地发挥政府作用"的观念日益深入民心，成为社会主义市场经济发展的改革共识。新结构经济学认为，中国奇迹的诞生和经济改革的赶超发展有赖于要素禀赋结构基础上以比较优势战略为核心的有效市场和有为政府体制的建立和完善。[1] 但是，产业发展过程中对于政府干预与市场体制的学理辩论，却并未落下历史的帷幕。究其原因，或许应当归结于市场失灵和政府失灵的经验现象依然屡见不鲜。审视中国产业扶贫的实践，县级政府在"扶贫军令状"的旗帜下时常扮演着"一线总指挥"和"施工队长"的角色，基层乡镇政府直接是扶贫脱帽的"公益经营者"身份，甚至在产业扶贫中形成了这种直觉思维：没有好的政府扶助，产业扶贫就难以实现，

---

[1] 林毅夫等：《中国的奇迹：发展战略与经济改革（增订版）》，格致出版社 2013 年版，第 18 页。

或者迟早夭折。在一些情境下，有限政府的理念反而不如某种程度上的"无限政府"更能产生好的预期和结果。[1] 然而，产业扶贫现实中也不断出现由政府主导下的市场缺失导致的盲目立项、产能过剩和目标偏差，"政府相马"的特色扶贫产业往往"运动式扶贫"希望能短时间立竿见影、填表造功，但却经受不起"市场赛马"的检验，难以可持续发展。

因此，在贫困地区产业扶贫的发展路径中，有为政府与市场机制之间该如何控制尺度、厘清边界以及如何相互作用，都是值得继续研究的问题。"产业扶贫不只是一个静态的扶贫概念，更是一个动态的持续过程"[2]。为此，政府与市场在扶贫产业发展过程中的角色定位及相关关系，应该被带回现实田野中，呈现出一个动态的发展演化过程，而非是静止和一成不变的。即当前贫困地区产业发展战略中究竟是要依赖"政府相马"还是回归到"市场赛马"的争论，应该被带回到动态的发展过程中去审视。通常：贫困地区产业起步阶段面对市场失灵需要政府"相马"，精准寻找当地的资源禀赋结构集中发力；产业发展阶段中有为政府与市场机制共存，合力形成一种培育特色本土产业的"养马"格局；在特色产业链条实现阶段将逐渐更多地依赖市场规则，转向可持续发展的市场"赛马"。概言之，产业扶贫是一直融入在有为政府与政治权力背景中的，在特色扶贫产业市场诞生、稳定和转型的不同阶段，有为政府均起着重要作用，但在不同的产业发展阶段其角色有所差异和侧重。这方面，西藏自治区朗县在县委、县政府的正确指导下，成功摸索出了一条由融入国家精准扶贫战略下的有为政府与市场机制合力促进的特色扶贫产业发展之路，扶贫开发工作取得了显著成效，由此朗县成为西藏自治区扶贫开发的典范县。

---

[1] 张高军、易小力：《有限政府与无限政府：乡村振兴中的基层政府行为研究》，《中国农村观察》2019 年第 5 期。

[2] 全国扶贫宣传教育中心组织编写：《产业扶贫脱贫概览》，中国农业出版社 2018 年版，第 4 页。

本章将阐述朗县产业扶贫的过程和发展逻辑，安排如下：首先，对朗县的资源禀赋和扶贫产业精准选择路径进行分析；其次，重点论述朗县因地制宜四大特色产业的打造和"短平快"小产业的本土培育；再次，对朗县扶贫产业发展的长期性与市场竞争优势进行分析；最后，对朗县产业扶贫的可持续发展逻辑——"相马""养马"到"赛马"机制——进行总结提炼。

一、"相马"：贫困地区扶贫产业的精准选择

2015 年 10 月 16 日，习近平总书记在减贫与发展高层论坛上首次明确提出"通过扶持生产和就业发展一批，通过易地搬迁安置一批，通过生态保护脱贫一批，通过教育扶贫脱贫一批，通过低保政策兜底一批"，即后来的"五个一批"的精准脱贫措施。产业扶贫脱贫成为"五个一批"的重要环节。随后，"五个一批"的脱贫措施被写入《中共中央 国务院关于打赢脱贫攻坚战的决定》，指出"发展特色产业脱贫。制定贫困地区特色产业发展规划。出台专项政策，统筹使用涉农资金，重点支持贫困村、贫困户因地制宜发展种养业和传统手工业等"。2016 年，农业农村部等中央 9 部门联合发文《贫困地区发展特色产业促进精准脱贫指导意见》，指出发展特色产业是提高贫困地区自我发展能力的根本举措。产业扶贫涉及对象最广、涵盖面最大，易地搬迁脱贫、生态保护脱贫、发展教育脱贫都需要通过发展产业，实现长期稳定就业增收。①

产业扶贫的实质就是为贫困地区、贫困人口找到一个适合本地发

---

① 全国扶贫宣传教育中心组织编写：《产业扶贫脱贫概览》，中国农业出版社 2018 年版，第 1 页。

展的产业类型。在市场经济条件下，贫困地区农民缺乏提高收入的能力，仅靠小农单干式的生产方式已经无法实现脱贫目标，根本出路还在于尽早完成产业结构调整。1994 年以来，20 多年的产业扶贫实践基本围绕着"特色产业"展开，表明国家对于贫困地区农业产业发展的规律已经有了比较深刻的认识。专业化、特色化，是产业扶贫基本特点，产业扶贫区结合当地的资源禀赋、实际情况，发展适合本地并具有当地特色的产业。这其中，产业精准选择是取得贫困地区脱贫效果、提高农民人均收入的前提条件。而产业的精准选择，一是需要因地制宜地寻找贫困地区的资源禀赋结构，由于贫困地区自然地理条件差异极大，各地的风俗习惯和人文社会风貌又相对各异，因此切忌在推进产业扶贫选择中套用既定类型、不创新、不考虑地域环境因素。二是需要一个积极有为的政府及时有效地克服市场失灵的缺陷，在产业起步阶段发挥宏观统筹、资源整合、公共服务供给以及引导激励监督的作用。

（一）寻找贫困地区的资源禀赋

县域资源禀赋是地区经济发展的基础。根据《朗县志》记载，朗县高寒缺氧，空气干燥稀薄，虽然白天日照时间长，但夜晚温度低，昼夜温差大。降雨量偏少且四季不均，干旱季长达 8 个月。土地干旱半干旱面积广，土壤沙物质含量高，高山寒漠等难以利用的土地面积大，占 17.35%。朗县垂直气候多变，干旱、霜冻、冰雹、雪灾、大风、强降温等灾害性天气频发。又因山高谷深，地貌构造复杂，生态环境脆弱，灾害性天气容易引发洪灾、泥石流、山体滑坡等地质灾害，给居民生产生活带来极大的危害。朗县农牧民以农牧业生产为主要产业，对气候、日照、降雨、土地等自然要素依赖性强，恶劣的自然条件会造成农牧业减产甚至绝收，减缓经济增长，威胁农牧业生产安全，易造成新生贫困或者脱贫户返贫。由此，朗县的脱贫攻坚难度体现在贫困发生面积广、程度深，贫困的主要类型一是资源匮乏型贫困，自然条件恶劣、生产生活环境差、基础设施薄弱，公共服务供给不足；二是人力资本型贫困，当地群众教育技术文化落后，"做等靠要"福利思想严重，贫困文化难以"断穷根"。

发展思路决定生计出路。一方面，虽然朗县的自然资源概况不佳：高寒地区、生态恶劣、自然灾害频发，同时地广人稀、交通受限、贫困文化代际化。但是从另一方面来看，朗县由于独特的地理位置同时又具有自己因地制宜的农民生计和经济发展机会。新结构经济学的核心假设是：一个国家和地区，它在每个时间点上的经济结构是由那个时间点上的资本、劳动、自然资源禀赋等要素及其结构决定的。对于特定的经济体，每个时间点上的要素禀赋及其结构是给定的，不同时期的要素禀赋及其结构又是可变化的。[①] 为此，当地县级党委和政府在"十三五"规划时期邀请专家学者、县域智能部门在认真进行田野调查的基础上摸索和系统总结了当地的资源禀赋结构和产业扶贫发展的区位优势与劣势。

第一，摸查朗县公共基础设施和地理区位。优势：一是国道560线连接穿县而过，县城至林芝市240公里，距拉萨市401公里，全县六乡（镇）均已实现通柏油路，52个行政村（居）均实现了公路通达，行政村公路通畅率达86%；二是农村公路"一站六所"养护机构已成立，选聘270名养护员参与公路日常化养护，极大地提高了公路养护效率；三是县城至林芝市和山南市的客运班线有客车11辆，满足了农牧民群众的出行。劣势：一是农村客运班线未开通，现有的县城——八一、山南的客运班线仅覆盖了3个乡（镇）、10个行政村，因此，边远山区的群众出行难问题依旧存在；二是牧场公路、旅游公路和自然村公路建设滞后，公路等级低；三是距离较远，拉林铁

---

① 林毅夫等：《中国的奇迹：发展战略与经济改革（增订版）》，格致出版社2013年版，第19页。

路及国道 219 的建设虽在一定程度上完善了朗县交通网络体系，但是运距相对而言依旧较远。

第二，寻找当地的特色产业资源禀赋结构。（1）种植业优势：由于朗县特有的小气候造就了"朗县辣椒"的特殊口感，辣味纯正浓香并含有多种维生素及无机盐离子，而且在种植过程中不使用任何化肥、农药，是纯绿色蔬菜，因此深受广大消费者喜爱，2018 年，朗县新增经济林木种植 300 亩，成活率达 80%。推广辣椒种植 2500 亩，全年辣椒产量达 1358.46 万斤，实现产值 678.95 万元。劣势：土地易板结，由于在种植过程中没使用任何化肥、农药，导致"朗县辣椒"易受病虫害影响。（2）特色养殖业优势：朗县作为藏香猪产业发展辐射区，根据市政府安排，结合朗县的实际确定了"公司+养殖大户+村集体+农户"发展模式，引进广东粤旺集团作为朗县推进藏香猪产业发展的企业，2019 年共收集完成能繁母猪 2200 头并对收集的母猪进行了耳标佩戴。劣势：在防疫方面还未能达到更高更好的要求，整体条件相对较差。（3）藏医藏药业优势：一是朗县作为南派发祥地有很好的品牌优势，藏医院"塔布·苏卡"商标注册成功；二是有较好的藏医药人员配备，加上乡镇有 40 名左右藏医药专业人员；三是周边藏药材资源较丰富，常用藏药材有 20 多种，储存丰富；四是援藏总投资 433 万元的藏医院制剂所已开工建设，相信能带动当地藏医药产业链。劣势：对藏药材的掠夺性开发已导致藏药资源日益枯竭，濒危的野生藏药材达 40 种以上，加上种植技术和基地的匮乏，藏药材储备量将成为制约藏医药产业发展的一项重要因素。（4）清洁能源业优势：朗县光照充足，水能资源多，截至 2019 年朗县清洁能源项目规划装机总容量达 137.30 万千瓦，规划总投资达 211.95 亿元。（5）文化旅游业起步较晚，境内缺乏开发成熟的景区、景点，尚没有 A 级旅游景区（冲康庄园景区正着手创 3A），缺乏精品景区作为龙头支撑和带动作用，朗县的旅游品牌知名度还不够，旅游项目设施和服务水平有待进一步提升，缺少实力企业进行旅游产业规模化投资，2019 年进朗游客多为过路游，对"吃住行游购娱"全要素体现不充分，森林、湖泊、文化等旅游资源缺乏独特性，对游客吸引力不足。（6）朗县总体区位情况：朗县辖区面积 4186 平方公里，2015 年耕地面积 20329.42 亩，耕地面积仅是辖区面积的 3.24‰，耕地面积少，限制了农牧业的发展。农牧民生产热情不高，基础设施薄弱，导致农村经济发展缓慢，动力不足，种养业和加工业依旧停留在粗放阶段，布局分散、规模小、环境污染大等问题有待解决。劣势：可利用的土地资源少；耕地分布零散，质量较差，耕地保护形势严峻；城乡用地缺乏统筹，农村居民点用地比重偏大；交通水利等基础设施用地规模较小，不适应经济发展需要；重耕地轻山地，山地优势未能充分发挥；牧草地退化严重；生态环境脆弱，部分区域水土流失仍较严重。

第三，审视朗县发展的资源条件、历史文化、民俗风情。（1）地理气候环境。朗县地处西藏东南部、雅鲁藏布江中游、喜马拉雅山脉北麓，位于西藏林芝地区西南部，平均海拔 3700 米。东与林芝米林县相邻，南与山南隆子县接壤，西与加查县紧靠，北与工布江达县毗邻。一年四季气温适宜，夏无酷热、冬无严寒，年日照量达 2500 多小时。（2）人文历史资源底蕴深厚。九世班禅额尔德尼·曲吉尼玛出生于朗县，苏卡·娘尼多吉和嘎赤·洛珠加布也均出生于朗县，他们传承和发扬了玉妥·云登贡布的《四部医典》并创立了藏医南派；冲康庄园是十三世达赖喇嘛土登嘉措的出生地，庄园有十三世达赖喇嘛亲手栽种的多种果树；朗县同样也是吐蕃王朝第一任赞普——聂赤赞普发现和登位之地。有千年核桃林，计划打造的冲康千年核桃林景区建设有序推进；有西藏最大的古墓遗址、国家级重点文物保护单位——列山钦氏家族遗址公园，共有古墓 223 座，占地面积 82 万平方米；有林芝地区规模最大的寺庙巴尔曲德寺、十三世达赖喇嘛的行宫朗敦庄园以及神秘的宗教场所帮玛洞穴、扎西拉康、甘丹热登寺、半山腰上的甘丹林寺（拉萨色拉寺马头明王原供奉于朗县甘丹林寺，后供请于拉萨色拉寺）。文物保护单位 32 处，其中 1 处为全国重点文物保护单位；8 处为自治区级重点文物保护单位；23 处为县级重点文物保护单位。（3）自然景观得天独厚。这里有藏东环线上唯一的冰川——勃勃朗冰川，海拔 6179 米；有如诗如画的拉多藏湖五湖连串（传说是文成公主洒落的一串珍珠形成的湖泊）；茂密的工字荣原始森林，河水水流湍急，河岸山水秀丽，是天然的自驾游胜地；气势磅礴的嘎贡瀑布串联着美如珠宝的"珍珠天池"和措仁措湖；这里还有上亿年的硅化木长 21.7 米、直径 4.7 米；生长着充满传奇色彩的国家二级保护树种——雅江巨柏等。（4）民俗风情天然淳朴。朗县是一个以藏族为主体的多民族聚居的地区，同时朗县有着独特的"塔布文化""钦木文化"，主要节庆有：塔布文化旅游节、仁布圣水节、巴尔曲德松珠节、金东牧民节、朗县望果节等。[①]

（二）有为政府的市场精准融入

在经济发展过程中，产业升级是由先行企业推动的，先行企业是否成功除了取决于进入的产业是否符合要素禀赋结构变动所决定的新的比较优势外，还取决于各种软硬基础设施是否随着产业的升级以及资金、市场规模和风险的扩大而作出相应的完善。这种软硬基础设施的完善超乎任何单个企业的能力，所以在经济发展过程中，政府也需要通过协调相关企业的投资决策来改善软硬基础设施，或利用可动用的有限资源来作出相应的完善。所以，有为的政府同样是一个地区或国家经济发展中成功的前提。[②] 在贫困地区特色扶贫产业的发展和乡村振兴过程中，县级及县级以下基层政府的作用至关重要。在中国的政权结构中，县一级政权处在承上启下的关键环节，是发展经济、保

---

① 参见《林芝市朗县乡村振兴战略总体实施方案（2018—2022 年）》，朗县人民政府，2019 年 1 月。

② 林毅夫等：《中国的奇迹：发展战略与经济改革（增订版）》，格致出版社 2013 年版，第 20 页。

障民生、维护稳定的重要基础，此所谓"郡县治，天下安"。县级政府独特的政治地位，决定了其不仅是落实中央政府农村政策的执行者，还是县域经济社会发展的决策者。在产业扶贫过程中，县级政府执行是否得当，将首先影响中央政策的落地效果，并直接影响该地区的产业精准扶贫的实质绩效和地区经济社会发展。

在产业扶贫工作中，基层政府作为执行国家政策的末端机构，往往会面临着多种困难与风险。当前学界、政策部门和地方实践部门在解读产业扶贫时，普遍忽略了产业扶贫战略实现的长期性，有急于求成的倾向。因此，应当充分认识、准确把握产业发展的客观规律，避免运动式产业扶贫等误区。为此，新时代背景下，地方政府角色也在发生相应变化，例如，从重权力到重责任，从重审批到重监管，从重管理到重服务等。2015 年朗县政府工作报告明确提出"转变政府职能，建设有为政府"。要求正确处理好政府与市场的关系，遵循市场规则、运用市场手段、利用市场力量推动发展，着力培育有效市场，努力建设有为政府；继续开展行政审批项目清理工作，逐步建立标准明确、程序严密、运作透明、制约有效、权责分明的行政审批体制；建立权力清单、责任清单和负面清单制度，完善政府向社会购买服务制度；探索实行"一个窗口受理、一个柜台办结、一条龙服务"，加快政务服务中心、便民服务大厅建设。①

"十三五"时期（2016—2020 年），是林芝市率先全面建成小康社会的决战时期，是全面深化改革的攻坚时期，是贯彻落实党的十八大和十八届三中、四中、五中全会精神以及中央第六次西藏工作座谈会精神的重要时期。为贯彻落实党的十九大、中央农村工作会议、自治区第九次党代会和党委九届三次全会、自治区党委政府、林芝市委市政府有关会议精神，根据《西藏自治区乡村振兴战略规划（2018—2022 年）》和《林芝市乡村振兴战略总体实施方案（2018—2022 年）》

---

① 《政府工作报告——在朗县第十二届人民代表大会第五次会议上》，2015 年 3 月 18 日。

规划引领，按照"产业兴旺、生态宜居、乡风文明、治理有效、生活富裕"的总要求，朗县立足资源禀赋和经济社会发展实际，在无缝对接扶贫攻坚工作和脱贫摘帽巩固提升工作的基础上，坚持以"高质量发展，农业农村优先发展，走城乡融合发展道路"为导向，突出乡村"绿色发展、文化繁荣、基层基础、民生保障、机制创新"建设重点，破解"增强群众获得感、强化乡村人才支撑、健全投入机制保障"发展难题，科学优化乡村"生产、生活、生态"空间布局，特制定了《林芝市朗县乡村振兴战略总体实施方案（2018—2022年）》。该方案明确指出朗县今后5年的工作重点、政策措施、重大项目。

在朗县党委和政府的各种全局发展规划中，始终在努力寻找精准融入当地市场和资源禀赋的特色产业潜在比较优势。朗县种植苹果、花椒、辣椒、葡萄、核桃、藏冬桃历史悠久，县内拥有两家"一果两椒三桃"的特色产业加工厂。金东藏玉与蓝田玉的成分和玉质相似，呈绿、橙、红、黄、紫等多种颜色，质地细密、纹理清晰、晶莹润泽，储量丰富。金东藏纸俗称"金秀"，在金东乡的嘎木村和西日卡村蕴含了丰富的藏纸制作原料，项目潜力巨大；巴尔曲德寺藏香以朗县特有的雅江巨柏为主料，配以藏红花、白"鳝"香、"山"香、冰片、丁香等30余种珍贵纯天然药材辅料，遵循传统秘方手工精制而成，香味芬芳，其药用价值极高，具有解毒、杀菌、净化空气、滋润肌肤、加快新陈代谢、促进睡眠等奇效。在这基础上，朗县县委和县政府不断建立和完善产业发展工作的统筹组织领导和政策强化落实，并且不断优化产业扶贫的市场环境。

第一，加强统筹组织领导。朗县县委和县政府以"三个到位"不断加强产业脱贫工作组织领导。一是组织机构建设到位，成立了产业脱贫工作领导小组，建立了县四大班子和县直各部门包乡镇、52个村（居）第一书记和驻村工作队包村的产业帮扶机制，配备充实产业脱贫专职工作人员5名，统一在产业脱贫组10人（农牧局）中办公，各乡镇安排1名扶贫专干专门负责产业脱贫工作，形成了"一级抓一级、层层抓落实"的良好工作局面。二是底数摸排到位，按照精准识别的要求，经过乡镇初核、县级复核，确定我县有劳动能力的群众358户1114人，摸清了产业脱贫的底数，为因户因人施策奠定了扎实的基础。三是督查检查到位，根据产业项目建设时限和资金管理使用要求，对产业项目建设和资金使用开展专项督导检查，实行问责、约谈、通报，强化责任落实，层层传导压力，确保产业脱贫各项政策措施落实到位。

第二，强化产业政策落实。朗县从突破发展瓶颈的大局出发，在县四大班子经过充分调研论证、召开座谈会听取各方面意见的基础上，确立了朗县"12345"工作思路，以做大做强做精"四大产业"（特色农牧业、文化旅游业、藏医藏药业、清洁能源业）为目标，结合区域产业分布特点和资源禀赋优势，结合实际，经过深入调研和多轮筛选，扩大了沿江三镇特色种植业和高寒三乡特色养殖业的产业规模，调整充实精准扶贫产业项目库，《朗县"十三五"产业扶贫规划》，重点突出产业支撑，把产业扶贫作为长远之计，不断加大产业投入力度，按照林芝市总体产业布局，以做大做强做精"四大产业"为目标，不断调整充实《朗县"十三五"产业扶贫规划》，规划总投资31250.05万元。并把"短平快"项目22个，总投资1019万元（其中地市1000万元、社会资本19万元）；"4+1"项目12个，总投资636万元（其中包括自治区100万元、地市500万元、社会资本36万元）；"一带四基地"项目12个，总投资4290万元（其中包括自治区3500万元、地市500万元、社会资本100万元），归纳到朗县产业规划。同时加快推进实施相关项目，使项目尽早发挥效益，让建档立卡户从项目中得到实惠。

第三，优化产业发展环境。一是强化金融、援藏、社会资金筹措和使用。积极撬动金融资金，设立朗县产业风险担保补偿基金3000万元，在林芝市邮储银行完成林芝市首笔金融贷款1970万元。2018年协调完成贷款500万元，正在协调市邮政储蓄银行、县农行办理合作社贷款 1370 万元。建档立卡贫困户累计贷款 1292 万元。二是化产业扶贫与其他脱贫措施有效衔接。朗县把产业扶贫与其他脱贫措施相结合，实现有效衔接。其一，把产业扶贫与易地搬迁脱贫相结合，按照自治区"10 户以上易地搬迁安置点必须有产业配套"的要求，在产业项目计划制定的时候，优先考虑易地搬迁群众的产业扶持，把朗县创业孵化基地、巴宜永久片区异地开发项目等优质产业与易地搬迁群众挂钩，确保易地搬迁群众"搬得出、留得住、能致富"；其二，把产业扶贫与技能培训和转移就业脱贫相结合，在产业项目建设中开展技能培训和转移就业，同时，根据市场需求开展技能培训，再将培训的贫困群众投入项目建设，实现就地就近转移就业。

二、"养马"：因地制宜的特色本土产业打造

为了推动产业发展，促进贫困群众脱贫，实现朗县 2018 年脱贫摘帽，朗县紧紧围绕县委、县政府"四大产业"布局，结合全县脱贫攻坚工作实际，始终把调整壮大产业结构、改善农牧民群众生产生活条件作为主攻方向，在全县范围内牢固树立"扶产业就是扶根本"的理念，增强贫困群众"造血"功能，真正实现换穷业、拔穷根、摘穷帽。县委、县政府加大财政调控力度，积极筹措专项扶贫资金 3.95 亿元，其中县级直接配套 1552.2 万元，宏观整合涉农项目资金，2016 年整合 819.44 万元，2017 年整合 7882.66 万元，2018 年整合 1.43 亿元，切实提升了资金使用率。适当调整产业结构，主打"四大产业"+精准扶贫产业模式，发挥优势资源，精准发力向贫困户倾斜，呈现产业规模不断壮大、项目支撑日趋明显、产业链条继续延伸的发展态势。

田野访谈中，朗县党政主要负责人表示：朗县实际情况面临经济

体量小，对外开放程度不高，市场培育程度不高，本土群众就近就业
自身能力不够等问题。但是，政府服务意识很高，在条件有限的情况
下，靠服务、靠感情引进企业投资发展，让企业落地。因为西藏招商
引资难，地区偏远企业落地难，需要政府动员资源去扶持企业、服务
企业。有经济实力、生产能力和盈利能力的企业项目才能落地，才能
实现可持续长久发展。在具体的实践中，一是激发群众内生动力，智
志双扶，不能坐等小康。在全县发展产业前提下，精准到户扶持，就
地就近做强个体产业，群众直接受益。比如洞嘎村以种植辣椒为主，
到户扶持大棚建设，冬天种植反季节，夏天露天种植，几乎全年忙
碌，收入稳定。二是精准扶贫产业在全县的产业布局大格局下进行，
通过引进企业，进行产业链延伸。例如辣椒种植，就要做产品销售端
的延伸，做农特产、收购辣椒做辣椒酱等产品延伸，使产业可以长久
可持续。引进其他省市有实力、有资本、有销售平台的企业，企业与
政府共同出钱，发展营销。有市场对接，政府就予以支持，产业才可
持久发展。三是从产业发展长远看要扶持县域特色产业，"短平快"
与"长远"结合。在这基础上，朗县形成了"四大产业"：特色农牧
业、生态文化旅游业、清洁能源、藏南药业协同发展的长远产业扶贫
布局，同时积极培养"短平快"的"4+1"（合作社、致富能人、村
集体、企业+贫困户）的利益联结带动方式精准发展适宜当地的扶贫
产业，引导贫困群众由"要我脱贫"向"我要脱贫"转变。

（一）立足本土资源禀赋发展特色产业

1. 农牧产业

根据 2008—2010 年朗县第二次全国土地调查统计，朗县土地总
面积 410589.56 公顷，占林芝地区土地总面积的 3.59%。按照《土地
利用现状分类》标准，朗县土地利用现状 I 级类型含全部 8 大类，其

中耕地 1781.76 公顷、园地 319.49 公顷、林地 225254.79 公顷、草地 121173.14 公顷、城镇村及工矿用地 434.13 公顷、交通运输用地 330.41 公顷、水域及水利设施用地 11804.35 公顷、其他土地 49491.49 公顷。朗县发挥农牧特色产业带动效力，逐步形成以沿江三镇大力发展"一果一椒一桃"的城郊农业（高效日光温室、"菜篮子"工程）和以偏远三乡开发农畜产品、灌木林地山草产业为主的高寒畜牧业产业布局，当前经济林木成活面积达 2.1 万余亩，蔬菜种植面积达 1100 余亩，辣椒种植面积达 2000 亩，各类牲畜存栏量持续增高，其中：牛 7 万头，羊 1.3 万只，猪 2817 头，带动贫困户户均收入近千元；2016 年完成总投资 420 万元的现代农业生态观光园项目的场区基础设施改造，形成了"四园三区一中心"的总体结构，2017 年间冲康村、巴热村核桃林以"平均树龄最长"入选"大世界基尼斯之最"，被上海大世界基尼斯总部授予"西藏自治区林芝市朗县古核桃林"，同步提升了人文附加值；建成种植养殖基地 2500 亩，三年累计带动群众增收达 150 余万元，其中贫困户户年均增收 800 余元；注册的农牧民合作社达 45 家，带动贫困户增收明显，如顿珠阿来种植养殖合作社仅 2016 年就带动贫困户户均增收 6815.8 元；登木乡种植养殖合作社存栏量达 576 头，带动贫困户 171 户 448 人分红；2017 年至 2018 年度，朗巴居委会通过种植蔬菜大棚增收 40.3 万元，11 户贫困群众户均增收 4000 元。

2018 年 2 月 7 日上午，在朗县洞嘎镇朗敦红辣椒专业合作社内，一大批群众正在忙碌着搬运化肥和地膜，几百袋化肥和地膜摆放得整整齐齐……这是合作社正在对贫困户和困难群众进行慰问，发放新年红包和用于种植辣椒的地膜、化肥。23 岁的洞嘎镇聂村村民洛桑说："家里只有我和奶奶两个人，之前我在拉萨打工，没办法照顾奶奶。后来我到合作社打工，这样一来，既能在家门口赚到钱，又方便照顾奶奶。"言语之中感激之情溢于言表。"近年来，在国家好政策的扶持和县委、县政府的重视带领下，朗敦红辣椒合作社不断发展壮大，带动周围贫困户脱贫致富。下一步，将继续购买新设备、扩大厂房，提供更多就业岗位，让全镇更多贫困群众到合作社上班，帮助他们提高经济收入。"合作社负责人次永忠满怀憧憬地告诉我们，朗县申报的"朗县辣椒"成功通过了 2018 年第一次全国农产品地理标志登记评审会上的专家评审。

2017 年，全县农牧特色产业投资达 3700.47 万元，经济林木成活面积达 2 万余亩，蔬菜种植面积达 3215 亩，全县各类牲畜存栏 6.5 万头，形成了以苹果、辣椒为主的"一果一椒"沿江三镇特色种植业和高寒三乡特色养殖业的产业布局，特色种植业实现产量 249.82 万斤，产值 896.7 万元；洞嘎镇朗敦专业合作社被认定为国家农民合作示范社，年产值 120 万元，龙头带动作用显著；"钦域千年核桃""拉贡塘"酥油系列特色商标和地域商标成功注册；冲康村、巴热村核桃林以"平均树龄最长"入选"大世界基尼斯之最"，被上海大世界基尼斯总部授予"西藏自治区林芝市朗县古核桃林"。

朗镇以"一果一椒"的特色种植产业为主导，辅以藏香猪、藏鸡等现代规模化养殖业，持续提升发展人文与自然相融的特色旅游业；洞嘎镇继续凸显优势，加强农牧产品精深加工和生态旅游业，形成三产联动这个产业链条；仲达镇突破特色种植养殖业产业发展瓶颈，突出打造"古如朗杰"产品商标品牌，大力发展农产品精深加工产业和乡村旅游业；拉多乡以农文旅融合为发展方向，大力发展藏医药文化产业和自然生态旅游业，加强生产、生活、旅游等服务基础设施建设，建设小康示范村市政基础设施提升工程。（1）新建简易污水处理站、简易垃圾中转站各一座，并实施了路灯工程、绿化工程等。（2）产业提升工程：便民超市、牲畜改良、民族手工业、特色种植业等共 2100 万元；金东乡以"守土固边"为重点，充分利用 G219 新交通线带动高寒牧业和边境旅游业大发展；登木乡做大做强畜牧业、适度发展畜牧产品精深加工、突破发展农牧旅游业，重点加强乡村各级公共服务和基础设施建设水平，改善对外交通条件。构建沿江三镇以苹果、辣椒为主的"一果一椒"特色种植产业带以及藏香猪养殖产业核心区，规划偏远三乡以牦牛为主的高寒牧场养殖产业集群，培育拉多苏卡以藏医药材保护与规范化种植为核心的生物医药产业发展园区，系统形成区域联动、绿色健康的高原特色农牧产业链条，推进县域空间农牧功能结构优化以及资源高效利用，整体实现发展规模和经营水平的显著提升，以及综合生产能力与经济效益的大幅提高。

2. 藏南药业

作为南派藏医的发祥地，朗县有着悠久的藏医历史和独特的区域文化底蕴。朗县现有朗县藏医院，藏药材普查工作正顺利开展，收集藏药材400余种，完成全套县域藏药材标本制作和《朗县藏医药发展规划》编制工作，藏医药适宜技术逐步推广，6个乡（镇）卫生院均设有藏医门诊，县藏医院拥有藏药280余种，乡（镇）藏医门诊拥有藏药均达80种以上，藏医门诊服务能力不断增强，全县藏医门诊量累计达1.7万余人次，不断发挥藏医药在医疗、保健、处置突发公共卫生事件等方面的重要作用。藏南医药：发挥藏医药业带动效果，总投资1300万元的朗县藏医院已经建成投入使用，同步与县卫计委对接，开通了贫困户看病就医绿色通道。完成"塔布苏卡"商标注册，藏医药材试点种植3.75亩，预期效益良好，拟向贫困户推广种植。登木乡比邻村引进西藏冕仔生物科技有限公司，成立白朗雄专业种植养殖合作社，投资30万元开展党参、藏当归、羌活等6种藏药材种植，种植规模达33亩，辐射带动边缘户26户和贫困户11户，通过土地流转获得每亩收益800元，通过劳务输出获得每人每天150元收益。

依托拥有的丰富自然药材资源，以建设"健康朗县"为主线，在保障基本医疗卫生服务需求的基础上，着力推进朗县藏医药产业发展。深化藏医药种植与加工改革，创新藏医药产业的服务发展模式，推进深厚藏医药文化的继承和保护，充分释放朗县特色的藏医药康养服务潜力和活力。

建设布局。整合藏医药资源，以波棱瓜、喜马拉雅紫茉莉种植为核心，推进藏药材种植试点建设，打造拉多南派（苏卡）藏医药材繁育生产基地，立足特殊区域野生濒危药材的哺育，提升藏医药研发创新能力，不断拓展藏药材市场，打造朗县藏医药品牌。

发展重点。第一，加快藏药材的保护和规范化种植。坚持开发利用与资源保护并重的原则，坚持以市场为导向、以科技为支撑的原则，走特色的藏药产业化与可持续发展的道路。推进藏药生产的现代化，提高朗县藏药产业的市场竞争力。整合全县藏药材资源，规划建设大宗药材、紧缺药材和濒危藏药材繁育生产试点，立体化建设野生藏药材驯化繁育中心等，规范苗木选育、栽植、土壤培肥、病虫害防治、田间管理、科学采收等种植流程。第二，推动藏药材纵深生产。促进藏医药产业的转型升级，实施加工体系的有序发展配合，促进藏药生产技术和产品升级，重点开发优良藏药，研究藏药生物制品加工技术、生物成分提取技术等，加快与林芝市其他藏药材生产区差异化发展策略的实施，发展研制效优、安全、附加值高的保健食品以及药枕、药酒、香囊、药包等藏医药保健康复产品。第三，加强藏医药发展营销，提升朗县藏药知名度。大力宣传南派藏医药理论体系、特色、特长，建设拉多南派藏医文化展览馆，挖掘朗县藏医文化，积极推动申报和注册"塔布苏卡"藏医药商标，充分利用现代化营销手段，加大对外宣传力度，扩大藏药影响力。第四，提升藏医药文化创新能力，发展"藏医药+旅游"的医疗康养服务。利用现有藏医医疗机构、藏药企业、藏药材种植区、药用植物园等资源，推动旅游和藏医药融合，发展藏医康养旅游，积极开发拔罐药浴、温泉疗养、药膳美食等可体验、可消费的藏医养生保健旅游系列产品，以拉多南派藏医药理论为基础，重点传承与发扬南派藏医文化，着力塑造朗县康美藏药城的旅游发展形象。第五，藏药材加工。积极推动发展朗县虫草、贝母等优势藏药材的规模加工，设立拉多藏医药综合开发平台，研究和生产藏医药相关产品。创意藏医药材的艺术加工，创建适宜发展藏医药种植产业基地艺术廊道、科普创意体验区、休闲观光示范园等，构建围绕藏医药材的生产、生活、生态功能价值，实现藏医药材的艺术与旅游化"加工"。

藏南医药的发展典范就是拉多乡苏卡药香厂。拉多乡扎村苏卡药香厂建于2014年11月，先后投资总计362.2万元，属于村级集体经济组织。厂址设在藏医南派始祖苏卡·娘尼多吉出生地拉多乡所辖的新扎村，地处喜马拉雅山北麓，雅鲁藏布江北岸，毗邻省道306，当前拉多苏卡药香制作工艺源于藏医南派，药香产品以藏红花、麝香、檀香、穿山甲、肉蔻、安息香、杜鹃花、刺柏、野蒿、甘松、郁香、佛手参、青蒿子、木香、当归等37味珍贵药材和多种纯天然香药为配方，经过对药香多次改进研发，现有15大类的药香产品，先后到全国各类大型旅游文化节进行产品展销，取得了良好的口碑。现在，药香厂正朝着经营形式多元化、产品种类多样化、销售平台网络化的方向大步前进。

拉多乡位于朗县东南部，平均海拔3500米左右，气温低，日照强，年平均气温10.2℃，年降雨量在350—600毫升，无霜期一般为130天到170天，平均日照约2100小时，良好的自然条件为藏药资源的生长创造了得天独厚的条件。经调研，拉多乡老扎村可种植用于药香生产的近20种藏药原材料。拉多乡新扎村是因为受地质灾害和饮水枯竭影响于2007年搬迁到现所处位置的一个新村。全村共39户127人，其中党员26人。搬迁新址后，村"两委"带领群众积极垦种新田，开荒74亩，解决了群众生活的部分粮食和蔬菜供给。

新扎村土地贫瘠，新开垦的土地平均每人也仅有0.58亩；草场面积小，畜牧业发展的后劲严重不足；新扎村所在地的资源均属其他乡镇，无资源开发利用。在夹缝中求生存、在困难中求发展，让群众的腰包鼓起来，实现共同富裕是乡党委乡政府推动服务群众、凝聚人心、促和谐谋发展的生动实践。2014年，在县委、县政府的大力支持下，在相关单位的关心和帮助下，争取资金23.2万元作为启动资金，成立了苏卡药香厂。2015年投资45万元用于新建厂房，同年获扶贫资金5万元、政府扶持资金23万元用于建设厂房及购买设备。2016年争取了150万元产业扶贫资金用于新建占地面积505.53平方米、建筑面积260.4平方米的厂房及购买设备一套。2016—2018年药香厂陆续得到了县民宗局、农牧局、工信局、人社局、旅游局、商务局等相关部门的大力支持，累计扶持资金120余万元，成功完成部分厂房扩建、产品版权证商标注册以及包装二维码审定，形成具有独立包装及商标的区域特色产品。2015年该厂全年销售额达到30余万元，利润10余万元；2016年全年销售额达到60余万元，利润20余万元；2017年全年销售额84万元，利润22万元；2018年全年销售额75.4万元，利润26万元。建厂至今，先后发放群众工资共计50余万元，分红、慰问金额达20余万元。

近年来，药香厂的规模不断壮大，在上级部门的关心关怀下，从药香系列产品首次在藏博会、自治区非物质文化遗产展上展览销售到在林芝市雅鲁藏布文化节、朗县塔布文化节等物资交流平台上展览销售，都取得了良好的口碑和销售成绩。在福建省援建工作队、广东省援藏工作队以及县旅游局的大力支持下，苏卡药香产品也成功走向区外展会，先后参展了福建省5·18海峡两岸贸易会、北京民贸会、粤东农交会等。在药香厂飞速发展的过程中，注重人才的吸纳和培养，现有8名技术骨干（其中7名是党员），他们充分发挥"先锋模范作用"，凡事都走在最前面，不怕苦、不怕累，在8名技术骨干的带动下，全村4个联户单位有劳动力的群众都轮流参与记工取酬，切实感受到了药香厂的发展给生活带来的深刻变化，苏卡药香厂的经济效益，甚至是社会效益都在大幅提高，2016年初，药香厂正式建立大学生奖励机制，两年来共为村里的4名大学生发放了5200元作为助学资金。在全国吹响了精准脱贫的号角以后，新扎村村"两委"当机立断，迅速制定贫困户深度参与机制，加大精准脱贫力度，截至 2019 年 8 月，药香厂的发展累计惠及新扎村贫困户 9 户 22 人，新昌巴村 4 户 12 人，吉村 2 户 4 人。2016 年，9 户贫困户在苏卡药香户均务工收入 1500 元，年底户均分红 1500 元；2017 年，为 15 户贫困户提供了 17 个工作岗位，人均增收 3000 元以上，年底给新扎村 9 户贫困户户均分红 1500 元，昌巴村与吉村 6 户贫困户户均分红 715 元。2018 年，销售额 75.4 万元，利润 26 万元，累计带动新扎村全村 38 户 127 人，其中贫困户 8 户 19 人及其他村贫困户 9 户 12 人，人均增收 4000 元以上，年底给新扎村 9 户贫困户户均分红 1500 元，昌巴村与吉村 6 户贫困户户均分红 715 元。药香厂先后获得"林芝市优秀文化企业""林芝市农牧民专业合作社示范社""林芝市 2018 年度脱贫攻坚十佳扶贫帮扶企业"等荣誉称号。药香厂厂长、村党支部书记拉巴次仁先后获得"自治区农家书屋优秀管理员""自治区农牧民优秀宣讲员""全国科普惠农兴村带头人""林芝市青年农牧民创新创业大赛三等奖"等荣誉称号。

（二）发挥后发优势发展地区新兴产业

1. 水利发电清洁能源

朗县水资源较为丰富，县域内有大量的河流湖泊，地下水充足，水质普遍较好。水能资源是水资源的重要组成部分，是清洁可再生能源，朗县在工字荣河上修建工字荣电站，有效合理地开发利用水能资源，该电站年发电量为 4600 万千瓦时，装机容量为 143.2 兆瓦。劣势：开发难度较大，可开发利用的水资源较少。朗县受地貌和气候影响，水资源时间分布极为不均，年降雨量、径流量的 50%—60%主要集中在汛期，大多难以利用。

在地方政府的牵引下，2017 年注册成立了国家电投集团朗县能源有限公司；嘎贡流域水电站开发项目及工字弄二级电站开发项目，总投资 15.53 亿元，规划装机容量 10.8 兆瓦，2019 年已完成可研评审。工字弄电站发电 4519.92 万千瓦，实现产值 1433.3 万元。朗县光伏基地建设项目一、二、三期工程在开展前期工作，投资约 2.56 亿元，规划装机容量 1.65 万千瓦，已完成可行性研究报告编制。清洁能源项目稳步推进，积极打造清洁能源产业园区。

发挥清洁能源产业带动潜力。注册成立的国家电投集团朗县能源有限公司，已经准备对接县扶贫部门，安排贫困户就业和分红等带动贫困户脱贫事宜。总投资 15.53 亿元，规划装机容量 10.8 兆瓦的嘎贡流域水电站开发项目及工字弄二级电站开发项目已经立项，准备开始建设，项目与县扶贫部门达成意向，预计收益后可带动贫困人口 434 人。天然饮水检测共有 11 处水源达到标准，3 处达到矿泉水饮用标准，朗县将在招商过程中充分考虑贫困户的受益，充分发挥其带动潜能。

2. 文化旅游业

朗县旅游资源丰富，文化底蕴深厚，旅游发展潜力巨大。根据《朗县旅游发展总体规划》要求，紧紧围绕"一心两极两带两片四谷"的总体布局和"一城两镇，两带八景"构想，依托朗县特有的钦氏文化、塔布文化、南派藏医文化等文化资源，结合良好生态自然景源，构造"人文朗县"形象，坚持整合资源、逐步推进，不断加大旅游线路开发力度，旅游接待能力得到逐年提升。2017 年，朗县接待游客 20.99 万人次，经营收入预计为 7859.08 万元。

发挥文化旅游产业带动效应。充分发挥人文旅游产业带动贫困户脱贫，三年接待游客 50 万人次，朗县塔布文化旅游节、桃花节、"一乡一节"活动等主打的各类节日，列山考古遗址公园、冲康庄园、巴尔曲德寺、朗敦庄园、嘎贡沟景区、拉多藏湖景区、雅江巨柏、勃勃朗冰川等各类景点，产生了难以估量的人文价值和经济价值，侧面带动了贫困户增收，贫困群众参与旅游服务人数累计达千人次，节日物交会上登木乡的酥油，仲达镇的石锅，拉多乡的藏香，洞嘎镇的辣椒，朗镇的木碗、花椒、核桃等都是畅销产品，三年仅几大节日物交会带动贫困户直接经济产品成交额达 40 万元。

生态文化旅游是推动朗县乡村振兴的重要战略谋划。围绕"特色、高端、精品"的发展要求，以促进旅游产业转型升级与提质增效为主线，深化朗县以生态文化旅游为核心的产业、产居、产城融合，全面提升吸引力要素、服务要素和环境要素的供给水平，重点把握朗县旅游资源"大集聚、小分散"的空间分布格局，持续完善"壮大一心，联动两片，激活两廊，培育两级，做美四谷"的产业发展布局，统筹全域乡村基础优势，发展建构朗县以景区为依托，以生态文化为基底，以特色产业为支撑，集生态观光、休闲度假、文化体验、养生康体为一体，多功能、综合型、高品质的西藏特色乡村集群，着力打造林芝生态康养旅游发展腹地，并通过管理机制体制创新，品牌与服务平台建设，新业态培育发展，特色产品开发与旅游功能强化等，将生态文化旅游业培育成为助力朗县乡村振兴发展实现的主导产业，系统化推进乡村生活富裕与生态宜居的建设进程，全时全域保障朗县生态文化、生态产业、生态人居的综合效益发挥。

田园综合体是集现代农业、休闲旅游、田园社区为一体的前瞻性综合发展模式，以产业为基础，以文化为灵魂，以体验为活力，通过"三生"（生产、生活、生态）与"三产"（农牧、加工、旅游服务）的有机融合，培育和转化乡村发展新动能，打造田园版的乡村现代化。朗县田（牧）园综合体建设是以一种创新突破性的综合化发展方式，通过乡村资源的整合重构，形成的乡村旅游发展新形态。在开发思路层面，更为注重对传统农（藏）家乐观光旅游的超越，以特色民宿与民俗文化体验为带动，发展综合度假的多主题旅游经济综合体，活化域内整体资源价值，塑造悠然田（牧）园生活。同时，"宜业+宜居+文创"的综合发展模式，不单单是简单的物质环境规划，而是体现以人为本的理念，以生活、就业为导向建设的现代化的新型旅游社区。田园综合体发展模式下朗县乡村旅游产业链条通过不断拓展延伸，其所带动的就业容量也相应地逐步扩大，农牧民以土地、房屋等乡村资源创新创业并获得直接收益或分红收益的成效将会愈发凸显，整体为朗县乡村振兴的发展实现提供新的支撑。

根据朗县自然地理和生态环境特征，结合资源特色、乡村基础，将全县乡村生态文化旅游划分为以雅江景观农业、工字荣峡谷休闲康养、古如河峡谷田园牧场、拉多河峡谷生态人文以及金东河峡谷民族风情为主题的"一江四谷"五大乡村旅游片区，联合休闲体验的田园综合体建设，乡村遗产建筑活化、人文民俗活动传承、生态产品与工艺创新、景观意境表达营造等，在不同片区依托自身优势，明确重点方向，实施差别化措施，有效规避"千村一面"的发展同构现象，逐步形成特色鲜明的朗县乡村生态文化旅游发展总体布局。

政府的公共服务体系主要表现在：一是夯实旅游交通基础结合朗县"一条主线五条支线""三横四纵一铁"的公路交通体系构建，以"特色、安全、方便、快捷、舒适"为目标，对朗县现有交通设施基础进行改造提升，加快推动交通干线与乡村旅游景区景点连接线建设。在主要交通干线建立导引体系、汽车驿站体系、自驾游信息体系和汽车俱乐部等市场服务与公共服务相结合的服务体系。建立起以县旅游集散中心为主导，以包车旅游为基础，以专线旅游为补充的布局合理、功能完善的旅游运输服务体系。鼓励实行农牧区客运班线片区化经营模式，打破传统客运班线管理中对营运车辆定班、定线、定点的限制，积极开通符合旅游出行特征的班次，提高乡村旅游景点客运服务的覆盖面和服务能力。

二是提升旅游智慧化信息化水平。积极引入新一代信息与通信技术，立足乡村旅游的游客个性化需求，实现旅游资源及社会资源共享有效利用的系统化、集约化的智慧管理变革。推动建立乡村旅游目的地信息服务体系和数字化营销体系，以互联网、移动通信为重点，深入开展旅游电子政务与电子商务。以"旅游+N"的思路打造智慧旅游服务与体验，让游客既能方便、快捷地获取旅游咨询和即时交流，又能可信、优惠地享受旅游服务和产品交易。以雅江沿线景观农业为核心，有步骤地推动全县旅游呼叫中心体系建设，并提高交通引导设施的专业化水平，形成道路系统与地图系统协调一致的多方位指示引导体系。

（三）挖掘"短平快"的利益联结型产业

朗县通过"4+1"（合作社、致富能人、村集体、企业+贫困户）的利益联结带动方式精准发展适宜当地的扶贫产业，引导贫困群众由"要我脱贫"向"我要脱贫"转变，将群众家里的农产品变为手中的现金，让群众感受到"看得见、摸得着"的经济实惠。县政府充分发挥精准扶贫产业支撑作用，不断调整充实《朗县"十三五"产业扶贫规划》，规划投资 3.13 亿元，完成精准扶贫产业项目 13 个，投资 1.17 亿元，实现产业脱贫 215 户 613 人；投资 1019 万元实施"短平快"项目 22 个，投资 636 万元实施"4+1"项目 12 个，投资 6930 万元实施"一带四基地"项目 12 个，投资 3500 万元实施第二批整合项目 3 个，项目覆盖全县 6 个乡镇，涉及 10 余个行业，项目预期效益辐射建档立卡户 600 余户 1400 余人。充分发挥金融扶贫带动作用，积极撬动金融资金投入产业发展，设立朗县产业金融扶贫风险补偿担保基金 3000 万元，完成林芝市首笔产业贷款 1970 万元。2018 年协调完成贷款 500 万元，正在协调市邮政储蓄银行、县农行办理合作社贷款 1370 万元。三年累计完成贫困户小额贷款 243 笔 1299 万元。

自脱贫攻坚工作开展以来，朗县各个乡镇因地制宜，积极拓展产业扶贫项目，2019 年全县共有村集体经济、合作社 45 家。这些产业项目扶贫均结合实际制定了可行性的利益联结机制，通过"村集体经济+贫困户""合作社+贫困户""致富带头人+贫困户""公司+贫困户"等模式，充分发挥引领贫困户的作用，让贫困群众积极参与到产业的建设、发展、运营上来，提供就业岗位，带动贫困群众提高动手能力、经营能力，实现了农牧民群众在家门户就业。同时，提高特色农产品质量，树立品牌效应，拓宽销售渠道，不断提高特色农产品的市场竞争力，确保扶贫产业长期经营、持续受益。

第一，培育农牧民合作组织。积极营造良好的投资环境和政策，加大招商引资力度，以推进项目建设为抓手，培育、扶持壮大一批农产品加工的龙头企业等。鼓励这些企业进行资源整合，与农牧民合作社、农业互助组织、家庭农场、种养大户和农户结成利益共同体，创建一批农产品加工示范企业和示范单位。鼓励发展农产品加工业，引导农牧民加入专业合作组织，推进农业结构战略性调整，实现农牧业增效、农牧民增收。

农牧民专业合作社经济是在立足县域经济基础和产业类型的基础上，以调和农牧民分散经营与大市场之间的矛盾为目的的多样化、联合化、组织化的重要乡村经济发展模式。农牧民与现代农牧产业之间的有机衔接，借以农牧民专业合作社这一新型农牧经营主体实现生产标准化、加工专业化、产品安全化以及营销品牌化，以通过小众联合，形成规模经济，降低成本，增加产量，提高质量；以利益绑定及信用评级机制，破除农牧民"等靠要"思想，提高全县乡村文明；以固化订单，固化交易，通过市场倒逼全县农牧产业规模以及结构升级，进而提升效益与竞争力。

倒逼全县农牧产业规模以及结构升级，进而提升效益与竞争力。朗县农牧民专业合作社经济的发展重点有以下几点：一是立足优势兴办合作社。依托辣椒、苹果、核桃、藏药材、牦牛、藏香猪等特色优势农牧产业，培育发展、布局组建专业化合作社，并不断扩大覆盖面，实现"一村一品"的规模发展。二是多主体创办专业合作社。

以政府推动、龙头企业带动、村委创办、能人领办为主，鼓励和引导各类人才到朗县农牧区创办农牧民专业合作社，组建标准化、规模化种养产、加、销基地平台，带动农牧民尤其是贫困户入社，实现就业、增收的两效。三是多领域创办专业合作社。除在农牧业生产经营方面开展单项或多项合作外，引导农牧民围绕农牧业生产服务开拓合作领域，支持农牧民在农机服务、植保服务、土地草原流转服务等行业范围内积极组建为农牧业服务的合作社，同时，对同一产业的专业合作社通过引导组建联合社，实现跨区域、规模化、集团式发展。

第二，培育致富能人以企业方式带动脱贫效应。朗镇申木村水泥砖预制场是朗县脱贫产业之一，它采用"党建+扶贫"的模式，在村党支部书记的带领下，积极发挥模范带头作用，帮助本村贫困群众脱贫致富。朗镇申木村格列，是一名中共党员，现任朗镇申木村党支部书记兼村主任。格列在自己家庭条件富裕起来的同时不忘带动本村集体致富，作为朗镇申木村党支部书记，他积极响应国家政策，想方设法帮助申木村贫困群众脱贫致富。2016 年初，经过多方咨询，结合申木村实际情况，他决定在本村开办水泥砖预制场。于是他组织召开村民大会，经过大会讨论，决定以村委会的名义开办村集体水泥砖预制厂。格列本人集资 25 万元，并且发动村"两委"班子带头集资，村民根据自身情况按户集资，最终筹集了 100 余万元的启动资金。水泥砖预制场预计年纯利润达 30 余万元，为群众人均年创收 3000 余元。预制场为本村村民和 5 名贫困群众提供了工作岗位，平时本村劳动力人员轮流上班，一般农民日工资 150 元，建档立卡贫困户日工资 200 元，这既解决了贫困户家庭剩余劳动力就业问题，也增加了贫困户家庭收入。另外，不管投资多少，年底均给予群众分红，并且为 16 户 26 名贫困群众分红 1000 元，帮助他们解决生活困难。

三、"赛马"：产业市场竞争优势与长期发展

（一）产业扶贫的人力资本建设和有为政府

习近平总书记说过："幸福不会从天降。好日子是干出来的。脱贫致富终究要靠贫困群众用自己的辛勤劳动来实现。"贫困群众既是脱贫攻坚对象，也是脱贫致富的主体。调动朗县贫困群众的积极性、主动性和创造性，主动参与脱贫攻坚，是朗县打赢脱贫攻坚战的关键。朗县自开展精准扶贫实践以来，一直坚持着"治贫先治愚，扶贫先扶智"这一重要工作纲领，在充分融入国家脱贫攻坚政策的基础上，注重贫困户个人能力的提升，提升人力资本、减少贫困代际传递现象，这不仅是脱贫攻坚工作中的重要一役，而且优质的地方人力资本建设也是地区性产业发展的长远之计。

第一，思想教育先行，杜绝"等靠要"思想。农牧民总体素质偏低，"等靠要"思想依然存在。朗县高度重视新型农牧民培育，狠抓农牧民技能培训，现已取得一定的成效，但由于特殊的历史环境及文化教育事业发展滞后等原因，农牧民普遍存在教育年限短，科技文化素质偏低，接受和掌握先进农牧业技术的难度大，市场观念、商品意识淡，参与市场竞争、学习、应用新技术的能力不强，缺乏进取心和创业精神的现象。

扶贫先扶志，帮扶干部要耐心讲解政策，一步步地改变群众的思想观念；对优秀积极的脱贫户发放奖励，完善脱贫激励机制，使脱贫致富光荣思想深入人心，变"等靠要"为"主动干"。加大扶贫政策宣传。部分贫困群众缺乏对扶贫政策和措施的认知，失去主动性和积极性。讲清扶贫的标准和目标，精准扶贫、精准脱贫的政策和程序；

讲清产业扶贫、健康扶贫、教育扶贫、易地搬迁和危房改造、就业扶贫、金融扶贫、社保扶贫等各项扶贫措施的内容和要求；讲清项目申报的程序、贫困户退出的标准及党和政府支持政策。做到扶贫开发的政策措施家喻户晓、人人皆知，切实提高贫困群众参与脱贫攻坚的主动性和积极性。

第二，完善帮扶模式，精准产业脱贫。继续坚持精准扶贫，积极研究适合本地的帮扶措施，提高扶贫质量。试行"一户一策，一人一法"扶贫措施，根据群众的自身特点，制定相应的脱贫策略，做到一户一策不落一户、一人一法不漏一人，切实把精准扶贫精准脱贫方略落到实处。对不同贫困户，采取不同方式，如政策兜底、教育扶贫、产业扶贫、就业扶贫、健康扶贫等，实现全面高质量的脱贫。积极探索电商扶贫新模式。积极推广"产业+电商+扶贫"的模式，搭建乡村电子商务扶贫平台，构建多样化、特色化的线上销售平台，形成可信、精准的电商扶贫生态链，把贫困群众的产品资源通过电商渠道销售出去，增加贫困群众的经济收入。

坚持农牧民主体原则。农牧民是乡村振兴的最直接受益者，同时也是最广泛的建设者，构建绿色生产、生态良好、乡风文明和生活富裕的乡村，需要广大农牧民群众的参与和创造。朗县实施乡村振兴，必须充分尊重农牧民意愿，切实发挥农牧民主体作用和首创精神，调动农牧民积极性、主动性和创造性，激发农牧民发展动力，引导他们主动参与村庄事务，投身家园建设，实现"要我干"到"我要干"的转变，促进农牧民持续增收，不断提升其获得感、幸福感、安全感。

第三，培训贫困群众技能，激励贫困群众就地就近就业。大力把部分扶贫资源投入在技术培训上，使贫困群众有一技之长，从而激发贫困户脱贫致富的内生动力；同时吸纳社会资本对当地投资，创造就业岗位，满足当地贫困群众的就业需求。

拓宽农牧民的增收渠道促进一二三产业融合，支持和鼓励农牧民就业创业，拓宽农牧民增收渠道。农牧民增收，实现就业创业是关键。发展生态旅游，为当地居民提供自主创业的好机会。临近景区的农牧民既可从事相应的服务岗位，也可利用就近优势，发展民宿经济，实现自主创业；对具有民族特色的手工艺品（如金东乡藏纸、马包、藏刀、牧民服饰、拉多乡藏香等）要加强保护和传承力度，通过技能培训促使农牧民获得就业岗位与机会，拓宽农牧民增收渠道。

各乡镇建立农牧民培训基地，对农村未升学初高中毕业生、农民等，根据不同情况制定不同的职业技能培训方案，提高培训技能的实用性。充分利用互联网和援藏渠道建立职业技术培训平台，组建和扩大远程教育专家咨询服务台，利用远程教育增加培训专业化和多样化。到 2022 年，各类农村转移就业劳动者都有机会接受相应的职业培训。朗县懂农业、爱农村、爱农民的"三农"工作队伍建设滞后；管理型人才、种植业和养殖业所需的技术型人才缺乏；缺少藏汉翻译水平高的专业型人才；与旅游业配套的服务型、规划型专业人才数量不足。因此，通过政府主导，民间自行组建的形式，建立多家专业的咨询和培训机构，进一步加强就业创业辅导培训，提升就业创业能力；加快建设乡村就业创业共享平台和信息服务窗口，为农牧民提供就业政策法规咨询、就业信息、职业指导等；强化农村创业创新优秀农牧民和企业家、小康村的带动效益，形成专家服务团队，为农牧民分享就业创业经验，提供指导服务和实训基地；加强农村就业创业监测机制，掌握农村创业就业新动向，完善农村就业创业合作机制。

（二）尊重产业发展的市场竞争规律

林毅夫认为，每一个国家和地区在每一个发展阶段有竞争力的产业内生决定于该阶段的要素禀赋结构，按照比较优势发展产业，并充分利用后发优势小步快跑是发展中国家追赶发达国家的最佳途径；以及在过去赶超战略转型的最终完成有赖于赶超战略以有效市场和有为政府为基础的比较优势战略的体制和机制的回归。这一研究理论框架被称之为新结构经济学。① 在这一发展战略和政府经济学思路下，一个积极的有为政府应该尊重产业发展的竞争规律，注重产业链的延伸、拓展和长期性。朗县县委、县政府围绕供给侧结构性改革，加快调整产业发展结构，在比较优势视角下突出重点紧抓"四大产业"：农牧特色产业初具规模，文化旅游产业稳步发展，藏医藏药发展壮大，清洁能源成效显著。

朗县经验坚持以提高质量和效益为中心，在当前藏东南产品同质化的背景下突出朗县特色，立足朗县资源与生态环境优势，以市场为导向，依靠科技发展高优产业，提高农畜产品品质与市场竞争力，促进农工贸紧密衔接与产销融一体，促使朗县高原特色农牧产业实现从"量变"到"质变"的绿色可持续发展。同时，以"扩规模、提品质、促增效"为导向，注重农牧业供给侧结构性改革与全县经济社会发展实际的结合，通过有机绿色种植养殖基地的建设，稳步推进农牧生产经营方式转变，保障蔬菜、肉类等农产品的安全供给，促进农牧效益持续稳定增长。

同时，推进产业兴旺是实施乡村振兴的物质基础，是激活乡村经济价值的重要抓手，也是增强广大农牧民的获得感、幸福感、安全感的坚实支撑。朗县乡村振兴产业发展重点围绕高原农牧、绿色工业、生态文化旅游、清洁能源四大优势产业，着力打造生态产业链条，借以优化培育乡村产业新业态，推动产业转型升级和新旧动能转换，形成具有地域特色的乡村产业发展模式，开创乡村产业协调发展的新局面。在推进当地的"四大产业"格局发展链过程中，为了克服市场失灵带来的生态破坏、资源过度猎取等问题，县委、县政府出台了多项支持扶贫产业可持续发展的专项活动计划，并强化政策落实（见表4-1、表4-2、表4-3)②。

---

① 林毅夫等：《中国的奇迹：发展战略与经济改革（增订版）》，格致出版社 2013 年版，第 18 页。
② 选自《林芝市朗县乡村振兴战略总体实施方案（2018—2022 年)》，朗县人民政府，2019 年 1 月。

表 4-1　农牧业持续发展专项行动

草原监督管理	要认真贯彻落实《中华人民共和国草原法》，依法加强草原监督管理工作，草原监督管理部门每年开展草原法律法规讲座不低于 5 场，加强草原监督管理队伍建设，招募草原管理人员 30 人。
农业清洁能源的推广使用	到 2020 年末建立 3 个秸秆收集处理中心，落实秸秆收储组织、秸秆收集专业户等事项，加快发展秸秆综合利用，建立 2 个秸秆综合利用示范基地，大力开展秸秆还田和秸秆肥料化、饲料化、基料化、原料化和能源化利用。推进沼气工程建设，保证沼气池稳定产气，重点推广沼渣、沼液在青稞等农作物上的综合利用技术，发挥沼气的综合效益，以沼肥利用促进沼气发展，到 2022 年末新建沼气池达 100 口，沼气综合利用片区 3 个，实现绿色防控技术推广，加速生物农药和高效低毒低残留农药的推广运用，禁止施用高毒高残留农药，减少农业生产中农药的施用量，从而减轻农业面源污染。
农业清洁生产宣传	加强对基层农业技术的推广，每年对农民的清洁生产知识的宣传和培训讲座 5 场，到 2022 年末改变其传统农业生产观，使农业生产从低技术、低效益、低循环、低水平的传统农业转向高产、高效、高循环、低污染的现代农业。

表 4-2　生态环境治理专项行动

森林资源管理制度	林业相关管理部门应严格遵循"归属清晰、权责明确"的基本管理原则，明确界定林业开发和利用的权利归属和责任判定，细化其自身的监督和管理职能，在 2020 年末实现对现有管理制度存在的缺陷和不足进行细致和全面的改善，对林业开发利用的不当行为作出明确的惩处规定。在 2022 年末退耕还林和封山禁牧取得重大进展，不断推进荒山造林和绿色家园建设。
"一路一景"精品工程	到 2020 年末建成以乡村道路为枢纽，多样化树种和地被植物品种的绿化精品工程。注重植物群落的美观性和科学性，选择主要行道树，合理配置地被植物，突出植物的季节变化，构成一年四季景观不同的视觉效果，首选乡土树种，再根据绿化功能要求选用能适应当地环境的外来优良品种，以丰富通道绿化树种的选择满足通道多功能绿化的要求。加强绿化景观的设计，结合绿化场地的实际情况，以及绿化植物的实际特性，对植物景观进行合理的配置。可以通过孤植、群植、列植的方式，或者通过对空间结构进行充分的考虑，对绿化进行合理的设计。
生态文明宣传教育	设立农村环境污染举报专线或网站，方便农民参与到农村生态文明建设中。设立农村环境污染举报基金，对环境污染举报人进行奖励，提高农民参与农村生态文明建设的积极性。政府部门和宣传部门相结合，制作有关农村环境污染状况、危害、加大保护力度和措施的专题节目。每年开展 2 次"绿色文明家庭""生态示范村（乡、镇）"等评选活动引导农民争创绿色家园示范户。

续表

生态补偿机制	借鉴林业工作"双线"目标责任制，将"两项补偿"涉及的管护目标和资金兑现任务，纳入县镇两级林业部门目标责任，进行"双线"考核，确保管护责任、补偿地块、补偿资金精准到村。
生态补偿监督	采取多种方式，大力宣传集体公益林、湿地生态补偿相关政策；建立县、镇、乡三级督导制度，定期不定期地开展督促检查。实行补偿公示制度，将受益对象和补偿标准、面积、金额，在村组、乡（镇）进行公示，构建了受益者监督机制，广泛接受社会监督。

表4-3 产业与生态融合发展专项行动

农业资源循环利用	根据种植园区对有机肥的需求量和对养殖废弃物的承载能力，合理布局规模相应的畜禽标准化养殖场，配套畜禽粪便处理利用基础设施，探索建立"以地定养、以养促种"的种养循环机制，促进畜禽粪便转化为优质肥料和清洁能源，推进病死畜禽无害化处理和资源化利用，提高畜禽养殖废弃物综合利用率，促进种养业发展持续平衡。
种植技术支撑体系	以苗木基地建设为重点，聘请区内外专家技术骨干组建专业化技术团队，重点对种植户进行技术培训，每年开展专业培训讲座不低于5场。同时推进品种改良及新品种培育工作，创新种植、生产、加工等各个环节技术，推广适合本地的先进技术，到2022年末农产品的科技含量将得到极大的提高。
生态环保旅游宣传	明确旅行社的宣传责任和义务、到2020年末制定出完善的旅游从业人员管理办法，每年开展培训讲座不低于5场。充分利用网络、微博、微信公众号等新媒体平台，利用民俗节庆等活动，采用环保剧场、环保广场舞、环保漫画、环保歌曲、环保讲解等多种形式宣传生态环保游理念，在生态旅游线路和景点集中地带设立生态环境保护标语牌30个。
湿地资源保护与开发	利用传统媒体进行广泛宣传，包括电视、广播、杂志等，同时结合现代化新媒体，如互联网、移动终端等，以不断拓宽湿地生态旅游资源保护的宣传范围。加强对湿地的保护与开发利用，到2022年末，完成湿地恢复重建工作，恢复湿地原有的自然景观，更好地服务于湿地的生态旅游。
草原文化旅游	发展草原的传统旅游项目，同时引进开发时尚的旅游项目，对现有工作人员进行岗位培训，完善旅游人力资源开发管理体系，建立职业资格认证制度，健全人才激励机制和发展环境，积极推出旅游新产品，培育旅游新业态，形成旅游消费新热点，到2022年末建立成3个草原文化旅游示范点，建设适合本地草原文化旅游体系发展的专业人才体系。

朗县政府积极融入到国家脱贫攻坚的战略中，在扶贫产业发展中取得了良好的效果，产业发展的市场前景乐观。一是突出重点抓调

整，"四大产业"提质增效。围绕供给侧结构性改革，加快调整产业发展结构，将原本"六大产业"调整为"四大产业"。文化旅游产业稳步发展，接待游客人数达 20.99 万人次，实现旅游收入 7859.08 万元，分别增长 110.57% 和 61.11%；成功举办了 2017 年林芝市第十五届桃花文化旅游节朗县分会场活动和朗县第二届塔布文化旅游节活动。藏医藏药业发展壮大，总投资 1300 万元的县藏医院建设项目已投入使用。成功注册了"塔布苏卡"商标。首次开展藏药材试点种植，种植面积达 3.75 亩。县藏医院拥有藏药材 304 种，乡镇卫生院拥有藏药材 160 余种，县藏医院门诊量达 6940 余人次，住院量达 191人次；乡镇卫生院藏医门诊量累计达 3120 人次。清洁能源业成效显著，注册成立了国家电投集团朗县能源有限公司；总投资 15.53 亿元，规划装机容量 10.8 兆瓦的嘎贡流域水电站开发项目及工字弄二级电站开发项目，2019 年已完成可研评审。工字弄电站发电 4519.92万千瓦，实现产值 1433.3 万元。

二是培育发展"四大产业"，渐进实现产业增效新跨越。不断提升农牧业特色产业。着力打造朗县特色农畜产品名片，积极参加区内外展销，继续发挥农牧民合作社带动作用；加快成立朗县农牧特色产品销售店，打造特色品牌，提升农牧特色产品知名度；力争 2018 年完成辣椒种植 2500 亩，经济林木种植 2900 亩；积极争取物资储备库及冷链设施等农牧业项目。继续突破文化旅游产业。2018 年接待游客力争达到 24.13 万人次、旅游收入达到 8792.09 万元，同比分别增长 14.99% 和 12%。积极筹备举办林芝市第十六届桃花旅游文化节朗县分会场活动、朗县第三届塔布文化旅游节、"一乡（镇）一节"等各类节庆活动，继续做好网络、客源市场推介，扩大旅游知名度；继续做好拉多乡新扎村苏卡药香加工厂的项目衔接，力争年内开工建设；完善冲康景区基础设施建设，做好冲康景区 3A 级创建工作；加快协调推进嘎贡沟旅游控制性规划建设的项目落地；加大旅游市场监管力度，建立景区巡查制度，消除旅游市场黑市、黑导、黑车等违法行为。大力促进藏医药产业发展。进一步完善乡镇卫生院藏医药能力建设，不断提升基层藏医药服务能力。加强藏医诊疗机构业务规范化、标准化建设，大力开展藏医藏药文化科普宣传工作；继续加大藏药生产力度，推进藏药材种植试点工作，不断拓展藏药材市场，扩大朗县藏中药材在区内外的影响力。大力发展清洁能源业。积极协调国电投、华西新能源等公司，争取清洁能源项目早日落地，逐步形成清洁能源产业园区。

四、产业扶贫的可持续发展逻辑：
从"政府相马"到"市场赛马"

产业发展是打赢脱贫攻坚战的有力举措。发展产业，增加就业岗位，带动贫困群众素质能力提升，变"输血"为"造血"，实现贫困群众持续增收。产业扶贫，要因地制宜地发展。一方面审视自身情况，科学地选择产业，注重农民的参与度和接受度；另一方面充分发挥本地自然资源和人文资源优势，培育特色支柱产业。产业扶贫，要注重长期效果。坚持把巩固提升脱贫质量放在首位，注重帮扶的长期效果，确保脱贫攻坚成果经得起历史和实践检验。

朗县多年的快速发展，说明近年来新成长起来的"四大产业"符合比较优势，在区域性市场中具有竞争优势。由此表明，即使是在各种体制与资源禀赋贫瘠的环境下，欠发达地区只要解放思想、实事求是，能够从自身有什么（也就是要素禀赋），能够做好什么（也就是比较优势）的国情出发，靠渐进、双轨的方式创造局部的有利条件也能使其产业在区域性的激烈竞争中胜出。党的十八届三中全会与时俱进地强调，市场在资源配置中起决定性作用。这意味着需要消除对市场所遗留的一些干预扭曲，让资源由市场进行配置，这样一方面能够让经济更好地按比较优势发展。另一方面，也可以解决改革开放以来遗留的社会、经济问题。在这个过程中，政府还应该发挥好的作用，保护产权，维持宏观稳定，克服市场失灵，因势利导地推动技术、产业、制度等的变迁。如果能这样做，扶贫产业就可以持续、稳定、健康，而且必须快速地发展。

因此，贫困地区特色扶贫产业发展战略中"政府相马"与"市场赛马"的争论，应该实事求是带回到产业发展的动态过程中去认真审视。第一，贫困地区产业起步阶段面对市场失灵需要"政府相马"助力，精准寻找当地的资源禀赋结构集中发力。第二，产业发展阶段中有为政府与"市场赛马"共存，合力形成一种培育特色本土产业的"养马"格局。第三，在特色产业链条实现阶段将逐步更多地依赖市场规则，转向可持续发展的"市场赛马"。概言之，产业扶贫一直融入在有为政府与政治权力背景中，在特色扶贫产业市场诞生、稳定和转型的不同阶段，与之相随有为政府均起着重要作用，但在不同的产业发展阶段其角色有所差异和侧重。这方面，西藏自治区朗县在县委县政府的正确引导下，成功摸索出了一条融入国家精准扶贫战略下的有为政府与市场机制合力促进的特色扶贫产业发展链，产业扶贫工作取得了显著成效。

有为政府对扶贫产业的扶持不仅是"雪中送炭"，更应该是"锦上添花"——与时俱进地支持具有比较优势的产业提升自己的市场竞争优势。产业发展过程中政府助力的"市场赛马"培育机制朗县经验主要有：一是"政府相马"助力精准寻找当地的资源禀赋结构。朗县从突破发展瓶颈的大局出发，在县委县政府的四大领导班子经过充分调研论证、召开座谈会听取各方面意见的基础上，以做大做强做精"四大产业"为目标，调整充实精准扶贫产业项目库。二是产权制度改革，农民收益分红。农牧民群众是农村集体产权制度改革的主体，也是改革的受益者。通过进一步明晰农村集体资产的产权归属，强化内部管理，完善民主监督，增加改革指引条款，设定法律责任等，在发展壮大农村集体经济、完善农民集体资产股份权能的同时，推动农民以土地入股，进一步增加农民的财产性收入，释放农民增收新动能。三是政府、企业与村民信息互动机制。构建微信、微博等信息互动机制和信息互动平台，制定信息互动的实施细则，加强政府、企业与村民就农村生态环境治理问题的交流沟通，让村民了解到政府、企业关于农村生态环境治理的计划和工作流程，保障村民的环境知情权和参与权。四是地震灾害防治应急机制。严格按照西藏自治区朗县政府对抗震防灾要求，从规划设计到实际施工各环节严格把关，确保住房质量，把人们居住安全放在首位。在此基础上，尽可能选择抗震防火、保暖隔音的绿色环保建筑材料，让各村农牧民拥有安全舒适的居住环境。五是产业发展与生态补偿监督机制。采取多种方式，大力宣传集体公益林、湿地生态补偿相关政策；建立县、镇、乡三级督导制度，定期不定期地开展督促检查。实行补偿公示制度，将受益对象和补偿标准、面积、金额，在村组、乡（镇）进行公示，构建受益者监督机制，广泛接受社会监督。

第五章

断穷根：深度素质型贫困地区的
人力资本全面提升

针对脱贫攻坚工作，中央政府工作报告曾明确指示，"要向贫困宣战，决不让贫困代代相传"。纵观多年来的反贫困工作历程，贫困地区人力资本的提升成为最棘手最迫切的问题之一。只有在脱贫攻坚过程中实现贫困人口自我发展意识和能力的提升，促进深度贫困地区人力资本水平的提升，才能真正根治贫困。妥善解决广泛存在于深度贫困地区中的贫困代际传递问题、提升深度贫困地区人力资本，是我国全面打赢脱贫攻坚战的重要着力点，也是巩固扶贫工作成果的重要举措。2018 年国务院在《政府工作报告》中强调"要注重扶贫同扶志、扶智相结合，激发脱贫内生动力"①。随着反贫困事业进入新的阶段，扶贫工作的关注点也在不断深入，从关注贫困问题本身到关注贫困人口自主能力的发展，对贫困代际传递以及贫困人口生计可持续发展的认识不断深入，体现了我国脱贫攻坚事业在战略目标上的不断深化和升级。只有坚持以人为中心的反贫困工作原则，培养贫困户主动脱贫、自主发展的思想觉悟，提升贫困户"脱真贫、求致富"的实际能力，才能真正实现贫困人口的长远发展和贫困地区的整体发展。因此，不论是从我国脱贫攻坚工作的政策背景出发，还是着眼于我国农村反贫困实践的现实情况，提升贫困地区人力资本水平、防止贫困代际传递都是脱贫攻坚工作中的重要一役。

西藏作为全国唯一的省级集中连片特困地区和整体性深度贫困地

---

① 李克强：《政府工作报告——2018 年 3 月 5 日在第十三届全国人民代表大会第一次会议上》，《人民日报》2018 年 3 月 23 日。

区，长久以来面临着人才发力不足的困境。对于多年来深受贫困问题之扰的朗县而言，人力资本水平低下更是制约其发展的一大短板。2014 年，朗县全县总人口为 18769 人，精准识别全县贫困人口 1583 户 4344 人，贫困发生率高达 24.86%。县域整体贫困情况表现出贫困人口基数大且分布集中、贫困程度深、贫困代际传递明显等特征。针对朗县深度、集中的贫困特征，防止贫困的再扩散、提升人力资本水平是朗县打赢脱贫攻坚战必须攻克的难题。事实上，朗县自开展精准扶贫实践以来，一直把"治贫先治愚，扶贫先扶智"这一认识作为重要工作纲领，在充分融入国家脱贫攻坚政策的基础上，注重贫困户自我发展意识和自主发展能力的提升，通过全方位、多手段的举措提升县域内人力资本水平，确保脱贫攻坚成果的有效质量和反贫困成效的可持续性。

本章旨在回顾朗县全面提升人力资本的扶贫历程，阐明朗县"三位一体"模式提升县域内人力资本水平的思路、以人为中心巩固脱贫攻坚成果的具体举措。首先，对朗县的人力资源概况及其特点进行分析；其次，对朗县教育扶贫、就业扶贫、精神扶贫相结合的"三位一体"人力资本提升模式的推进路径进行阐述；最后，对朗县"三位一体"人力资本提升的具体做法进行总结和提炼，讨论和展望如何进一步完善发展理念，深化人力资本提升的举措，更好地阻断贫困代际传递和巩固脱贫攻坚成效。

一、人力资本：贫困代际传递的"症结"

（一）朗县人力资源概况

作为全国 44 个深度贫困县之一，朗县兼具高寒牧区、地方病高发区、边疆少数民族聚居区和深度连片贫困区等多个特点。山高谷深、气候恶劣、生态脆弱、资源匮乏的自然条件，以及基础设施落后、宗教影响深远、教育文化事业薄弱、医疗卫生水平落后等复杂因素交织，导致朗县县域内新生贫困与返贫现象共存。由此，朗县贫困程度之深、脱贫难度之大可想而知。根据朗县统计局数据，全县48.28%的贫困人口属于文盲或半文盲，整体人力资本水平低下，群众自我发展能力有限且自主发展动力不足。群众内生动力不足、人力资本水平低下以及贫困代际传递问题一直以来都是制约朗县经济发展的重要短板，同时也是朗县反贫困工作的症结所在。概括来讲，朗县人力资本水平落后的现状，既与其物质经济发展条件的限制有关，也与群众的心理、思想、文化等方面因素的交织影响有着紧密联系，具体原因突出体现在以下五个方面：

一是闭塞的自然条件下，贫困人口的思想"先天"受限。朗县绝大部分贫困人口都集中分布在高山深谷地带，气候高寒、土地贫瘠、资源匮乏等恶劣的自然环境，再加上交通不便、通信落后、信息闭塞的生产生活条件，大部分农民长期挣扎在生存发展的边缘，生产生活方式以及思想意识受困于经济实力落后的现实之中。二是生产发展条件落后，贫困人口思想开发不足。长期以来，朗县农村人口收入来源单一，传统产业增值提升空间有限，资源禀赋尚未充分开发利用，群众创收增收的渠道不足，在这样的背景下，群众对于国家各项帮扶政策和补贴产生了极高的依赖性。长此以往，不少贫困户形成了"靠着墙根晒太阳，等着政府送小康"的思想，养成了"等靠要"的习惯。这种错误的思想观念的形成，加深了群众的贫困程度，引发了贫困再生产的恶性循环。三是受教育程度不足，贫困人群的综合素质普遍不高。教育水平是衡量地区发展实力的重要标准，青壮年作为社会建设的主力军和主体力量，其受教育程度的高低直接影响着地区经济文化发展水平的强弱。根据朗县统计局数据，朗县境内贫困人口文盲或半文盲的比率高达48.28%，农村适龄儿童就学比率低，教育硬件设施以及教师队伍配备落后，整体教育水平薄弱，县域人口整体综合素质低下严重影响了朗县社会经济发展。四是宗教负面影响干扰，农牧民思想易被误导。朗县境内长期以来不同宗教不同教派共存，县内宗教活动场所和各种宗教活动众多，农牧民信教氛围浓厚，思想观念和行为习惯深受宗教影响。一些宗教教义的消极观念长久以来侵蚀着信教群众的思想，给朗县整体的经济发展和社会稳定造成了一定的负面影响。五是教育宣传群众工作效果不明显，群众政治思想观念弱化。自改革开放以来我国市场化程度不断提高，追求经济发展是全局工作的重中之重，由此不少基层干部重视追求经济效益忽视了思想政治宣传和群众教育工作，这一结果直接加剧了农村地区贫困人口的"精神贫困"。除以上五个方面之外，因朗县自然条件恶劣，医疗水平落后，医疗设备及条件有限，导致居民整体健康状况较差，降低了人力资本的整体质量，存在大量因病因残致贫返贫现象。

在封闭落后的环境中，人们长期生产生活所养成的行为习惯、生活态度和价值观念，更容易塑造并强化出一种"贫困文化"，贫困文化一旦根深蒂固，就会逐步发展成为内生性的贫困。对朗县而言，宗教传统的消极影响、落后的生产水平、闭塞的环境等因素及各因素之间的相互作用，俨然已经在县域内形成了一种贫困文化。首先，这种贫困文化表现在贫困群众对宿命论深信不疑，甘愿忍受贫困现状而寄希望于追求来世幸福的宗教思想观念。在朗县，不少宗教信仰者认为贫困是神明对其有意的考验与锻炼，是为了获得前世的救赎或来世的幸福，因此虔诚的宗教信仰者甘于贫困，将精神寄托于念经拜佛以求来世幸福。其次，国家高福利补贴使不少贫困户产生了依赖心理。以高额资金补贴为主的"输血式"扶贫在朗县已经存在了相当长的一段时间，这种长期"输血式"扶贫带来的消极影响就是，不少贫困户形成了"等靠要"的思想观念，出现瞒报收入、争当贫困户、不愿脱贫的现象。最后，闭塞、落后的环境条件影响了教育事业的发展，群众对于教育缺乏重视，造成个人的长远发展受到限制。经济发展与教育发展是相辅相成的，贫困地区经济水平有限，所以群众受教育程度不高，不少贫困户即便有心自食其力谋发展，也通常被文化水平和职业技能不足拖了后腿。综上所述，由于地域环境、经济水平、宗教观念和风俗习惯等因素，朗县在文化水平、就业技能和思想观念等方面都存在着限制与不足，县域内人力资本难以为脱贫攻坚工作提供有力的支撑。

（二）积贫积弱的多重素质型贫困

1. 文化程度低下，教育资源短缺

朗县在开展脱贫攻坚工作以前全县整体教育水平偏低，文盲和半文盲人口基数大。由于经济水平限制、思想愚昧落后，又受到当地风俗习惯的影响，导致人们对教育不够重视。全县基础教育普及率低，常住人口中存在着大量适龄儿童辍学的情况，教育领域硬实力和软实力都亟待提升。

具体而言，以下几个方面是朗县教育硬件设施建设水平低的主要表现：其一，教育资源有限且利用率低，大量的学校设施建设达不到国家要求标准，尤其是乡镇义务教育阶段办学条件薄弱。其二，教育信息化教学设施设备建设明显落后，全县中小学宽带接入和数字化教学设施设备紧缺。办学软件设施欠缺主要表现包括：一是乡村教师队伍人才紧缺，师资水平有限。针对乡村教师的培养和培训无法跟上学生教育的进度，本土化乡村教师数量有限且外来引进教师难以稳得住、留得下。二是贫困学生资助体系、资助力度有待进一步加强。基础教育阶段，针对贫困学生的特惠性政策不足、不少贫困家庭在读人数较多，教育支出成为家庭致贫返贫的重要诱因的问题，贫困大学生资助力度还有待提高。三是贫困家庭对教育的重视程度不足，许多家庭仍然坚持读书无用论，认为送孩子上学既浪费钱又浪费时间，只会

加重家庭负担，因此不少农牧民仍然不重视孩子教育问题。在村庄走访调查的过程中发现，相当一部分贫困户思想观念保守落后。一方面，以"读书无用论"来教育子女，剥夺他们受教育的权利，给他们灌输读书无用还不如趁早外出打工的思想，导致贫困代际传递。因教育投资时间长、成本高，难以在短时间内达到改变生活的预期效果。且子女教育会加重家庭贫困度，甚至难以维持日常开支，这就进一步加大了扶贫的难度。另一方面，政府对贫困家庭子女后续就业问题的关注过少。当前我国就业形势和压力较为严峻，尤其是高校毕业生，一些贫困家庭子女虽然接受了高等教育，但最终就业结果与其期望存在较大差距，这就让有些人更加坚定了"读书难以改变命运"的想法。当地政府注重物质上的扶贫，缺乏对精神层面的投入和关注，人文关怀不够，不少家庭脱贫的决心不足，改变现状的勇气和行动不够，难以从根本上精准扶贫。总体而言，脱贫攻坚工作开展以前，朗县教育事业的硬件设施和软件配备都处于落后水平，并且群众普遍忽视受教育的重要性。因此，朗县教育扶贫是迫在眉睫但同时又困难重重的一项工作。

2. 就业意识不足，就业能力有限

朗县建档立卡贫困人口共计 358 户 1114 人，涉及 6 个乡（镇）和 52 个行政村，贫困户收入来源以种植养殖为主，但是由于地理位置和环境气候的影响，朗县的种植养殖业发展条件受到了极大的限制，种植养殖收入对农牧民摆脱贫困创收增收的贡献极少。并且，由于长久以来身处闭塞的环境之中，大部分群众都有一种故土难离的情感，他们大多数不愿意离开家乡外出务工。即使有一部分青壮年劳动力有摆脱贫困外出打工的意愿，但往往由于文化水平有限，劳动技能不足，外出务工受到极大的限制，只能从事一些低技术含量的工作，对改善家庭收入的作用极为有限。因此，农牧民收入渠道单一、生计能力不足，且外出务工打拼意识薄弱，一直是朗县经济发展的一个突出短板。

就业扶贫是帮助贫困劳动力朗县转移就业脱贫组在扶贫对象转移就业工作中面临的挑战和困难，主要表现在三个方面：一是朗县长期以来以农牧业为主，农村大量劳动力空闲在家，就业转移和就业培训工作任务繁重，需要大量的人力、物力和财力投入。二是扶贫对象思想保守，不愿意外出就业。长期以来，在国家大额资金投入帮扶的背景下，不少群众已经形成了"靠着墙根晒太阳，等着政府送小康"的惰性思想。三是扶贫对象女性比例较大，但朗县就业岗位多为建筑领域，就业性别要求明显，大量的女性劳动力实现就业较为困难。截至 2015 年底，朗县建档立卡的扶贫对象为 1114 人，占总贫困人口总数的 39%。因此，朗县转移就业脱贫工作压力大、任务重。

3. 思想观念陈旧，内生动力欠缺

朗县地处偏僻，交通封闭，整体受教育水平较低。此外，西藏长期以来享受国家财政和对口支援的大量资金扶持，长期以来群众养成了"等靠要"的思想观念和"懒散慢"的生活作风。由于藏区居民一直以来都有信教的传统，朗县大部分居民受传统宗教信仰和行为习惯影响深刻，有"惜杀惜卖"的生产观念，以及"不怕今生困苦只求来世幸福"的生活观念。落后的思想观念加上长期"输血式"资金扶持，使得朗县普遍存在一种"靠着墙根晒太阳，等着政府送小康"的现象。因此，朗县脱贫的重大障碍就是内生动力不足，这就使得精神扶贫成为朗县脱贫攻坚工作的重中之重。只有克服"等靠要"的落后思想，改变"懒散慢"的生活作风，激发贫困人员内生动力，使其形成"要我脱贫"到"我要脱贫"的积极转变，主动投身于反贫困实践，寻找脱贫致富的有效途径，才有可能"脱真贫、真脱贫"。

具体来讲，朗县开展精神扶贫工作主要面临以下几个方面的困难：一是长期的高福利"输血式"扶贫造成贫困户"等靠要"思想严重。朗县由于地理区位和自然环境上的明显劣势，使其在国家整体发展格局中一直处于后进状态，在扶贫开发过程中，朗县地区一直是

国家重点关注和扶持的对象。因此，多年扶贫开发工作中，朗县地区的贫困人口一直享受着国家高额的福利补贴和东部发达地区的对口援助帮扶。在这种持续高强度的补贴和对口支援背景下，朗县地区不少贫困人口逐渐滋生出"等靠要"的惰性思想。二是农牧民思想行为受宗教观念影响深刻。不同宗教不同派系以及随处可见的宗教活动和宗教场所，使得朗县地区农牧民信教氛围浓厚。宗教信仰对农牧民的生产生活和行为习惯产生了深刻影响，一些宗教的消极因素也对人们的生活和发展产生了阻碍作用。三是普遍性的贫困塑造了群众得过且过的生活观念。贫困地区的农牧民长久以来面临着恶劣的生活环境和艰苦的生产条件，祖祖辈辈生活在同一个地方，他们甚至已经习惯了这样的环境和生活，自我改变的意愿逐渐丧失，安于现状和得过且过成为不少深度贫困地区贫困人口的真实生活写照。

二、朗县实践："三位一体"模式全面提升人力资本

纵观朗县多年以来的脱贫攻坚实践，在提升县域人力资本这一工作上，朗县经过摸索和实践已经总结出了一套自己的工作模式：以人力资本三个主要的影响因素，即知识、技能、思想观念为核心，通过教育扶贫、就业扶贫和精神扶贫多管齐下提升朗县人力资本水平。

（一）教育扶贫强智力

在知识更迭愈加迅速的信息时代，衡量一个国家和地区综合软实力的重要标准之一就是教育水平和人口素质。脱贫攻坚工作的重要内容就是要重视贫困家庭子女教育问题，提升贫困人口综合素养、摆脱

观念和心智的贫困，增强贫困人口人力资本水平，以获得实现自我发展的内在能力。李克强总理在中央第六次西藏工作座谈会上的讲话中指出，西藏要同全国一道实现全面小康，必须加快补上教育这个"短板"，提升西藏自我发展能力。教育扶贫从整体上说是以教育作为载体和途径帮助贫困地区及贫困人口实现提升和发展。阻断贫困代际传递、提升人力资本，实现贫困地区高质量脱贫的根本途径之一，就是贫困人口受教育机会、受教育水平以及教育质量的提升。朗县教育扶贫政策的阻断逻辑可以简单归纳为：重视贫困人口基础教育——减轻贫困家庭教育经济负担——增强子辈人力资本积累的意愿——提高子辈人力资本的水平——阻断贫困代际传递。

1. 朗县教育扶贫具体举措

第一，实施学生精准资助惠民行动。一是对建档立卡贫困家庭学生和其他家庭经济困难学生登记造册、收集信息，做到学段全覆盖、对象无遗漏，确保不让一个学生因贫失学。二是落实国家资助政策。全面实施学前教育阶段的农牧民子女补助政策、城镇学前免费教育；义务教育阶段的"三包"政策、农牧区义务教育营养改善计划、免费教育政策；普通高中阶段、中等职业教育学生资助政策；大学生资助等政策，并根据政策对资助标准做出相应的调整。同时还要强化管理，加强政策宣传和资金监管，做到应助尽助。三是加大社会资助力度。充分发挥援藏社会资源优势，积极规范引导社会力量开展捐资助学工作，多聚到募集善款，帮助贫困家庭学生顺利完成学业。

第二，实施乡村教师支持计划。一是拓宽乡村教师补充渠道，确保乡村学校开足开齐国家规定课程。通过交流、学区一体化管理、对口支援、结对帮扶等途径以促进教师业务能力提升，教育教学质量的全面提高。二是要提高乡村教师生活待遇。依法依规落实工资待遇，及时足额发放工资，并缴纳住房公积金和各项社会保险，确保乡村教师平均工资水平不低于当地公务员平均工资水平。同时把乡镇及以下农村学校在编在岗教师纳入乡镇工作补贴实施范围。三是要继续办好教职工之家，为教师提供交流、学习、生活的平台。继续实施好《高寒边远学校教师生活补贴实施办法》，切实做到制度留人、待遇留人、感情留人。四是要提升乡村教师业务素质。进一步强化教师培训，把教师培训纳入基本公共服务体系，加大经费投入，确保时间和质量。建立国培、区培、市培、县培和校培五级联动机制，截至 2018 年，对全县乡村教师、校（园）长进行了不少于 360 学时的培训。

第三，实施办学条件改善行动。一是深入实施学前教育普及计划。2016—2018 年，全县共新建村级幼儿园 12 所，同时做好在建幼儿园师资、设备同期规划工作，确保在 2018 年前，所有幼儿园顺利开园，学前入园率达到 90% 以上。二是大力实施义务教育相关工程。继续实施"全面改薄"项目，深入各学校对硬件设施和软件条件进行查漏补缺，补齐短板，力争"20 条底线"全部达标，以提升义务教育基础设施服务功能，实现基本公共教育服务均等化，加快学校标准化建设和城乡义务教育一体化发展。三是推进信息化建设。到 2018 年，做到所有学校、所有教室和教师办公室都接入宽带网络；所有教室配备教学多媒体设备；每一位教师配备教学电脑。与此同时，还要加快"智慧校园"建设，促使信息技术资源与教育教学资源深度融合。

第四，实施控辍保学关爱帮扶计划。一是完善控辍保学工作机制。因地因人采取措施，对贫困家庭子女、留守儿童、残疾儿童等特殊困难儿童全过程帮扶和管理，防止失学辍学，确保每一位适龄儿童都能完成九年义务教育。同时以初中为重点，加大动员学生返校力度，坚持小升初免费入学、无缝对接，到 2018 年义务教育巩固率达到 95% 以上。二是保障随迁子女入学。确保进城务工人员和异地搬迁随迁子女就近入学、落实义务教育阶段学生免费就近入学。做好进城务工人员子女和异地搬迁子女摸底排查工作，按照"属地管理"的原则，将接受随迁人员子女纳入招生计划。三是建立科学有效的关爱机制。加大资金投入，营造良好的学习和生活环境。同时做好留守儿童、学困生、问题儿童的师生结对帮扶工作，加强心理健康教育，帮助弱势群体学生健康成长，营造全社会重视和关心青少年教育问题的良好氛围。

第五，实施农村教育教学质量提升行动。一是加强对义务教育学校教研工作的指导，广泛开展教育教学课题研究和课堂教学比武，并总结经验，推广成果。二是开展中小学课程资源库建设，实现资源共享，进一步解决乡镇学校资源欠缺、师资不足问题，使城乡教育资源达到均衡，城乡教育质量差距不断缩小。

第六，高质量做好定点帮扶工作。加大宣传力度，扩大扶贫帮扶影响。落实扶贫责任，按照"帮扶到户、责任到人"的原则，开展结对帮扶活动，重点解决就业问题，加快帮扶对象由脱贫向致富转变。

2. 教育扶贫成效：硬件软件齐优化

第一，教育硬件设施实现基本完善。朗县经过三年的教育扶贫工作，全县教育硬件设施条件得到极大的改善。现在朗县全县共有初级中学 1 所，县中心小学 1 所，乡镇中心小学 2 所，县幼儿园 1 所，乡镇中心小学附属幼儿园 6 所，村级幼儿园 4 所。全县有初中在校生 461 人，小学在校生 1234 人，幼儿园在园儿童 612 人，共计 2307 人。全县有专任教师 287 人、工人 1 人，共有正式在编教职工 288 人。截至 2019 年 8 月，全县建档立卡贫困户中共有 469 名需教育精准扶贫的学生，其中幼儿园儿童 38 人、小学生 187 人、初中生 98 人、高中生 104 人、大学生 78 人。截至 2018 年底，相较 2015 年，全县生均教学辅助用房面积由 5.33 平方米增加到 6.98 平方米，生均体育场地面积由 5.08 平方米增加到 12.6 平方米，生均教学仪器设备值由 0.07 万元增加到 0.34 万元，生均用书册数由 23.58 册增加到 26 册，师生比由 0.16 下降到 0.15，生均中级以上职称教师资源由 0.05 增加到 0.07（见表 5-1）。总体来看，开展精准扶贫以来，朗县硬件设施配备相比脱贫攻坚期的状况实现了跨越式的发展，为县域内人力资本水平的提升提供了重要支撑。

表 5-1　朗县脱贫攻坚教育扶贫成效

	2015 年	2018 年
生均教学辅助用房面积（平方米）	5.33	6.98
生均体育场地面积（平方米）	5.08	12.60
生均教学仪器（万元）	0.07	0.34
生均用书册数（册）	23.58	26
师生比	0.16	0.15
生均中级以上职称教师（人）	0.05	0.07

第二，义务教育保障全面落实到位。脱贫攻坚工作开展以来，朗县教育资金投入力度加大，进一步提升了全县的办学条件。一方面，2016 年以来朗县财政对教育投入逐年增加，投入比例达到当年全县财政收入的 20%。实施了洞嘎镇小学教学楼和 9 所学校基础建设项目，设立了鹅祥基金专项资金，用于鼓励学业上成绩优异和日常表现优秀的学生，促进学生全面发展。开展了乡级和村级幼儿园等建设项目，并进一步改善了义务教育阶段学校的办学条件，累计争取并投入资金 3600 万元。同时县本级财政每年投入 20%，用于设立朗县教育事业发展专项资金，开展全县范围内的奖教、支教和助教。另一方面，落实制度有保障，实现教育质量跨越式发展，朗县制定并出台了《朗县教育质量提升三年行动计划》，通过全面推进义务教育、实施学校特色品牌发展战略，推进县域基础教育一体化发展、创新教育人才队伍发展模式、发展教育信息化推动教育优质发展、全面推进教育治理体系建设等五个方面来为朗县教育质量提升保驾护航。并配套出台了《朗县促进教育事业发展激励办法（试行）》《朗县教师调配使用管理办法（试行）》《朗县教师表彰办法（试行）》等一系列政策和办法。

第三，教育扶贫保障措施全方位提升。在不断学习中，各级干部一致达成了脱贫问题就是重大的民生问题、经济问题和政治问题的思想共识，全体干部职工做好教育扶贫工作的责任感使命感大大增强。俗话说得好，坚持措施、政策就是动力。在教育扶贫工作中，朗县始终牢牢把握精准扶贫的政策和措施，把新阶段教育扶贫的总体要求和目标任务放在首位。坚持把教育扶贫工作作为最大的政治任务，严格落实主体责任，不仅亲自谋划研究，而且亲自督促检查。同时还建立了主要领导亲自抓、分管领导具体抓的工作机制，并详细安排了专人负责教育系统精准扶贫各项工作，使教育精准扶贫工作的基础得到夯实。这些工作切实保障了贫困家庭子女平等接受教育的权利，提高了贫困人口基本素质和自我发展的能力，加快了贫困户脱贫致富的步伐，使教育强民、技能富民、资助惠民的作用得到充分发挥。对全县贫困家庭学生按照定人定向的原则，构建了到户、到人的精准扶贫工作体系，并形成了长效工作机制。朗县组织专人制定了《教育精准扶贫工作的实施方案》，在完善家庭贫困学生助学体系和实施农村劳动者技能提高方面着手开展了多方面的精准扶贫工作。首先，继续贯彻落实教育费用"三包"政策；自 2016 年以来对朗县 4820 名农村义务教育阶段学生落实"三包"经费 1780.57 万元，对义务教育阶段 5964 名学生落实"营养餐" 392 万元。其次，设立教育救助资金并先后拿出 285.1 万元对全县建档立卡贫困家庭 746 名学生就读高校，发放了学费、生活费、住宿费、交通费等补贴。最后，对家庭困难或因子女赴其他省市接受高等教育、务工而缺乏劳动力的贫困家庭，继续实施救助政策，将教育精准扶贫任务覆盖从学前教育至高等教育阶段以及"两后生"的教育培训。

根据上级部门精准扶贫相关要求，朗县扶贫办组织专人对全县教育扶贫情况进行了认真梳理，为开展好教育精准扶贫摸清了底数。按照"精准扶贫、不落一人"的总体要求和"因地制宜、实事求是"的原则，进一步摸清底子、查漏补缺，列出扶贫清单，夯实教育精准扶贫基础。同时，组织各学校、幼儿园做好基础教育招生工作，所有需教育扶持精准扶贫学生全部招生入学，确保其受教育的权利，并且加大控辍保学力度，保障朗县所有适龄学生的到位率和巩固率。再者，积极改善偏远学校办学条件，10 所村级幼儿园续建项目工作正在稳步推进，努力实现朗县教育覆盖率达到100%。关于教育惠民政策的落实方面，一是免除义务教育阶段学杂费。朗县严格按照藏教厅《关于免除藏区公办学校义务教育阶段城镇学生学杂费的通知》文件进行执行，全县所有义务教育阶段学校的学生（含进城务工人员子女）免收学杂费用，免费提供教科书和作业本。进城务工人员随迁子女在朗县就读与本地干部职工子女就学享受同样待遇。二是深入落实国家教育惠民政策。按藏财教字〔2011〕14号和藏财教字〔2012〕30号文件，严格执行享受"三包"政策范围和对象的规定。将"营养改善计划"经费与"三包"经费整合使用，以食堂供餐的形式实施营养改善计划。对农牧区寄宿制学校住校生的寒暑假集中接送交通补助经费按每生每年150元的标准发放。

（二）就业扶贫强技能

1. 朗县就业扶贫具体举措

朗县就业扶贫工作总体思路为：按照"培训一人、就业一人、脱贫一户"的要求，采取企业帮扶、转移就业等举措，确保精准扶贫、精准脱贫工作有序开展。根据中央和自治区扶贫开发工作会议精神，同时贯彻"治国必治边、治边先稳藏"和"加强民族团结、建设美丽西藏"重要战略思想。因地制宜地开展工作，培训一支用得上、留得住、懂技术、能就业的农牧民队伍。中央第六次西藏工作座谈会明确要求有条件的家庭至少一人掌握一门实用技术，根据这一要求围绕市场需求和扶贫对象意愿，实施"扶贫对象全覆盖"精准扶贫培训工程。截至2017年，共开展就业扶贫培训2460人次，累计转移就业扶贫对象1114人次。培训内容包括就业创业信息服务、政策咨询、就业指导、职业介绍、技能培训或创业培训等，甚至还有"一对一"免费就业服务，以上措施使扶贫对象的就业创业能力得到大大提升。

第一，贫困农牧民技能培训计划。为提高贫困农牧民技能水平，朗县加大了技能培训工作力度，努力改善贫困农牧民技能水平偏低、技能单一、不能适应新时期劳动力市场需求现状，针对市场需求有的放矢地开展贫困农牧民技能培训。突出对新增劳动力职业技能的培训，使他们迅速掌握一技之长，用来适应新时代就业的需要；对于那些年龄偏大又急需就业的可根据就业岗位开展针对性、实用性的技术培训，从而达到迅速就业的效果；而那些有创业愿望且具备一定创业能力的劳动者，则应注重创业意识和创业技能的培训，鼓励其自谋职业和自主创业。那些年龄偏大、文化较低、观念陈旧落后但具备一定技能者，培训应以政策宣传为主，引导其认清形势，了解政策，转变观念。通过以上的培训措施，争取在较短的时间内培养出一批"学技术、懂技术、用技术"的科技明白人和科技带头人，以点带面地去带领广大群众走上科学与技能的致富道路。"劳动力转移培训"立足于市场需求，以餐饮住宿、旅游服务、砌筑工、混凝土、焊工为主。技能培训计划的重点从常规农牧业生产技能培训、新型农牧业生产技能培训转向劳动力转移培训，有针对性地开展受农牧民青睐的藏式烹调师、混凝土工、砌筑工、餐厅客房服务等工种培训。"实用技术培训"以培养新型职业农牧民为主，围绕农牧业现代化、产业化发展需要，以发展特色农牧业、优势农牧业开展蔬菜种植、畜牧养殖、防治病虫、果木嫁接等项目。

第二，贫困农牧民技能培训内容。2016 年朗县开展紧贴市场的技能培训包括建筑、餐饮、机械操作等培训 11 期，共培训农牧民群众 909 人，贫困户劳动力 355 人参与培训，实现就业 248 人。此外，朗县还组织了 49 名建档立卡贫困户参加县人社局举办的保安员、挖掘机操作、汽修、藏餐烹饪等类型的培训（见表 5-2）。在此基础上，朗县依靠中铁等大型企业就近、就地推进劳务输出，吸纳当地农牧民 3040 人次实现就业。除了就业技能培训和企业吸纳就业之外，朗县还依靠县乡村集体经济、扶贫开发项目建设等方式积极推进县域内劳动力输出和贫困人口就业增收。2017 年，朗县积极收集全县企业就业岗位需求，帮助贫困群众联系就业岗位，实现建档立卡贫困户转移就业 751 人，其中 249 名建档立卡贫困户被县域及周边企业吸纳就业。2018 年，朗县对接市场需求，累计开展实用技能培训 21 期，使用资金 258 万余元，建档立卡贫困群众参与各项培训 743 人，实现转移就业 1211 人，带动贫困户年平均增收 2000 元。

表 5-2　朗县转移就业扶贫对象培训种类一览表（2016—2018 年）

序号	种类	申报工种	项目实施单位
1	实用技能培训（常规）	农作物栽训	县人社局（各乡镇政府）
		果树嫁接	县人社局（各乡镇政府）
2	实用技能培训（新型）	蔬菜园艺	县人社局（各乡镇政府）
		动物防疫	县人社局（各乡镇政府）
		特色养殖	县人社局（各乡镇政府）
		病虫害防治	县人社局（各乡镇政府）
		农机操作	县人社局（各乡镇政府）
		农机维修	县人社局（各乡镇政府）
3	劳动力转移培训（A 级）	保洁员	县人社局（各乡镇政府）
		客房服务员	县人社局
		餐厅服务员	县人社局
		家政服务员	县人社局
4	劳动力转移培训（B 级）	焊工	县人社局
		混凝土工	县人社局（各乡镇政府）
		砌筑工	县人社局（各乡镇政府）
		中式烹调师	县人社局（各乡镇政府）
5	劳动力转移培训（非认证）	藏式烹调师	县人社局（各乡镇政府）
		民族歌舞	县人社局

转移就业脱贫工作具体措施为：一是建立信息化基础台账，加强扶贫对象转移就业。按照《林芝市"十三五"脱贫攻坚规划》要求，朗县转移就业与企业帮扶组将对全县1114个扶贫对象的转移就业逐年进行。对于建档立卡贫困户中有劳动能力的人员、性别、年龄、学历、技能、就业创业需求等基本情况，要求"准确、清楚、动态"。结合朗县实际，加强贫困人口转移就业工作，合理安排贫困人口就近就地转移就业，充分发挥就业的促进作用，确保工作有效开展。二是发挥主导产业吸纳扶贫对象就业。根据《西藏自治区"十三五"转移就业脱贫工作实施方案》要求，采取了积极有效的就业创业政策，并坚定贯彻落实"劳动者自主择业、市场调节就业和政府促进就业"的方针，着重做好转移就业工作，确保贫困劳动力稳定就业。与此同时，结合本地生态环境和自然资源优势，大力培育特色农牧业、清洁能源业、民族手工业、生态旅游业、交通运输业、文化创意业、农牧民专业合作社七大产业等特色产业，累计在"十三五"期间吸纳扶贫对象548人（见表5-3），带动了贫困区域内的经济社会发展和贫困人口的脱贫致富。三是项目建设带动扶贫对象就业。县委县政府以及各级部门在安排投资项目时，按总用工量的一定比例吸纳当地贫困人员务工就业。各乡镇均有待建、在建项目，按每个乡镇稳定吸纳本乡镇30名贫困人员务工就业、县城项目吸纳60人计算，共可吸纳贫困人员务工就业240名。四是做好企业吸纳扶贫对象就业工作。朗县坚持在尊重企业意愿的基础上，鼓励企业主动承担社会责任，发挥企业作用，助力脱贫攻坚。朗县转移就业与企业帮扶工作领导小组办公室积极主动地与企业建立联系，并且双方签订《企业帮扶承诺书》。这一举措效果显著，全县共有22家企业愿意帮扶，提供就业岗位488个（见表5-4）。五是开发特定公益性就业岗位解决特困人员就业。加强现有144个公益性岗位管理使用，做好清理规范和人员退出后的就业服务工作，符合条件的贫困劳动力优先就业于清理出的公益性岗位。同时，还向自治区政府申请新增一些特定的公益性岗位，比如购买护林护草、乡村道路协管等。解决符合岗位条件的贫困人员就业，重点是贫困人员中的"零转移就业家庭"、失地农牧民等特困人员的就业问题。

表5-3 朗县脱贫攻坚以来产业发展吸纳扶贫对象人数简表

序 号	产 业	吸纳转移就业扶贫对象（人）
1	特色农牧业	248
2	生态旅游业	30
3	水电能源业	30
4	民族手工业	80
5	交通运输业	60
6	文化创意业	20
7	专业合作社	80
	合计	548

表5-4 朗县脱贫攻坚以来企业吸纳扶贫对象人数简表

序号	企 业	转移就业人数（人）	产业扶持人数（人）
1	朗县朗香辣椒专业合作社	2	—
2	朗县朗敦红辣椒专业合作社	3	—
3	中铁二局	139	32
4	中铁十八局	91	48
5	四川佳和建筑工程有限公司	3	—
6	四川兆仓建筑有限公司	8	—
7	西藏昊林建筑装饰工程有限公司	2	—
8	重庆恒通建设有限公司	2	—
9	四川华昌建筑工程有限公司	2	—
10	重庆合霖有限公司	5	—
11	西藏江南路桥建筑有限责任公司	1	—
12	朗县光明农牧民施工队有限责任公司	30	—
13	朗县藏湖农牧民施工队有限责任公司	8	—
14	朗县利民建筑工程有限责任公司	10	—

续表

序号	企　业	转移就业人数（人）	产业扶持人数（人）
15	朗县贡塘农牧民施工队有限责任公司	20	—
16	朗县拉贡塘农牧民施工队有限责任公司	35	—
17	朗县塔布建筑建材有限责任公司	0	—
18	朗县朗镇建筑施工有限责任公司	5	—
19	朗县紫金朵农牧民施工队有限责任公司	10	—
20	朗县洞嘎镇勃勃朗农牧民施工队有限责任公司	20	—
21	朗县仲温建筑有限责任公司	5	—
22	朗县仲达镇互帮农牧民施工队有限责任公司	7	—
	合　　计	408	80

就业扶贫实施积极的就业创业政策：一是开展就业援助，帮扶扶贫对象就业。为贫困家庭提供合适的就业信息。首先对企业用工信息进行统计分析，筛选出合适的工作岗位，将岗位信息送至贫困家庭中，其次帮助符合条件并有就业意愿的贫困劳动力与企业取得联系，再次根据企业要求开展定向技能培训，帮助其上岗就业。二是鼓励扶持创业，带动扶贫对象就业。在自愿的前提下，引导那些有能力的贫困人员自主创业实现脱贫，比如在村头、路边、旅游景区、小集镇等区域，开办小商店、小茶馆、小饭馆、小宾馆、停车场、洗车场等服务经营店（点）。三是落实贫困人员创业优惠政策。为了更好地促进贫困人口创业就业，朗县充分落实各项就业优惠政策，具体内容包括创业奖励扶持、社会保险补贴政策等。四是开展公共服务，促进扶贫对象就业创业。首先，积极协助并开展诸如县人社局的春风行动、民营企业招聘周之类的公共就业服务活动，做好宣传推广工作，营造氛围，认真组织贫困劳力人员积极参加。其次，健全服务、培训、维权"三位一体"的工作机制，增大劳务品牌的知名度和影响力，从而带动更多人员就近就地转移就业。再次，健全劳动保障监察和劳动人事争议调

处机制，保障贫困人员合法权益不受侵害。最后，实施全面全民参保计划，让贫困农牧民依法参加社会保险，保障其养老、医疗等社会权益。

2. 就业扶贫成效：能力机会双提升

朗县共有贫困户为 1061 户 2853 人，分布在 6 个乡镇 52 个行政村，其中扶贫对象劳动力为 1038 人。根据市脱贫攻坚指挥部制定的培训任务指标，2016 年培训 308 人，2017 年 556 人、2018 年 299 人，为明确目标任务，各级组织对建档立卡贫困户的劳动能力、培训意愿、就业意愿等基本信息进行了摸底排查工作，使转移就业脱贫工作更加具有针对性。并根据"培训一人、就业一人、脱贫一户"的要求，切实抓好扶贫培训工作。结合培训及就业实际，2016 年朗县共开展 7 期培训，参训的建档立卡贫困户 212 人，占总参训的 513 名农牧民的 69%，超额完成了培训指标，累计使用资金 52.5616 万元，实现贫困户转移就业 334 人，就业率为 92.1%。2017 年开展了 9 期培训，参训的建档立卡贫困户 768 人，占总参训的 1135 名农牧民的 72%，超额完成了培训指标，累计使用资金 120.079 万元，实现贫困户转移就业 791 人，就业率为 70%。2018 年共开展了 15 期培训，参训的建档立卡贫困户 408 人，占总参训的 893 名农牧民的 73%，超额完成了培训指标，累计使用资金 104.475 万元，实现贫困户转移就业 275 人，就业率为 92%，通过开展一系列温室大棚种植、藏餐烹饪技术、建筑基础操作、创业、摩托车维修、牦牛养殖、挖掘机操作技术员等实用技能与劳动力转移培训相结合，使朗县建档立卡贫困户的劳动技能水平得到进一步提高，使贫困户劳动力得到了转移，贫困群众的收入得到了提高。通过劳动力输出的方式实现了就业脱贫，为朗县的精准扶贫工作和转移就业脱贫打下了良好的基础。

朗县自开展就业扶贫工作以来，大量贫困人口在劳动就业意识、就业能力和就业机会上得到了极大的改善。一是群众就业意识得到切实加强。经过全方位、大范围的就业宣传和就业培训，极大地转变了不少贫困户安于现状和"等靠要"的思想。朗县由于耕地和林地面积有限，大部分农户以农牧业为主，受地理位置和环境限制，大量本地资源禀赋难以转化为经济收入，因此朗县大部分群众长期以来面临收入渠道单一、收入水平有限的问题。鼓励劳动力进行就业创业是朗县地区拓宽群众增收渠道和提高收入水平的重要途径。经过高频率、大范围的宣传和宣讲，再加上村级致富带头人的示范和带动，群众就业创业和外出务工的积极性得到激发。二是贫困户个人就业能力得到极大提升。朗县各项就业技能培训的开展是基于深入调查群众劳动能力、就业能力和培训意愿的基础上进行设计安排的，只有因人制宜、充分考虑培训对象的实际情况，有的放矢地开展各类劳动技能培训，才能真正发挥技能培训的效用，让群众真正学有所获、学有所用。也正因为朗县所开展的各项就业技能培训是基于群众的实际需求，因此大部分群众在参加就业技能培训之后，个人的就业能力得到了切实的提升，真正实现了"培训一人、就业一人、脱贫一户"的目标。三是贫困劳动力就业机会大大增加。除了面向贫困人口开展劳动技能培训以提高贫困户就业能力之外，朗县还专门组织了多批次的劳务输出，通过对企业用工信息进行统计分析，筛选出合适的工作岗位，并将岗位信息送至贫困家庭中，在此基础上鼓励并协助符合条件且有就业意愿的贫困劳动力与就业单位取得联系。这一做法切实解决了不少贫困户因信息不畅通或文化水平不足或信息获取能力有限而导致的就业困难问题，大大增加了县域内贫困劳动力就业创收的机会和渠道。

（三）精神扶贫强志气

近年来，人们普遍认为精神贫困比物质贫困更具隐蔽性和传播性，社会负面影响更大。在脱贫攻坚工作开展以前，"等靠要"的意识观念、顽固守旧的思维方式以及安于现状的生活方式，是许多贫困地区贫困人口精神面貌的真实写照。精神贫瘠成为制约西藏发展的一个重要因素。习近平总书记在中央第六次西藏工作座谈会上的讲话中强调，"西藏要发展，必须凝聚人心，要把物质力量和精神力量结合起来，要标本兼治，并且重在治本"。精准扶贫工作开展过程中，脱贫攻坚的内源动力和精准扶贫深层价值的重要体现就是要充分激发贫困人员的主体意识。鉴于此，在精准扶贫工作模式的顶层设计中，精神扶贫这一关键概念被置于突出位置。

1. 朗县精神扶贫具体举措

近年来，朗县始终着眼新时代的历史任务，深入贯彻落实习近平总书记及各级党委关于宗教工作的重要论述和部署要求，切实强化群众思想归属，引导信教群众理性对待宗教，淡化其消极影响，过好现世幸福生活，引领各族群众感党恩、听党话、跟党走。总而言之，朗县精神扶贫工作以"四讲四爱"主题宣传教育为核心，以宣讲和宣传为主要方式手段、高频率全面铺开。

第一，"四讲四爱"主题教育宣讲实践。朗县以学习"习近平新时代中国特色社会主义思想和党的十九大精神"为主线，以"讲党恩爱核心、讲团结爱祖国、讲贡献爱家园、讲文明爱生活"为内容，以社会主义核心价值观为引领积极广泛开展"四讲四爱"群众教育实践活动宣讲工作。在工作中深入贯彻落实习近平总书记治边稳藏的重要战略思想和"加强民族团结、建设美丽西藏"的重要指示，坚持依法治藏、富民兴藏、长期建藏、凝聚人心、夯实基础的重要原则，动员全社会力量广泛积极参与。集中时间力量，分阶段、分步骤在群众、学生、僧尼、职工和机关事业单位干部中全面深入持久地开展宣讲工作。教导各族干部群众应更加拥戴信赖忠诚捍卫习近平总书记党中央的核心、全党的核心地位，坚定"四个自信"，增进"五个认同"，推动精神文明与物质文明协调发展。结合国家、自治区、林芝市和朗县经济社会发展成就，结合法律法规、政策知识进行广泛宣讲。讲党恩爱核心。这一主题是以习近平新时代中国特色社会主义思想、核心意识、党的恩情为主要内容。其目的一是使群众充分认识到党中央的坚强领导和我国治边稳藏重要战略思想的成功实践是西藏过去各项事业取得的历史性成就、城乡面貌发生翻天覆地变化的根本原因；二是要教导各族干部群众增强政治意识、大局意识、核心意识、看齐意识，坚定不移感党恩、爱核心、跟党走。讲团结爱祖国。以爱国主义、集体主义和马克思主义"五观""两论"为重点。主要内容包括：首先，向农牧民宣讲习近平总书记"治国必治边、治边先稳藏"的重要战略思想；其次，明确指出我国是一个统一的多民族国家，伟大祖国是全国各族人民共同的母亲，西藏自古以来就是不可分割的一部分，全国各族人民要切实增强中华民族共同体意识、国家意识、公民意识、法律意识；最后，严肃指出我们同达赖集团的斗争不是民族问题、宗教问题，也不是人权问题，而是一场捍卫政权、捍卫旗帜、捍卫道路的政治斗争，我们要自觉同达赖集团划清界限，坚决抵御其各种渗透破坏活动。讲团结爱祖国其目的就是要教导各族干部群众树立正确的历史观、民族观、国家观、文化观、宗教观，时刻站在国家、民族、文化一体多元、共生共荣的高度，增强对伟大祖国的认同、对中华民族的认同、对中华文化的认同、对中国共产党的认同、对中国特色社会主义的认同，树立"中华民族是根、中华文化是魂、中华国土是家"的强烈意识，旗帜鲜明、立场坚定、行动坚决地同任何形式的分裂行为作斗争，坚定不移维护民族团结、祖国统一。讲贡献爱家园。主要内容是学习和认识全面建成小康社会的目标、政策和任务。首先，重点阐述"两个一百年"奋斗目标的战略、乡村振兴战略、区域协调发展战略、可持续发展战略的主要内涵。其次，告诫广大干部群众世界上没有坐享其成的好事，幸福是奋斗出来的，要把中央关心、全国支援与自力更生、艰苦奋斗相结合，坚决抵制"等靠要"消极思想，依靠党的好政策，凭借自己勤劳的双手，创造幸福生活。讲贡献爱家园其目的就是要教导各族干部群众树立劳动最光荣、奋斗最幸福的思想观念，凝聚智慧和力量来推动发展、脱贫致富，撸起袖子加油干，为建设幸福美丽新家园而不懈奋斗。讲文明爱生活。这一主题以社会主义核心价值观、"老西藏精神"、"两路精神"、思想道德、法治宣传教育和群众性精神文明创建活动等为宣讲重点。实现中华民族伟大复兴，需要物质文明建设，也需要精神文明建设，社会主义核心价值观就是当代中国精神的集中体现，用社会主义核心价值观引领精神文明建设，引导广大干部群众积极投身社会公德、职业道德、家庭美德、个人品德建设；积极参与文明城市、文明村镇、文明单位、文明家庭、文明校园、文明交通、文明旅游、文明餐桌、文明上网等活动；积极崇尚科学文明，主动破除封建迷信，改变陈规陋习，淡化宗教消极影响，倡导文明生活方式，过好现世幸福生活。讲文明爱生活其目的就是要教导各族干部群众应顺应时代潮流，紧跟时代步伐，践行社会主义核心价值观，不断提高自身的思想觉悟、道德水准、文明素养，从而提高全社会文明程度。

具体宣讲过程中，朗县按照自治区统一安排，将宣讲活动共分为四个节点。第一节点（通常是每年的5月至7月），重点宣讲"讲党恩爱核心"；第二节点（每年的7月至8月），重点宣讲"讲团结爱祖国"；第三节点（每年的9月至10月），重点宣讲"讲贡献爱家园"；第四节点（每年的10月至12月），重点宣讲"讲文明爱生活"。此外，为了做好集中宣讲工作，县宣讲团一方面在积极配合自治区、林芝市宣讲团在朗县宣讲的基础上，赴各乡（镇）和县（中、区）直部分单位开展示范宣讲；另一方面，结合网络宣传宣讲工作实际，县网信办要负责牵头组织开展好网上宣讲工作，通过微信、QQ等多种渠道，采用动漫、微视频等多种形式，进行微宣讲微传播。相关部门要全程参与、全网跟进、全网推送，使正能量充沛网络、主旋律响亮网络。

为了将"四讲四爱"群众教育活动层层压实，朗县组建了县、乡（镇）、村（居）三级宣讲队伍。成立朗县"四讲四爱"群众教育实践活动宣讲团，统筹安排全县宣讲工作，群众教育实践活动宣讲联络组负责日常工作，具体组织实施培训、宣讲等工作。组建部门宣讲队伍。按照政治立场坚定、了解基层情况、宣讲经验丰富、授课效果良好的原则，由县委组织部（强基办）、县委统战部（宗教办）、县教体局、县财政局（国资委）牵头组建了分别面向群众、僧尼、学生、国有企业职工的宣讲队伍，按照自治区、市和县群众教育实践活动宣讲工作部署要求，成立工作机构和专班，统一组织培训，统一提供材料，统一开展宣讲。各乡、村也组建了宣讲队伍开展宣讲，其中自治区、市、县宣讲团培训班学员、驻村驻寺干部、村党支部第一书记、村"两委"班子、老干部、双联户户长、大学生村干部、农牧民宣讲骨干等宣讲力量发挥了重要作用，他们深入基层、深入群众、深入一线进行了面对面宣讲。乡宣讲要覆盖所有村，各村宣讲覆盖了所有农牧民群众。各乡把宣讲工作中表现良好的群众作为农牧民宣讲员的重点培养对象。

为了高质量、高标准完成"四讲四爱"群众教育实践活动的工作目标任务，朗县针对各乡（镇）、各部门（系统）的宣讲员进行了集中培训。县"四讲四爱"活动办专门开办了"朗县'四讲四爱'群众教育实践活动宣讲团培训班"，参训人员为未参加自治区和林芝市宣讲团培训班的其他村（居）各1名农牧民宣讲骨干（登木乡7人、仲达镇4人、朗镇5人、拉多乡7人、洞嘎镇4人、金东乡5人），县城范围内双联户户长，国有企业2名宣讲骨干。各乡（镇）要求在6月上旬负责组织驻村工作队、第一书记、村"两委"班子、双联户户长开展培训工作。各乡（镇）、各单位要紧紧围绕群众教育实践活动的宣讲重点，分领域、分受众、分阶段、分专题开展宣讲，坚持宣讲工作和实践活动相结合。

第二，"四讲四爱"主题教育宣传实践。除了进行大范围、高频次的"四讲四爱"主题教育宣讲工作之外，宣传工作也是朗县弘扬主旋律、激发群众内生动力的另一项重要工作。朗县广泛发动各路媒体媒介大力宣传报道了开展"四讲四爱"主题教育实践活动及其重大意义。这些举措对于全县各族群众更加紧密地团结在以习近平同志为核心的党中央周围，不断开创朗县发展稳定新局面，具有重大而深远的意义。

"四讲四爱"主题教育实践宣传活动的主要内容。以"四讲四爱"为主题，围绕爱党爱国、固边稳藏、长期建藏、扎根基层、爱岗敬业、无私奉献、团结友爱、乐于助人、见义勇为、创新创业、勤劳致富、诚实守信、崇德向善、文明科学、移风易俗等方面广泛开展形势政策、主体意识、劳动意识、正面典型和励志教育；深入宣传社会主义核心价值观；大力弘扬中华民族传统文化、社会主义先进文化、藏民族优秀文化；宣传文明家庭、道德模范、最美人物和报道在"四讲四爱"主题教育实践活动中涌现出来的先进典型和感人事迹；大力弘扬"长征精神""老西藏精神""两路精神"等等。

社会宣传：刊载刊播宣传标语。一方面，各单位要通过户外广告牌、LED显示屏、横幅、橱窗、板报等载体刊播宣传标语，制作宣传栏展示活动进展和活动内容。县工商联负责将宣传标语提供给有发布条件的民营企业和个体工商户，协调其配合发布。另一方面要播放爱国主义影片的电视剧。县电视台要安排好时段，县电影管理站深入各基层积极播放以反映爱国主义、民族团结、革命历史等为主要内容的电影展映、电视剧展播活动。再一方面要选树先进典型。把教育实践活动中涌现出的先进典型纳入最美人物评选和表彰，深入挖掘和宣传通过此次活动进一步出实招、办实事、解难事的好做法、好经验、好干部，宣传那些积极投身教育实践活动的青少年学生、农牧民群众和寺庙僧尼，通过榜样的力量来引领社会风尚。

新闻宣传：县内各媒体的宣传时间节点及活动安排要根据《朗县"四讲四爱"喜迎党的十九大主题教育实践活动实施方案》来确定，做好提前谋划、着眼长远，把握时度效，有计划、分步骤、有重点地推出各类新闻作品，力争主题教育实践活动新闻和网络宣传报道高潮迭起，正面舆论氛围浓烈高涨。县电视台和《今日朗县》要分别开设活动专栏和活动专版，全程跟踪报道，及时挖掘先进典型，制作成专题宣传片，做好内部宣传，并将好做法、好经验进行推广。县网信办要在朗县政府网开设活动专题，加强与各相关单位的沟通联系，通过政府网站、官方微信公众平台及时发布活动信息，及时转载转播上级媒体制作的宣传片，做到实时动态报道，并及时将活动内容及新闻素材上报上级新闻媒体，扩大宣传报道范围。

"四讲四爱"主题教育实践宣讲活动过程中大力报道了"四讲四爱"主题教育实践活动的进展成效；大力宣传了各乡镇、各部门深入贯彻县委决策部署，在开展"四讲四爱"主题教育实践活动中的经验做法和成效；大力报道了农牧民群众、青少年学生、寺庙僧尼参与活动的热烈反响和积极评价；大力宣传了农牧区、学校、寺庙在主题教育实践活动中的新变化新成绩新经验。高频率、多手段、全方位的宣传报道极大地感染了农牧民参与学习的热情，营造了一个全县参与活动的浓厚氛围。通过宣传报道，讲党恩爱核心、讲团结爱祖国、讲贡献爱家园、讲文明爱生活的价值观在朗县深入人心。

2. 精神扶贫成效：思想观念大转变

第一，群众内生动力充分激发。朗县自开展精神扶贫工作以来就成立了活动领导小组，由县委书记任组长。县、乡、村三级高度重视，层层制定活动方案，细化具体工作任务、确保经费保障和人员安排到位，使活动得以顺利开展。县、乡、村三级各领域共召开动员部署会110余场，参会人数共计1.5万余人，覆盖了机关干部、农牧民群众、青少年学生、寺庙僧尼和企业职工等各个社会阶层和不同群体。第二，培训、宣讲覆盖广泛。朗县举办宣讲培训班特邀市委党校讲师格桑曲珍、格桑次仁作示范宣讲，农牧民宣讲员、县城范围内双联户户长、企业宣讲骨干共计110余人参加培训。各乡镇、各领域相继举办了宣讲培训。县委书记先后为全县干部职工上了2次党课，先后3次为国企职工代表、农牧民群众、巴尔曲德寺僧尼宣讲"四讲四爱"，起到了率先垂范、带头宣讲的作用。及时印发宣讲专项方案，县、乡、村各级宣讲队伍采用专家讲座、领导讲课、座谈交流、集中宣讲、主题班会等形式，深入学校课堂、企业车间、田间地头、高山牧场、村居农舍、宗教活动场所等地，广泛开展宣讲教育。截至2019年8月，全县累计开展各级宣讲410余场次，参与人数多达2.9万余人次，覆盖了全县的干部群众。第三，平台载体多样化，实践活动形式丰富。各乡镇村居按照活动方案要求，结合各自实际，把学习宣讲营地搬到高山牧场，开展了"送国旗上山，守幸福家园""国旗飘起来、国歌唱起来""医疗上山·感恩入心""'土吉切啦'我的党"等活动。各中小学校举办了藏文书法比赛、知识竞赛、"崇尚英雄、精忠报国"主题班会、"厉害了，我的国"青少年学生演讲比赛等活动。各宗教场所开展了座谈交流、书法比赛、美丽寺庙人人有责等活动。县国资委组织国有企业开展"恩从何来、恩向谁报"新旧西藏对比演讲活动。朗县供电有限公司成立"光明塔布共产党员服务队"，围绕教育、生产、学习、公益、工会以及文体活动六个方面，把全县人民群众享受到更好的用电保障和用电服务作为奋斗目标，助推朗县电力事业更上一层楼。县直各单位结合本单位业务工作开展了"为祖国点赞、同宪法合影"、"书香朗县"、法制宣传进寺庙进学校等活动。为庆祝中国共产党成立97周年、改革开放40周年，全县各领域集中开展了升国旗唱国歌、支部书记上党课、重温入党誓词、文艺会演、演讲比赛、文体比赛等活动，活动形式多样，内容丰富，取得了显著的成效。第四，全民参与全民学习氛围浓厚。活动开展以来，全县制作"四讲四爱"大型户外广告牌、"图说我们的价值观"公益宣传牌30余块，喷绘永久性宣传标语42处，悬挂"四讲四爱"宣传横幅63条。多种形式开展新闻宣传，截至2019年8月，上级主流媒体和县广播电视台，县政府新闻网，"西藏朗县"、"网信朗县"官方微信公众平台，《今日朗县》等县属媒体刊载（播）"四讲四爱"新闻信息共150余条。上报市"四讲四爱"活动办简报信息86期，采用33期。

通过全方位、高频率、大范围地开展"四讲四爱"宣讲和宣传活动，朗县群众的思想精神面貌得到了极大的改善。一是党在农牧区的执政根基更加牢固。拉多乡村民嘎玛曲珍在参加"四讲四爱"活动时发出肺腑之言："感谢共产党，感谢党的好政策让我的病得到了好转，而且过上了幸福生活，共产党的恩情我一辈子也不会忘记，我要坚定一心跟着共产党走，听共产党的话！"二是开展的感党恩教育、知识竞赛、演讲比赛、新旧对比等活动，让全县不同民族自觉维护民族团结的意识更加坚定，拥护中国共产党的领导更加坚决，对美好生活的信心更加充分，争做"神圣国土守护者、幸福家园建设者"的行动更加自觉。"四讲四爱"群众教育实践活动深入开展以来，朗县各族干部群众在思想上更加自觉地加强民族团结、行动上更加自觉地建设美丽西藏，加深了对"三个离不开""团结稳定是福，分裂动乱是祸"的认识和理解，达成了"唯有民族团结常在，才能幸福之花不败"的共识。三是群众增收致富奔小康的理念更加统一。朗县通过"为祖国点赞、同宪法合影"、"美丽乡村清洁行动"、重温入党誓词等活动，更加坚定了全县各族人民全面建成"民族团结、文明和谐、安居乐业、家园秀美、保障有力"的小康社会的决心，实现"国家富强、民族振兴、人民幸福"中国梦的意志，长期以来形成的

"等靠要"思想明显改善。①

三、朗县经验：代内代际双重
阻断与人力资本提升

受经济发展和社会进步的影响，贫困这一概念的内涵正在逐步扩大，公众对贫困的关注逐步从绝对贫困转向相对贫困。贫困不再只是人们通常想到的吃、穿、住和基本必需品的缺乏，而是个人发展所必需的最基本的机会和选择权利的受限，是个体享受体面生活和自觉、自由机会的缺失。从贫困概念内涵的演变发展过程来看，反贫困工作由浅入深的核心在于贫困地区整体人力资本的提升和贫困家庭及个人可持续发展能力的培养，反贫困工作的关键在于做"人的工作"。一个地区的人力资本水平集中体现在劳动者身上所凝聚资本的高低，包括区域内劳动力的身体健康状况、文化技术水平以及知识技能等。在经济增长过程中，人力资本发挥着极其重要的作用，甚至可以说人力资本的积累和增加，对经济增长与社会发展的贡献远比单纯地增加资金投入要重要得多。因此，提高对区域内人力资本投资的好处是显而易见的，也是最根本的，一个地区只有在其人力资源得到充分开发和有效管理的基础上，才能真正实现其经济文化可持续发展。从人力资本对于社会发展的重要性出发，在脱贫攻坚工作开展过程中，贫困地区人力资本质量的提升应该成为反贫困工作的一个核心内容。只有高度重视精神扶贫、智力扶贫、教育扶贫工作，切实采取各项措施实现贫困地区人力资本数量和质量的提升，才是决胜脱贫攻坚、保证脱贫

---

① 林芝市"四讲四爱"办：《让宣讲如春雨般滋润各族干部群众的心灵》，2018年11月19日。

成效可持续的核心要义。

（一）从贫困代际传递到人力资本提升

1. 贫困与贫困的代际传递

在有关贫困发生原因的探索研究中，贫困代际传递问题引发了研究者和实践工作者的广泛关注。美国社会学家刘易斯最早在其著作《五个家庭：墨西哥贫困文化案例研究》中提出"贫困代际传递"这一概念，在此之后被广泛应用于贫困与发展相关的各类话题之中。据刘易斯的观点，"贫困代际传递"就是由父代通过家庭内部关系以及各类家庭活动传递给子代，子女在成年后大概率上会经历与父母相同的境遇——继承父辈的贫困和不利因素，并将这些贫困因素继续传递给下一代的一种恶性遗传链。也就是说，刘易斯所提出的贫困代际传递指出的是在一定的阶层或区域范围内，贫困以及与引发贫困有关的一些因素和条件在纵向的更替和迭代之间实现了遗传，子代不断重复着父代的贫困境遇这一现实①。我国自古以来是一个重视家庭伦理和孝道的国家，个人与家庭之间的血脉联系牢固且深切，个体发展轨迹和个人的命运前途镶嵌于家族谱系的传承与发展中。朗县作为一个深度贫困县，长久以来经济发展水平低、本土资源利用率低、对教育重视不够，导致文盲和半文盲比例居高不下，贫困境况在这样一种闭塞的环境不断被再发生、再生产、再循环。反过来，较为低下的受教育程度导致贫困人口缺乏自我超越的信念，在不断发展变迁的社会中表现出竞争力不足和难以适应的状态，由此导致贫困状态在贫困地区以及贫困家庭代际传递过程中得以延续和扩散。发展乏力的社会经济文化和竞争力不足的人力资本水平，两者之间相互影响和转化，最终使

---

① 参见［美］奥斯卡·刘易斯：《五个家庭：墨西哥贫困文化案例研究》，丘延亮译，巨流图书公司 2004 年版。

贫困地区和贫困人口陷入一种难以摆脱的深度的、持续的贫困境况中。

2. 贫困代际传递的衍生逻辑与影响因素

贫困代际传递是一个长期的、客观存在的现象，也是制约贫困地区社会经济可持续发展的重要原因，阻断贫困代际传递至关重要的是深入透析贫困代际传递的影响因素。贫困代际传递问题涉及人口、营养健康、生活环境、政治因素、经济因素、文化因素、心理因素、社会因素等多个方面。事实上，贫困代际传递现象通常是由多个因素综合作用的结果，贫困家庭由于其经济、健康或环境的某一个或多个因素导致其陷入贫困，随之引发了个体生存其他资源的紧缺，最后各种因素之间相互交织和强化，使贫困状况得以延续。具体来讲，贫困代际传递影响因素指标主要涵盖了就业机会、医疗保险状况和教育状况、经济收入状况、社会资源状况、子女的职业及技能状况等多个方面，要彻底解决贫困代际传递问题就要从上述因素指标入手，弄清楚不同因素在现实情境中的具体衍生机制，只有把握了不同因素引发贫困代际传递现象的衍生逻辑，才能从根本上解决贫困代际传递问题。

如前所述，自古以来中国的家庭伦理将个人的生活与发展同整个家庭甚至家族的发展紧密联系在一起，即使是在人口加速流动和观念加速转变的今天，家庭伦理依然深刻影响着绝大多数中国人的家庭实践。家庭的延续和家族的壮大是个人的重要使命这种观念仍根深蒂固，家庭代际传承是许多农民生活奋斗的重要责任和目标，这种现象在农村地区尤其盛行。贫困代际传递的衍生逻辑可分别从经济层面（如经济增长、产业结构）、教育层面（如教育财政投资因素、教育师资供给因素）、社会层面（如医疗卫生资源供给保障因素、最低生活民生支出保障、最低生活民生支出保障）以及生态保护因素等进行剖析。从阻断贫困代际传递这个角度而言，教育因素在其中发挥的作用已经被反复验证，具体来讲教育层面主要从教育财政投资和教育师资供给两个角度产生作用。教育财政投资方面衍生逻辑可以简单归纳为"农村基础教育投资不足→人力资本积累水平低→就业竞争力低→收入水平低→贫困代际传递"；教育师资供给方面衍生逻辑可以简单归纳为"贫困地区经济发展欠发达→师资力量供给不充分→较低的人力资本水平→较低的收入水平→贫困代际传递"；教育投资、教育师资供给、劳动力就业素质与文化素质等不同因素在贫困代际传递现象中具有不同的衍生逻辑。因此，要从根源上解决贫困代际传递现象，就必须在把握不同因素的衍生逻辑的基础上，有针对性地提出相应的对策和措施。

（二）代内贫困阻断：融入市场，培固就业意识与能力

经济欠发达说到底是产业的缺失，是高素质就业人员的缺失，是规模经济的缺失。就业扶贫即是在就业帮扶的基础上，发展一批产业，完善一批产业链，最终促进当地经济形成良性的循环发展。朗县根据"一户一套帮扶措施、一户一个脱贫计划、一户一本台账"的具体要求，开展工作时应因地制宜、因户施策，在尊重贫困户发展意愿的前提下去落实帮扶发展项目，根据"缺什么补什么"的原则来安排产业发展项目。通过土地流转、订单种养、吸收就业、入股分红等模式来带动贫困户就业增收。还可以依托一些农牧业龙头企业完善"龙头企业+产业链+贫困户"扶贫模式，使当地的产业升级完成转型。朗县的脱贫攻坚实践也清晰表明，就业扶贫可以为当地的产业发展提供源源不断的动力，为适应经济的发展提供优质的就业人员。作为"三位一体"之一的就业扶贫，将成为贫困地区断穷根最为直接的、最能显著地看到其发展效果的一种方式。

就业技能培训是一项涉及方面广、涵盖领域全且长期的、复杂的

系统工程，只有整合相关政府部门、培训提供者、贫困户个人和其他方面等各方面的力量，形成发展合力，才能探索出精准扶贫路上农村弱势群体职业培训的新思路新方法，推进其顺利进行。从政府部门层面来说：一是出台法律法规，加强制度建设。政府应完善扶贫相关法律，如农业技术推广、农村教育法律法规、《农业法》、《中华人民共和国农业技术推广法》的相关条例、《教育法》、《职业教育法》等，保障教育实施。二是强化制度建设，提升制度规范性。政府建立教育培训质量的认定管理制度；构建奖励制度，对符合专业生产技术要求的农村弱势群体进行资金奖励，将事前补贴转变为事后补贴；完善监督制度，定期检查职业教育培训的工作进程，制定适宜的考核标准，促进职业教育各个相关部门工作的协调发展。三是优化顶层设计，做好统筹规划。发挥政府在农村弱势群体职业教育过程中的领导作用，从发展策略制定、贫困人口建档立卡、财政专项奖励机制设立等多方面进行统筹规划和设计，为促进职业培训的发展提供内生动力。从培训提供者层面来说：培训提供者积极参与农村弱势群体职业培训对提高农村弱势群体素质、转化农村剩余劳动力为可利用的人力资源、填补公司发展中的劳动力缺口、推动精准扶贫工作发展有着重大意义。因此，培训提供者应在增强社会责任、关注扶贫发展的基础上，打造专业技术员队伍，为脱贫攻坚提供智力保障。利用自身的技术优势，发展创新产业；促使培训内容和培训过程的推进与生产实践相结合、与科技进步相匹配。在开发培训工种的同时，也要更新培训方式。采取个性培训、差异化分类培训等方式，使技能培训具有针对性和有效性，培养出适应农村发展的劳动就业技能。此外，还要注意总结培训经验，提升培训效果，劳动技能培训内容应该涵盖农村贫困群体耳熟能详的成功案例，并对成功案例进行详细诠释和分析，强调技能发展的重要性，使贫困群体的学习热情得到激发。

（三）代际贫困阻断：融入政策，提升文化素质与思想

1. 基础教育是人力资本提升的重要砝码

随着扶贫攻坚实践的逐渐深入，人们关于教育对扶贫的重要作用有了更为深刻的认识，教育对贫困代际传递现象的阻断作用也开始引起人们的重视。教育扶贫政策是教育政策的深入，相对于一般的教育政策而言，有其自身的显著特征。教育扶贫作用更加凸显。以往的教育政策措施更多的是关注受教育群体发展的共性问题，注重发展的全面性和均衡性。而在扶贫领域中受教育水平较差是贫困的主要特点之一。一个地区的教育程度和贫困之间具有高度相关性，教育普及程度越高，贫困人口比例则相对越低，经济发展水平较高的地区受教育水平也较高；反之，受教育程度低的地区经济发展状况也较差，贫困人口比例也相对较高。从朗县教育扶贫的做法和经验来看，由于过去人力资本存量严重不足，导致平均受教育年限偏低，接受高等教育人口较少。通过教育扶贫，提升了居民平均受教育水平，不仅有效地解决了贫困群体的深度贫困问题，也带动了当地经济和产业的发展。贫困地区通过落实教育扶贫各项举措，让教育水平发展明显滞后的地区普遍接受到义务制教育的福利，让以往没有太高文化水平的农村人口通过职业教育补齐文化短板，逐步消除制约地区经济发展的障碍因素，是当前扶贫攻坚极其紧迫的任务。因此，教育扶贫不仅担负着提升当地人力资本总量的功能，也是促进当地经济发展的最为重要的工作，因为人才是发展的动力所在，是创新的主体所在，是发展的基石所在。

提升农村人口基础文化水平的教育体系包括学前教育、义务教育、普通高中教育以及中等职业学校教育等。强化基础教育的投入，是最为直接地阻断贫困代际传递的手段。政府、社会和贫困群体形成

合力，有效为贫困区域补短板，让基础教育成为脱贫攻坚的重要砝码。一是实施资金精准资助。政府针对已经建档登记的贫困家庭子女，从政策上给予资金帮助。为学前教育学生减免了部分保育费，并且提高了相应补助补贴。免除了九年义务教育学生的书本费、学杂费，并提供了基本生活补助给寄宿生。而在普通高中阶段，免学费，且提供生活补助。完善中职、高校的贫困学生奖学金、助学贷款制度，为贫困家庭学生提供校内公益岗位的工作机会等。二是改善基本办学条件。按照"缺什么补什么"的原则，对一批陈旧、建造水平不达标的教学楼、宿舍、操场、食堂等生活学习用房进行新建和改造。购置新的教学设备、学生用床、餐桌凳等，完善硬件设施的配备。提高教学条件和寄宿生生活水平。改善各个学校信息化建设、文化建设、卫生条件及饮水安全，力争实现县域内教育水平的均衡发展。三是提高教育软实力。一方面，利用"特岗教师计划"、"免费师范生引进计划"、巡回支教志愿者招募等政策积极招聘引进教师；另一方面，应加强对乡村中小学校长、教师、幼儿园教师的培训，诸如"国培计划"、"省培计划"和社会公益组织培训等方式；再一方面，要改善乡村教师的待遇，为提升贫困地区教育软实力添砖加瓦。四是引入社会力量和贫困群体支持。除了政府的政策支持外，社会力量、非政府机构、企业等各种形式的组织在扶贫工作中应起到重要的支持作用。社会组织一般可采用与政府合作的形式积极地参与到扶贫工作中来，在技能培训、医疗卫生、信息交流等方面可承担具体工作。企业利用自己的专业优势，在对口的职业技能培训工作中能起到重要作用，另外在求职就业方面也可推出许多有针对性的措施，在扶贫工作中发挥着巨大作用。此外，贫困群体也应自立自强，主动对接各项扶贫政策和扶贫资助，密切少数民族教育扶贫政策和西部地区教育扶贫政策等，树立自我脱贫的强烈愿望和思想观念。

2. 思想转变是人力资本提升的根本动力

群众思想观念封闭落后是深度贫困地区发展和转变的一个突出短板，也是脱贫攻坚工作过程中最难啃的"硬骨头"。首先，因为一个地区的群众的思想观念的形成是在长期的生产生活条件、人际交往环境中逐步生成和塑造的，这就意味着原有的落后封闭的思想观念在人们的精神上已经根深蒂固，思想观念的转变是伴随着生产生活条件、居住环境的改变而逐步发生缓慢的改变；其次，思想观念的形成和发展是一个隐性的过程，也是受诸多因素共同作用的影响而形成的，因此，思想观念的改变是一项艰巨且长期的工作，即使是在投入大量人力物力和精力的情况下，也难以在短时间内获得巨大的改变和提升。贫困人口思想观念的转变是一项艰巨且长期的工作，但从另一个角度而言，只有实现群众落后的思想观念的转变，才能为脱贫攻坚和乡村发展提供源源不断的内生动力。只有彻底消除"等靠要"的思想观念，从"要我脱贫"转变为"我要脱贫"，才是精准扶贫的核心要义。因此，贫困人口思想观念转变和个体自主性的激发与培育，不仅是近期发展的现实需要，更是立足长远可持续发展的根本动力。

由于长期"等靠要"思想的束缚，很多贫困人口很少主动要求接受教育、主动寻求政策支持、主动脱贫，通过教育脱贫和就业脱贫的意识淡薄。与此同时，一直以来传统的扶钱扶物式"输血式"扶贫导致了一些贫困户的错误思想，使得贫困家庭父母和子女主动学习、主动脱贫的意识不强，故支撑力量薄弱。由于贫困户主体意识单薄，自我主动脱贫的意识薄弱，那么再精准的扶贫工作和再完善的脱贫机制都无法从根本上解决问题。因此，首先实现精神上的脱贫才能实现长久有效的物质脱贫，只有加强精神上的脱贫意志这个支撑点，才能有效地实行教育脱贫和就业脱贫。朗县的实践经验告诉我们，改造生活的最大力量来自于改造思想，精神层面的贫穷才是真的贫穷。贫困户"等靠要"思想的转变是个人摆脱贫困的关键一步，只有贫困户的主体性充分调动，个人潜能充分激发，才能真正实现贫困地区可持续发展。

（四）人力资本提升是脱贫攻坚固本之计

贫困的代际传递现象从其实质而言，聚焦的是当下精准扶贫工作中面临的深度持续贫困问题。发现和总结深度贫困地区贫困代际传递现象的影响因素和作用机制，是精准扶贫实践工作中的重要内容，也是从源头上拔除穷根、巩固整体脱贫攻坚工作成效的溯源固本之计。精准扶贫应该是既"扶今日"又"扶永久"的，是持续提升贫困户"造血"致富能力的。只有把扶贫同扶志与扶智相结合，才能确保实现永久脱贫，而扶志与扶智相结合的最直接的外在体现就是注重人力资本的提升。人力资本的提升着重强调的是对人本身的帮扶，是在精准脱贫的路径选择上最根本和最有效的方式。从人力资本的组成要素和贫困代际传递的影响因素这两个角度来看，贫困地区教育质量改善、就业能力提升和思想观念革新是人力资本水平提升的主要维度。将基础教育扶贫、高等教育帮扶和职业教育精准脱贫提到更为适切的位置，扭转贫困文化，阻断贫困的代际传递是脱贫攻坚过程中提升人力资本的本质要求。

总体而言，朗县在反贫困工作实践中，以县域内人力资本水平的全面提升为抓手，贯彻落实"智志双扶"激发内生动力的重点布局。朗县政府积极采取了基础教育均衡计划、职业教育富民计划、高等教育人才支持计划，并坚持完善教育、医疗等保障体系。通过教育扶贫、就业扶贫、精神扶贫三管齐下，对县域内基础教育、职业教育、干部群众思想教育等方面进行全方位多层次的布局，为阻断贫困家庭代际传递、提升贫困人口整体人力资本水平进行了广泛而深入的工作。人力资本提升作为脱贫攻坚工作过程中的最为重要的基础，是永远绕不开的话题。而教育、就业和思想转变作为提升人力资本最为关键有效的三个因素，承担着其中主要的功能和作用。只有整合社会上的各方力量，多措并举开展，发挥合力效应，从根本上"用知识培养人才，用技术提升人才，用实践巩固人才"，打造出思想和能力双提升的新农村发展人才，并在经济上形成一定的抗风险能力，才能让农村贫困人口实现高质量脱贫。

第六章

双联动：融合发展格局下的
粤藏携手帮扶

　　根据国家和省对口支援西藏林芝市的工作安排，从 2016 年 7 月起，惠州市负责对林芝市朗县进行对口支援。为进一步做好对口支援工作，根据《广东省人民政府办公厅关于印发广东省对口支援林芝工作方案的通知》的有关要求，广东省惠州市援藏朗县的工作在广东省第八批援藏工作队和朗县县委县政府的正确领导下，在惠州市委市政府和惠州社会各界的大力支持下，以习近平新时代中国特色社会主义思想为指导，全面贯彻党的十九大精神，扎根朗县、服务朗县、发展朗县，全体援藏队员不忘初心，砥砺前行，在项目建设、教育援藏、医疗援藏、交往交融、产业发展等方面取得了一定的成绩。

　　在朗县以脱贫攻坚统揽经济社会发展全局的工作过程中，粤藏扶贫联动逐渐形成多元化"融合式"的合作发展模式。既有研究和实践经验表明，融合式的合作模式具有显著的脱贫成效，这是由于精准融合式干预，不仅能及时优化经营环境，提供生产经营所需的外部条件，同时还能兼顾合作剩余公平合理的分配，保障脱贫目标顺利实现。[1] 有学者将政策融入、帮扶融入、组织融入的融合模式称为"结构性融合"，认为融合式治理相较于整体性治理，之所以能产生更好的效果，是因为融合式治理更加注重"协调"的过程，能对贫困治理的方针策略进行协调，促进扶贫资源下沉，从而提升贫困治理的工

---

① 幸绣程、黄杰龙、王旭、王立群：《收益分配视角下政府嵌入式合作脱贫——以吕梁市岚县合作脱贫为例》，《西北农林科技大学学报（社会科学版）》2019 年第 5 期。

作效率。① 朗县的高质量脱贫也印证了"融合式"发展模式具有一定的优势，且对于朗县而言具有较强的适用性。这种发展模式推动朗县在全面融入国家政策、社会治理的过程中，实现城乡品质内涵提升、民生事业全面发展、产业体系更加完善、人才队伍建设强化，在惠州援藏工作组的助力下，加快了建设"美丽、幸福、文明、法治、和谐"朗县的步伐。

一、粤藏扶贫联动的总体要求及实践导向

援朗工作在严格执行粤藏两省区共同协商确定的双审、双管、双签、双覆盖的"四双"项目管理制度下顺利开展。在前期充分调查研究并精选调整建设项目后，惠州援藏工作组立即组织召开惠州对口支援朗县的"十三五"规划项目任务部署会，成立了由县长为组长的广东省第八批援藏工作队朗县工作组建设项目管理工作领导小组，并按照"四双"管理要求，对所有计划内项目明确以朗县相关职能部门为援藏项目责任单位，且组成以2名援藏干部、2名项目责任单位干部为主体的项目现场管理小组，协调推动援藏项目开展。项目启动后，项目现场管理小组积极工作、主动协调，严格按照《广东省对口援藏项目建设管理监督办法》和《广东省对口援藏项目招投标管理办法》等制度，全力推进项目落地。截至2019年8月，援朗工作组根据《广东省"十三五"对口支援西藏林芝经济社会发展规划》，圆满完成了总投资为1.9383亿元的20个援藏项目（含8个小康村建设项目）的建设，项目完成率100%。

---

① 杨发祥、郭儒鹏：《嵌入、建构与增能：民族地区精准脱贫的实践探索——以贵州省T县为个案》，《江苏行政学院学报》2019年第2期。

（一）以"治国必治边、治边先稳藏"为指导思想

2013 年 3 月，习近平总书记在参加十二届全国人大一次会议西藏代表团审议时，提出了"治国必治边，治边先稳藏"的重要战略思想。在 2015 年 8 月召开的中央第六次西藏工作座谈会上，"治国必治边，治边先稳藏"的重要战略思想被纳入中国共产党"六个必须"①的治藏方略，成为中国共产党治藏方略的关键内容和重要组成部分。

治理国家必须要治理边疆，治理边疆首先要治理西藏，治理西藏首要确保西藏稳定。②以邓小平理论、"三个代表"重要思想、科学发展观为指导，深入贯彻党的十八大和十八届三中、四中、五中、六中全会精神及中央第六次西藏工作座谈会精神，全面落实习近平总书记系列重要讲话精神，切实贯彻创新、和谐、绿色、开放、共享的发展理念，坚持"治国必治边、治边先稳藏"的战略思想，坚持依法治藏、富民兴藏、长期建藏、凝聚人心、夯实基础的基本原则，以促进朗县科学发展与和谐稳定为根本目的，按照以民生援朗为龙头、以产业援朗和智力援朗为两翼的总体思路，进一步加强统筹协调，注重精准帮扶、精准扶贫，突出措施和项目的实用管用、惠民利民，切实

---

① "六个必须"即必须坚持中国共产党领导，坚持社会主义制度，坚持民族区域自治制度；必须坚持治国必治边、治边先稳藏的战略思想，坚持依法治藏、富民兴藏、长期建藏、凝聚人心、夯实基础的重要原则；必须牢牢把握西藏社会的主要矛盾和特殊矛盾，把改善民生、凝聚人心作为经济社会发展的出发点和落脚点，坚持对达赖集团斗争的方针政策不动摇；必须全面正确贯彻党的民族政策和宗教政策，加强民族团结，不断增进各族群众对伟大祖国、中华民族、中华文化、中国共产党、中国特色社会主义的认同；必须把中央关心、全国支援同西藏各族干部群众艰苦奋斗紧密结合起来，在统筹国内国际两个大局中做好西藏工作；必须加强各级党组织和干部人才队伍建设，巩固党在西藏的执政基础。
② 王少明、普布次仁：《论习近平"治国必治边、治边先稳藏"战略思想的科学内涵与重大意义》，《西藏大学学报（社会科学版）》2017 年第 4 期。

解决农牧区群众最关心、最直接、最现实的问题，使朗县群众能够直接受益、广泛受益、持久受益，力求让朗县干部群众有更多的获得感。

（二）援朗工作的"两点、一线"

援朗工作坚持深入贯彻落实国家和省关于对口支援西藏的重大决策部署，紧紧抓住朗县发展和稳定两件大事，以保障和改善民生为出发点和落脚点，以增强朗县自我发展能力为主线，以健全援朗工作机制为保障，以扎实推动朗县民生事业持续改善、产业发展明显增强、生态环境保持优美、民族团结更加巩固为目标，全面推进朗县经济社会各项事业的发展，增强朗县人民的获得感和幸福感。

（三）以"输血"促"造血"的援朗原则

一是科学援朗，长期援朗。按照立足当前、着眼长远、因地制宜、讲求实效的要求，充分尊重朗县实际，科学编制惠州市对口支援计划，充分发挥朗县主体作用，精心组织，分步实施，逐步推进。

二是民生优先，凝聚民心。坚决贯彻"向基层倾斜、向农牧民倾斜"的原则，突出措施和项目的实用管用、惠民利民，重点面向农牧区和贫困人口，重点扶持提升教育、特色产业、就业、生态保护、基层公共服务能力、人才交流水平。

三是注重"造血"，发展产业。推动惠州市的资金、市场、人才、管理等优势与朗县的资源优势等有效结合，积极引导惠州市的优质企业、资本、项目落户朗县。帮扶培育当地特色优势产业，提升产业水平，不断增强朗县自我发展能力。

四是加强交流，促进团结。加强各领域交流平台建设，发挥援藏工作的带动作用，切实促进惠朗两地的交流交往和交融，使援藏工作真正成为连接两地干部群众感情的桥梁纽带。

（四）以支援促合作、以合作促发展的援朗机制

在领导机制上，成立惠州市对口支援林芝市朗县工作领导小组统筹协调日常工作，领导小组办公室设在市发展改革局，由市政府主要领导担任组长，市直有关部门作为成员单位，办公室主任由市发展改革局主要负责人兼任。援朗工作领导小组与朗县建立联席工作会议制度，由两地政府主要领导同志召集，原则上每年召开一次会议，统筹协调和研究部署对口援建重大工作事项。

在互访机制上，惠州市对口支援林芝市朗县工作领导小组办公室加强和广东省援藏援疆办、省援藏前方工作组以及朗县党委、政府的对接；惠州市对口支援林芝市朗县工作领导小组各成员单位，也加强和省对口部门以及朗县对口部门的衔接沟通，尤其注重与朗县对口部门建立常态化的业务联系，深入了解朗县发展需求，帮助朗县做好专项规划编制、技术援助、人才培训、招商引资、开拓市场等工作，组织开展本部门、本行业的对口援助工作。

在援建方式上，对口支援工作注重输血和造血结合，充分发挥市场在资源配置中的决定性作用，紧密联系朗县的实际，找准朗县发展需求与惠州市优势的结合点，因地制宜，注重实效，在教育、特色产业、就业、生态保护、基层公共服务能力、人才交流等领域重点给予援助。推动惠州市经济实力较强的县区与朗县乡镇建立帮扶关系，其中惠城区帮扶登木乡、惠阳区帮扶朗镇、惠东县帮扶金东乡、博罗县帮扶拉多乡、大亚湾开发区帮扶仲达镇、仲恺高新区帮扶洞嘎镇。鼓励支持惠州市各有关单位，发挥部门的比较优势，发扬首创精神，主动对接支援朗县。

在监督机制上，惠州市对口支援林芝市朗县工作领导小组各成员单位，以广东省惠州市对口支援林芝工作方案为指导，结合本部门业

务优势，找出朗县发展短板，提出对口支援的有力措施，制订相应的工作方案，并报惠州市对口支援林芝市朗县工作领导小组办公室。从2017年起，惠州市对口支援林芝市朗县工作领导小组各成员单位，每半年总结梳理本单位对口支援工作情况，并由惠州市对口支援林芝市朗县工作领导小组办公室综合汇总后报林芝市委、市政府。

在立体宣传上，充分利用网络、报纸、电视、电台等各类媒体宣传报道对口支援工作，传递对口支援朗县的正能量。鼓励有能力、有愿望的企业和社会力量参与到结对帮扶和交流合作中来，加强社会资金、资源的筹集力度，建立健全社会帮扶服务网络，让个人、企业、社会团体能够及时了解朗县的需要，主动伸出援助之手。

二、对口支援"四个提升"助推朗县脱贫攻坚

惠州市援朗工作组进藏以来，援朗工作在西藏自治区委、林芝市委、朗县县委的正确领导下，在省第八批援藏队的关心与指导下，以惠州市委、市政府和惠州人民为强大的援建后盾迅速展开，主动融入朗县大局，以习近平新时代中国特色社会主义思想为指导，全面贯彻党的十九大精神，不忘初心，砥砺前行，以积极实施"城乡建设提升战略""民生事业提升战略""特色产业提升战略""智力人才提升战略"为工作抓手，在项目建设、教育援藏、医疗援藏、智力援藏、产业发展等方面亮点频频。

（一）城乡建设提升：品质提升与特色塑造

为贯彻习近平总书记治边稳藏重要战略思想，工作组划拨30万元在朗县金东边境乡建立国门教育讲习所爱国教育基地，并协调10

名朗县县委领导、边防派出所主要领导和老党员、老干部出任客座讲师，开展既生动又严肃的国防教育和党性教育，增强学员爱国爱党、守边固土的意识；大力支持乡镇基层党组织标准化建设，8 个小康村项目均加入村级组织活动场所要素。惠州援藏工作组助力朗县政府，始终坚持以人为本，切实保障公民基本权利，在此基础上进行品质提升和特色塑造，以提升人民群众生活水平和生活质量。

1. 稳抓援藏脱贫机遇，精准发力补短板

惠州援朗工作过程中始终坚持以改善朗县农牧民的生产生活条件为抓手，加大基础设施补短板的力度。《广东省"十三五"对口支援西藏林芝经济社会发展规划》中计划安排援朗项目 15 个，总投资 2.6906 亿元。列入 2017 年的 5 个项目总投资为 1.4951 亿元，2017 年应完成投资为 5875 万元，实际完成投资为 6588 万元，占年度投资的 112%，超额完成年度建设任务。2018 年度援藏项目 9 个，总投资为 1.1786 亿元。各类基础设施的不断完善和产业发展项目、社会事业项目、生态环境建设项目的援建将大大改善朗县农牧民的生产生活条件。此外，惠州援藏工作组顺利推进"四个一"民生工程等计划外援建项目。其中，为解决仲达镇、金东乡群众生活用水困难和县城医院供氧困难的问题，在惠州市委、市政府的大力支持下，为朗县援建了仲达镇自来水工程和金东乡自来水工程、朗县制氧站工程。

2. 有效利用援藏资金，塑造朗县新形象

援朗工作注重以助推旅游发展为契机，提升文化内涵与实现品质管理并举。为促进当地旅游业的发展，朗县在城市发展总体规划中，提出了朗县旅游业发展的目标是"大力搞好旅游资源的开发和保护，加强旅游产业体系建设健全'食、住、行、游、购、娱'六大功能，将朗县建设成为以园林城为载体，以历史文化为内涵，以雅鲁藏布江

文化为特色的旅游胜地，实现旅游业和社会经济发展的协调，逐步把旅游业培育成为朗县国民经济重要的支柱产业"。为实现这一目标，工作组抓重点、树龙头，以点带面，挖掘内涵，将潜在旅游资源化为现实旅游产品，推出具有吸引力的专项旅游产品，努力提高旅游资源的利用率。比如，惠州市计划外投资 200 万元，打造朗县冲康庄园及千年核桃园一体化 AAA 级景区建设项目，援建内容包括冲康庄园及千年核桃园升级改造工程，主要涉及冲康庄园陈列布展整改及修缮、千年核桃园升级改造、冲康庄园林卡恢复等内容，该项目的开展有效提升了"人文朗县"和"朗县千年核桃"的品牌形象，成为朗县旅游的一张新名片；又如，朗县巴尔曲德寺藏香技艺传习所的建设，可以深入挖掘雅鲁藏布江文化内涵，提高文化资源的利用率，提升朗县城市旅游业的文化内涵和品位，丰富旅游内容。

（二）民生事业提升：社会公平公正的"试金石"

按照抓重点、补短板、强弱项的要求，惠州和朗县围绕农牧民群众最关心最直接最现实的利益问题，一件事情接着一件事情办，一年接着一年干，持续提升民生福祉，建设生活富裕乡村，切实让农牧民感受到物质与精神富裕。

1. 文教事业"动态"帮扶，共筑希望梦

朗县工作组注重将"结对帮扶""志愿支教""教育爱心捐赠"作为教育援藏的重要抓手持续发力。援藏工作不拘泥于计划内项目，在落实各项政策的同时，根据朗县的实际情况，动态规划计划外项目，不断取得新的成果。

深入挖潜多措并举开展计划内教育援藏。一是制定出台政策，强化教育援藏工作指导。2017 年 2 月，经多方努力协调，惠州市教育局向市直学校及各县（区）下发了《关于做好对口支援西藏朗县教

育援藏工作的指导意见》，出台教育援藏工作方案，整体规划援藏思路，确定目标任务，加速推进了双方教育援藏工作的交流与合作。二是全面落实结对帮扶，为深入开展教育援藏工作奠定坚实的基础。精心挑选了 11 所惠州市优质中小学（幼儿园）与朗县 9 所中小学（幼儿园）建立结对帮扶关系，惠州学校充分利用自身优质教育资源和社会资源平台，帮助朗县结对学校进一步完善软硬件基础设施，提高学校管理水平，提升师资队伍整体素质，全面帮扶提升朗县教育教学质量；积极沟通协调，促成惠州学院与西藏朗县政府结成粤藏校地共建教育援藏帮扶对子，2017 年 9 月 20 日，惠州学院精心挑选的首批 12 名优秀大学生，在该学院领导、老师的带领下，来到西藏朗县开展为期一个学期的志愿支教实习活动。三是大力开展送教、送培到县活动，将朗县教师和教育管理干部纳入惠州市教师职业教育培训范畴。积极邀请广东省名师、专家教授团赴朗县开展教师高端培训与研讨活动，提高朗县教育教学水平；组织朗县教育行政管理干部和骨干教师 8 批次 57 人，到广东、湖南等地参加教育调研、学习培训、校际交流，其中，2016 年 12 月 24 日至 2017 年 1 月 2 日，组织朗县县委常委、分管教育副县长带队的朗县教育管理干部一行 9 人到惠州市学习交流；2017 年 11 月 12 日至 24 日，组织朗县小学骨干教师一行 11 人到惠州市优秀学校跟岗学习。四是积极开展志愿支教活动。来自惠州的优秀教师在朗县开展教学帮扶支教活动，2018 年，惠州市各结对帮扶学校继续派出 12 名优秀教师到朗县中小学、幼儿园等开展帮扶支教，2016—2019 年惠州市各结对帮扶学校共派出 12 批次 70 名优秀教师到朗县中小学、幼儿园等开展帮扶支教，并协调惠州学院落实"粤藏校地共建大学生思想政治教育实践基地"的要求，安排第二、三批共 28 名品学兼优的大学生相继赴朗支教。

与此同时，经援朗工作组多方努力协调，在"十三五"援藏规划外设立惠州援藏"鹅翔"教育基金。工作组积极争取惠州市财政每年出资 43.49 万元设立"鹅翔"教育奖励基金，对朗县籍新考取的大学生、考入西藏班学生、教育教学质量优秀的学校和个人进行奖励，对困难教师和困难学生进行慰问帮扶，2019 年 8 月已奖励学生 303 人，教师 99 人，教学质量优秀学校 9 所，慰问贫困学生 20 人，教师 854 人，发放奖教学金 86.98 万元。通过工作组和朗县教育系统的共同努力，朗县高分通过国家义务教育均衡发展督导评估验收，使朗县教育事业迈上了一个新的台阶。

同时，工作组还将爱心捐赠活动作为教育援藏的重要补充，积极协调和动员惠州学校和企业开展爱心捐赠活动。截至 2019 年，惠州教育系统已向朗县各学校，包括幼儿园在内捐赠了图书资料、办公电脑、校园文化建设硬件设施及生活用品等共计价值约 50 万元；动员爱心企业家向林芝市福利院和朗县朗镇小学捐赠生活用品和学习用品共计价值 10 余万元。

2. "传帮带"支援医疗建设，共筑健康梦

医疗援藏作为提高藏民生活品质最直接的援藏扶贫行动，一直受到惠州援藏工作组的高度重视，工作组进驻朗县以来，克服各种困难，深入推进，精心组织医疗援藏，重笔填补朗县卫生系统多项空白，取得了阶段性成果。

经惠州援藏工作组多方协调，2017 年 11 月 4 日，惠州市卫计局、惠州市中心人民医院与朗县卫生服务中心签订了《惠州市中心人民医院帮扶西藏林芝市朗县卫生服务中心框架协议》和《惠州市中心人民医院与朗县卫生服务中心远程医疗框架协议》。根据协议，惠州市中心人民医院将根据朗县卫生服务中心的需求，在临床业务、医院管理、学科建设、人才培养、远程医疗等方面深化帮扶工作，大力提升朗县卫生服务中心服务能力与医疗技术水平，推动朗县卫生服务中心迈上发展新台阶。

创新医疗援藏模式打造惠州医疗援藏新品牌。国家卫生部确定一

所三甲医院对口帮扶一所西藏医院的计划后，惠州援藏工作组了解到因对口支援市更换，原确定对口帮扶朗县卫生服务中心的福州市第一人民医院支援工作出现断档。惠州援藏工作组积极争取到惠州市委市政府的大力支持，聚全市之力"出钱出人出物"对朗县卫生服务中心进行对口帮扶。一是在全市医疗卫生系统精选了8名专家组成了惠州市第一批援藏医疗队派驻朗县，还邀请到年过60岁的惠州市妇科专家吴凤鸣主任前往朗县义务志愿服务。医疗队进驻朗县后，立即全方位投入创"二乙"工作，极大地解决了朗县卫生服务中心技术力量薄弱的问题，医院医疗水平大步提升，开展了无痛分娩、无痛清宫、无痛胃镜等多类朗县医疗技术革新，填补了朗县医疗技术空白，成功完成了朗县宫外孕破裂失血性休克抢救等多场次朗县首例手术。二是针对卫生服务中心手术室硬件条件不达标的实际情况，惠州援藏工作组争取惠州市政府投资150万元，对CT室、手术室进行改造完善，还积极争取惠州市投资300万元支援朗县朗镇建设卫生院药用房，2017年12月，朗县卫生服务中心以高标准通过自治区组织的"二级乙等综合医院"评审验收。三是充分拓展医疗援藏渠道，在派驻朗县医疗队的基础上，协调惠州市第一人民医院与朗县卫生服务中心签订了《惠州市中心人民医院与朗县卫生服务中心远程医疗框架协议》和《惠州市中心人民医院帮扶西藏林芝市朗县卫生服务中心框架协议》，由惠州市中心人民医院在医院管理、学科建设、人才培养、持续发展等方面深化帮扶工作，以提高朗县卫生服务中心服务水平和服务能力，让朗县卫生服务中心的发展迈上一个新的台阶。随着惠州医疗援朗工作的不断深入，朗县卫生服务中心的诊疗水平得到明显提升，2017年11月1日顺利通过"二乙"医院终审。当前，朗县卫生服务中心接诊人数大幅增加，还吸引了加查县等周边地区患者前来朗县就诊，使惠州医疗援藏成为一块远近闻名的品牌。

"传帮带"的医疗援藏模式提高了朗县卫生服务中心医疗水平。

惠州援藏工作组积极协调惠州市卫计局，先后采取"四帮一"和"二帮一"的医疗援藏模式，即由惠州市中心人民医院、惠州市仲恺人民医院、惠州市惠东县人民医院、惠州市第二妇幼保健院四个医院派出第一批医疗队帮扶朗县卫生服务中心，由惠州市中心人民医院和惠州市第一妇幼保健院两个医院派出第二批医疗队帮扶朗县卫生服务中心。2018年3月，第二批援藏医疗队7名医疗专家与第一批援藏医疗队8名医疗专家顺利完成交接，进驻朗县卫生服务中心开展医疗援助工作。到2019年，援藏医疗队在朗县卫生服务中心的门诊、急诊接诊量超过2100人次，成功实施各类手术146台次，成功抢救疑难危重病例34例，结束了惠州援朗以前常年不能开展手术的历史。

2018年9月，在惠州援藏工作组的协调下，惠州市红十字会组织医疗队、深圳狮子会、惠州市第三人民医院和惠州市第二妇幼保健院多次到朗县开展"光明朗县，人道复明"行动。志愿活动为前来就诊的1300多名眼疾患者进行义诊，并对确诊的一百余名白内障患者和翼状胬肉患者免费实施了复明手术，手术成功率达100%。朗县卫生服务中心诊疗水平的大幅度提高以及惠州医疗援藏力度的不断加大，不仅打响了"惠州医疗援藏"的金字招牌，还不断吸引山南加查县等周边县区患者前来就诊。

（三）特色产业提升：增"颜值"添"气质"

惠州援藏工作组紧紧围绕朗县县委县政府确定的朗县发展四大特色产业持续用力，助推朗县四大特色产业快速发展。惠州援藏工作组争取惠州市政府确定每年投入46.2万元资金扶持发展朗县特色产业。

1. 招商引资，推动产品走出西藏

惠州援藏工作组2016—2019年先后组织多次大型招商推介及商

贸洽谈展会，有效向外界展示了"文化朗县、人杰地灵"的良好形象。朗县商务局、文化局、农牧局和苏卡药香农牧民合作社、朗顿红农牧民合作社等企业携朗县特色农牧产品和手工艺制品参加2017年南国书香节暨第七届惠州书展、2017年第五届惠州市现代农业博览会、广州第三十届西藏林芝投资贸易洽谈会暨西藏林芝招商引资推介会、第二十一届中国（重庆）国际投资暨全球采购会、2018年西藏林芝·广东招商引资推介会（惠州站·朗县专场）等推动了朗县农牧特色产品走出西藏、销往国内外不同市场，助推了朗县特色产业的长远发展。

2016—2019年，持续不断的招商引资活动帮助朗县签约35个项目，引进资金3.9274亿元，解决就业590多人。2018年西藏林芝·广东招商引资推介会（惠州站·朗县专场）确定签约投资项目20个，投资总额达9.2亿元，投资意向明确项目5个，投资总额1.8亿元。据不完全统计，三年进朗县旅游观光人次达54.35万人；农牧特色产业得到快速发展，农牧特色产品销量增加20%以上。

2. 借势发力，依托惠州完善产业服务体系

通过惠州援藏工作组的大力支持，朗县逐步构建了较为完善的产业服务体系。一是帮助朗县建设完善特色农产品流通体系。首先，提升朗县特色农产品的知名度，充分利用"惠货全国行"、惠州现代农业博览会等惠州市商贸平台的影响力，宣传推广朗县特色农产品；其次，拓宽朗县农产品销售渠道，依托惠州广电"惠万家"微商城、惠州名优特产超市、惠州市农业科技服务超市等农产品电子商务营销网络，打通农产品销售渠道；再次，将朗县农产品的宣传常态化，利用惠州农业信息网和《惠州农业信息》等信息平台，对朗县农产品进行常态化宣传；最后，实现惠州朗县的全方位合作，组织惠州市农业商（协）会、农业企业家赴朗县考察，促进两地农业企业在产销研等方面实现全方位合作交流。二是帮助朗县建设完善旅游公共服务

体系。协助朗县制定区域及重点景区旅游发展规划，同步开展导游援藏工作，协调安排援藏导游员进藏工作，逐步推行导游援藏工作市场化运作机制。

（四）智力人才提升：增强朗县"软实力"

惠州援藏工作组积极实践"走出去"和"请进来"的智力援藏工作新模式，加大对朗县干部人才的培养力度，提升朗县干部技术人才素质，促进朗县经济和各项社会事业发展。同时，通过多种培训学习途径，加强了汉藏文化交流，巩固加深了粤藏、惠朗两地民族友谊。

1. "走出去"学习先进经验

将朗县干部人才培训纳入惠州全市培训体系。由于朗县信息相对闭塞，随着朗县经济社会快速发展，人才和技术的短板问题凸显。惠州市计划外拨付专项援藏资金，将朗县干部人才培训纳入全市培训体系，将朗县作为惠州市辖县一并安排。

惠州市委组织部制定了《惠州市对口支援西藏朗县干部培训工作方案》，组织朗县干部"走出去"。2016—2017 年共派 31 名干部到惠州挂职锻炼、跟班学习和参加学习培训班，2018 年积极组织朗县干部 13 批次 130 人"走出去"，2019 年组织朗县党政干部培训人数上升至 25 批次 199 人。派部分干部到惠州市政府和县区政府进行跟班学习、挂职锻炼以及到相关单位考察交流等，部分到惠州、深圳等地参加惠州市委组织部组织的中青班、妇干班、文秘综合能力提升班、创新竞争力培训班等多种类别的培训班学习。此外，针对教育系统，组织朗县教育行政管理干部和骨干教师，到广东、湖南等地参加教育调研、学习培训、校际交流；针对医疗系统，组织朗县医疗行政管理干部和青年骨干医生到惠州市中心人民医院、中心人民医院博罗分院等地跟班学习。随着人才培训的持续推进，必将有效开阔朗县党政干部的视野，提高各类技术人才的能力素质。

2. "请进来"传授发展思路

援藏工作在重视"走出去"的同时，也注重发展"请进来"的人才提升路径。惠州市各个职能部门陆续赴朗县交往交流，和朗县干部一起共商发展思路，为朗县发展出谋划策。"请进来"包括惠州市党政代表团，惠州市发改局、财政局、教育局、水务局、旅游局、农业局、卫计局、商务局等职能部门，惠州市旅游协会、惠州电台旅游考察团，惠州市大亚湾教育系统，惠阳区委、区政府、区人大、区政协、区纪委、区委组织部、区检察院和区直部门等单位的各类考察团来朗县检查指导。

与"走出去"相结合的"请进来"，推动开阔智力援藏新模式和提高朗县干部职工的视野和能力素质，为朗县发展提供了有力的智力支撑。2016—2017年"请进来"各类考察团共计18批次120余人，2018年16批次155人，2019年41批次366人来朗县检查指导，为朗县发展出谋划策，还达成了包括人才交流、远程诊疗、精准扶贫等多个方面的对口帮扶协议。另外，积极协调邀请广东省名师、专家教授团赴朗县开展教师高端培训与研讨活动，帮助朗县教育系统开阔眼界，提高教育教学水平。

惠州援藏工作组广泛组织人才交流培训，大幅提升朗县干部职工能力素质。通过惠州市各政府部门以及各县（区）考察团赴朗进行的深入调研指导、交流交往活动，有效开阔了朗县干部职工的视野，提高了干部职工的能力素质，为朗县发展提供了有力的智力支撑。日趋频繁的交往交流考察，在传播珠三角地区先进理念，增进文化交流的同时，也使粤藏友谊得到了进一步巩固和加深。

三、粤藏扶贫联动：多元化的"融合式"合作发展

2019 年是全国对口支援西藏工作 25 周年。按照中央的统一部署，从 1994 年中央第三次西藏工作座谈会起，全国各地都高度重视援藏工作。一直以来，惠州把朗县当作兄弟对待，形成了以干部人才援藏为引领，以民生援藏为龙头，以产业援藏、智力援藏为两翼，以粤藏经贸交流为手段，以促进双方互利共赢、共同发展为目标的援藏工作新格局，使朗县的发展真正融入国家、社会和群众中。

（一）融入国家：认清援藏新形势，进一步统一思想提高认识

2010 年中央第五次西藏工作座谈会以来，对口援藏工作形势发生了新的变化，中央制定了一系列支持西藏经济社会发展的特殊优惠政策，加大了扶持力度，对援藏工作也提出了新的任务和要求，如确定了"1%援藏资金"政策等等。援藏资金量随之大幅增加，援藏项目数量更多、规模更大，援藏项目类别、方向和工作方式也要随之发生改变。习近平总书记在参加十二届全国人大一次会议西藏代表团审议时，提出"治国必治边，治边先稳藏"的重要战略思想，再次强调西藏工作在党和国家工作全局中的重要地位，也把援藏工作提升到了新的战略高度。

高举中国特色社会主义伟大旗帜，坚持以习近平新时代中国特色社会主义思想为指导，深入贯彻党的十九大和十九届二中、三中全会精神、中央第六次西藏工作座谈会精神，贯彻落实习近平总书记关于治边稳藏的重要论述和加强民族团结、建设美丽西藏的重要指示以及

给隆子县玉麦乡群众的回信精神，树牢"四个意识"、坚定"四个自信"、做到"两个维护"，统筹推进"五位一体"总体布局、协调推进"四个全面"战略布局，坚持依法治藏、富民兴藏、长期建藏、凝聚人心、夯实基础的重要原则，落实自治区第九次党代会、区党委九届四次、五次全会，林芝市第一次党代会、市委一届六次、七次全会及朗县第九次党代会、县委九届五次全会的部署要求，坚持以脱贫攻坚统领经济社会发展全局，以正确处理好"十三对关系"为根本方法，按照"两不愁三保障"标准，统筹建档立卡贫困群众和低收入群众，以基本公共服务改善和群众持续稳定增收为重点，以扶贫领域作风专项治理为保障，进一步巩固脱贫攻坚实效，提高脱贫攻坚质量，激发贫困群众内生动力，稳定现行政策，优化政策供给，强化精准聚焦，深化精准施策，让朗县贫困群众拥有更多获得感，确保脱贫攻坚目标任务圆满完成，为全面建成小康社会打下决定性基础。

在党中央的亲切关怀下，经过 25 年的对口支援，朗县综合实力明显增强，基础设施不断完善，城乡面貌日新月异，民生事业持续改善，各族人民安居乐业，经济社会发展呈现出蒸蒸日上的良好局面。如何在当前基础、新的起点上推动援藏工作再上新台阶、更上一层楼，回应朗县各族人民新要求新期盼，为全面建成小康社会作出更大贡献，是援藏工作必须面对和思考的问题。援藏工作要在之前援助打下的良好基础上，聚焦民生，继续拓宽援藏领域，深化援藏内涵，着力实现从改善城市建设基础设施条件向民生领域转变，从单纯的"输血"援助向增强产业"造血"功能、提高自我发展能力转变，从单一的干部援助向综合性人才、技术、智力援助转变，为朗县打造科学发展和谐稳定带头区再立新功。

（二）组织内嵌：强化领导督促作用，确保援藏工作取得实效

2016 年 7 月惠州援藏工作组初进驻朗县，在深入调研的基础上，

工作组专门召开工作会议集中讨论，各组员围绕"如何开展好援建工作、如何促进朗县经济社会发展"积极建言献策。通过讨论进一步统一了思想，明确了"以促进朗县全面建成小康社会为目标、以帮扶产业增强造血功能为重点、以做细做实援建项目为抓手、以加强团结维护稳定为保障"的援建工作思路。

惠州援藏工作组还与县委、县政府一道围绕"如何充分抓住机遇，全面促进朗县经济社会发展"进行了深入讨论，协助县委、县政府制定了"123456+10"的工作思路。"围绕一个目标"：紧紧围绕全面建成小康社会。"强化两个基础"：持之以恒抓好农牧业和基础设施建设两个基础不动摇。"抓住三个机遇"：抓住党中央，区党委、区政府，市委、市政府和广东援藏对朗县各项工作的关心、支持、倾斜的政策机遇；抓住朗县是西藏21个边境县之一的地理机遇；抓住川藏铁路和藏东环线贯穿朗县的发展机遇。"建设四个朗县"：加快建设美丽、幸福、生态、和谐朗县。"加强五项党建"：加强党的思想政治建设、加强党的组织建设、加强党的作风建设、加强党的反腐倡廉建设、加强党的制度建设。"做精六大产业"：农牧特色产业、生态旅游产业、清洁能源产业、文化创意产业、藏医藏药产业、民族手工产业。"做好十项工作"：大力加强民族团结、打牢维护稳定根基、健全生态保护机制、持续推进民生改善、做好安全生产工作、打好精准扶贫攻坚、提升财税金融效益、加大项目跑办建设管理力度、加强防灾减灾能力、加快社会事业发展。"123456+10"的工作思路，为进一步推动朗县经济社会发展指明了方向。

在确定工作方向后，援朗工作组积极发挥组织领导督促作用。一方面，惠州市领导多次赴朗考察。惠州市委副书记、代市长刘吉，惠州市委常委、常务副市长胡建斌，惠州市副市长余金富等惠州市领导多次赴朗调研、考察对接对口援藏工作。2017年至2018年，惠州市先后召开市政府十二届7次、15次、50次常务会议，安排惠州市对口支援西藏林芝朗县具体工作事宜，并下发相应的《惠州市人民政府常务会议决定事项通知》。另一方面，援藏干部驻朗发力。除了惠州援藏工作组 8 位省派的援藏干部之外，惠州市还增派 2 名柔性援藏人才，10 位援藏干部在党建、旅游、文化、农牧、教育、医疗、住建等方面各尽其力，全方位助推朗县经济社会发展迈上新台阶。

通过召开援藏全体工作队员大会，就新形势下援藏项目资金管理问题统一了思想，强调要坚决做到以下五个方面：一是惠州援藏工作要在广东省委省政府、惠州市委市政府、自治区党委政府、林芝市委市政府、朗县县委县政府的统一领导下开展，援藏工作队来到朗县，就要接受当地各级党委政府的领导和指挥，就要充分依靠当地干部群众的信任和支持；二是援藏工作的根本任务是改善民生和争取人心，援藏项目建设只是援藏工作的一部分，而不是全部，援藏干部重点要在各自的岗位上发挥作用，要把更多的精力和时间用于深入基层，深入群众，访贫问苦，为农牧民群众做好事办实事；三是援藏项目实施方式实行"交钥匙"与"交支票"相结合、原则上以"交支票"为主。根据项目的实际情况，适合"交钥匙"的项目，如建设标准高、技术难度高、投资规模大、能展示援藏形象和成果的标志性项目，采取"交钥匙"方式；适合"交支票"的项目，如资金量少、技术难度低、点多面广、民生补贴类项目，采取"交支票"方式，逐步提高"交支票"的比例；四是"交支票"不交责任，援藏工作队要确保所有项目计划全面落实，确保所有项目建设规范管理，确保所有项目质量效益让群众满意，确保所有援藏资金专款专用；五是严格执行粤藏两省区共同协商确定的双审、双管、双签、双覆盖"四双"项目管理制度，惠州援藏工作组在前期充分调查研究精选调整建设项目后，立即组织召开惠州对口支援朗县"十三五"规划项目任务部署会，成立了由胡文平县长为组长的广东省第八批援藏工作队朗县工作组建设项目管理工作领导小组，并按照"四双"管理要求，对所有计划内项目明确以朗县相关职能部门为援藏项目责任单位，且组成以 2 名援藏干部、2 名项目责任单位干部为主体的项目现场管理小组，协调推动援藏项目开展，加强对援藏项目和资金的监管力度，接受当地领导和部门的指导、监督和管理，项目启动后，项目现场管理小组积极工作、主动协调，严格按照《广东省对口援藏项目建设管理监督办法》和《广东省对口援藏项目招投标管理办法》等制度，全力推进项目落地。

（三）惠朗互嵌：严格落实规划内援藏项目，着力打造"品质朗县"

按照《广东省"十三五"对口支援西藏林芝经济社会发展规划》和《广东省2018年对口支援西藏林芝项目投资计划》的要求，第八批工作组在2016—2019年的援藏期内应完成20个援藏项目（见表6-1），其中含8个小康村建设项目，总投资1.9383亿元。列入第八批2017年援藏计划的项目共8个，其中含4个小康村建设项目，总投资为7751万元，2017年应完成投资为5971万元，实际完成投资6684万元，占年度总投资的111.94%，超额完成年度建设任务。其中，农牧区基础设施项目2个，分别是朗县县城老城区民俗化和基础设施改造工程项目；产业发展项目2个，分别是朗县蔬菜生产基地建设项目和朗县巴尔曲德寺藏香技艺传习所建设项目；生态环境建设项目1个，即朗县主要公路沿线及光明新区环境绿化工程项目。2018年建设项目7个，应完成投资6448万元，实际完成投资7057.1万元，占年度总投资的109.45%，超额完成年度建设任务。此外，惠州援藏工作组积极争取计划外项目8个，总投资8043.81万元（含广东省"十三五"计划外项目1个，投资额2430万元），接近规划内项目资金的一半。截至2019年底，惠州援藏工作组根据《广东省"十三五"对口支援西藏林芝经济社会发展规划》，圆满完成了总投资为1.9383亿元的20个援藏项目的建设（见表6-1），项目完成率100%。

表6-1 2016—2019年朗县规划内援藏项目表

序号	项目名称	建设年限（年）	规划投资额（万元）	建设内容
1	朗县小康村建设项目（堆巴塘村）	2017	600	1. 堆巴塘村：建设休闲广场、副文化广场、旗台、大门、厕所工程（包含G1-2SF化粪池一座及排水工程）等； 2. 卧巴村：新建党员活动室92.38平方米、文化活动广场268.8平方米、新建围墙116米、绿化1500平方米、新建牛舍907.2平方米（共30户，每户30.24平方米）、拆除原有建筑95平方米等。
2	朗县小康村建设项目（拉多村）	2017	600	核定新建围墙145米、改造围墙工989米、新修防撞护栏275米、浆砌石挡土墙184.82米、框架结构伙房34.78平方米、砌体结构公厕35.06平方米、新建打麦场草料棚103.7平方米、新建41户牛舍共1239.84平方米、路灯维修25套等。
3	朗县小康村建设项目（娘村）	2017	600	新建村公房450.55平方米、新建围栏256.1米、围墙改造共560.25米、新建篮球场319平方米、修复村道路多条、路灯维修15套等。
4	朗县小康村建设项目（森木村）	2017	600	新建村公房450.55平方米、硬化文化广场200平方米，修复村道路2076.9平方米，新建村部围墙26米，新建围墙232米，围墙改造共1154米，绿化网围栏1064米，绿化1176平方米，绿化护坡73平方米，路灯维修10套、安装太阳能热水器77套、透水砖铺装210平方米等。
5	朗县小康村建设项目（崩达村）	2019	600	1. 崩达老村：为全村78户改造围墙510米、新建牛舍2358.72平方米（每户30.24平方米）； 2. 崩达新村：新建二层砌体结构村公房450.55平方米，建筑高度7.95米，新建牲畜便道350平方米、混凝土硬化广场478平方米、铺装工程281.01平方米、宣传栏5.3米、旗台1个、新建文化墙100米、新建围墙116米、砼垃圾池1个； 3. 桑琼新村：新建单层砌体结构党员活动室40平方米，建筑高度3.3米，围墙改造252米； 4. 桑琼老村：新建砼垃圾池1个； 5. 果龙村：新建砼垃圾池1个、路灯维修25盏、安装太阳能热水器57套等。
6	朗县小康村建设项目（藏村）	2019	600	新建村公房704.36平方米、水磨坊34.78平方米、路灯26套、磨坊水渠37.30米、停车场335.8平方米、新建道路2033.01平方米等附属设施。
7	朗县小康村建设项目（崩嘎村）	2019	600	新建村公房746.64平方米及附属工程等。

序号	项目名称	建设年限（年）	规划投资额（万元）	建设内容
8	朗县县城老城区民俗化和基础设施改造工程项目	2017—2019	3556	1. 对 49 栋建筑外立面改造，安装花岗石路缘石 1313.72 米、新建树池 28 个、人行道铺装 4035.51 平方米、安装 LED 路灯 99 套、电气预埋管工程及等亮化附属工程； 2. 新建停车场 7439.92 平方米、廊架 22.9 平方米，并新建配套公园绿化 815.75 平方米、停车场出入口硬化 70.44 平方米、鹅卵石路面 115.19 平方米、芝麻灰花岗石路面 198.65 平方米、平缘石、防洪堤拆除与恢复、停车场基础截水墙 1134 立方米及雕塑、布品等附属工程； 3. 新建围墙 513.38 米； 4. 拆除现有围墙及恢复 154.91 米； 5. 破除及恢复人行道 230 平方米及室外消火栓迁移等。
9	朗县光明新区至吉祥新区公路护坡工程项目	2018	527	建设护坡工程 830 米。
10	朗县拉多藏湖景区旅游公路建设项目	2019	1770	新建挡土墙 1074.4 米、护面墙 1362.4 米、道路 19157.04 平方米，路肩换填 1352 立方米，片石浆砌边沟 4494.15 米，护坡工程 16593 平方米，桥梁 1 座，涵洞 16 米，护栏 40 米等。
11	朗县蔬菜生产基地建设项目	2017	499	核定新建 200 平方米和 108 平方米的温室大棚各 30 座，水泥道路硬化 772.44 平方米、土路维修 503.49 平方米、混凝土水渠 641.83 米、钢筋砼宣传栏 2 座、埋没涵洞 2 处共 3 米、广场砖铺设 57.75 平方米及观景石 1 座。
12	朗县主要公路沿线及光明新区环境绿化工程项目	2017	800	土方回填 17017.1 立方米、种植土回填 1822.15 立方米、花岗石铺砖 3257 平方米、广场砖铺砖 334.2 平方米、室外复合木铺砖 153.4 米、片石铺装工程 56.8 平方米、汀步工程 8.6 平方米、台阶工程 20.5 平方米、树池工程 16 个、廊架 2 个、花岗石路沿 612.3 米、圆柱形挡车石 10 个、矮墙 211.6 米、圆形文化柱工程 8 根、砖砌花坛 10 个、检查井 16 座、庭院灯 23 盏等。
13	朗县经济林木种植项目	2018—2019	877	新建管理用房 223.6 平方米、土地平整 173415.44 平方米及附属设施。
14	朗县仲达镇生态农业观光园建设项目	2018	2400	新建游客服务接待中心 1607.57 平方米，特色农产品销售中心 541.99 平方米，汽车营地管理中心 116.55 平方米，江景养生景观木屋 545.4 平方米，休息亭 1 座，树木种植及附属工程等。

续表

序号	项目名称	建设年限（年）	规划投资额（万元）	建设内容
15	朗县干部职工周转房建设项目	2018—2019	1940	新建建筑面积4684.62平方米（共90套住房），硬化面积2373.85平方米，绿化面积1815.85平方米，路灯20套，停车场1139.5平方米及电气等附属工程。
16	朗县公安备勤用房建设项目	2018	600	新建备勤用房1644.9平方米（共30套）及附属设施。
17	朗县藏医院制剂所建设项目	2018	433	新建制剂厂房796.49平方米以及道路硬化120.48平方米，总体电气、总体给排水等附属工程。
18	朗县巴尔曲德寺藏香技艺传习所建设项目	2017	496	新建建筑面积1016.9平方米，硬化面积546.85平方米及附属工程；国内各大市场推广藏香品牌。
19	朗县小康村建设项目（来义村）	2019	600	新建观景亭2座，停车场180平方米，文化活动中心1项，村委会中心广场1项，绿化2682.4平方米，路灯25盏，垃圾池1个，庭院整治56户，村公房大门1座，庭院大门56座，道路4214.5平方米等附属工程。
20	朗县来义基础设施建设项目	2019	685	新建挡土墙9733.6立方米。
合计			19383	—

朗县在受援过程中，全力推进援藏项目建设，持续做好受援工作，建立惠朗对口新联系。积极与惠州市相关部门沟通协调，大力推进"四个一"民生工程建设，即建合格水厂、建一个制氧站、建标准化二级医院、每个乡镇打一口深水井。继续深化教育受援工作，积极推进惠朗两地中小学及幼儿园的结对帮扶，巩固惠州学院与朗县政府校地教育援藏合作成果。积极构建教育受援平台，用好"鹅翔"教育专项基金。深入推进医疗受援工作，协调沟通朗县卫生服务中心CT室防护工程和朗县朗镇卫生院药用房等项目落地。继续实施"走出去""请进来"干部人才培训和交流交往战略，全面提升朗县干部人才的业务能力和技术水平。

（四）动态融入：持续拓宽援藏领域，积极争取计划外项目

惠州援藏工作组积极争取计划外资金助推援藏工作深入开展。2017年主要涉及两大工程项目：一是朗县冲康庄园及千年核桃园一体化AAA级景区建设项目顺利推进。2017年6月21日，在惠州援藏工作组的多方努力协调下，惠州市政府与朗县县政府签订援建"朗县冲康庄园及千年核桃园一体化AAA景区建设项目"协议。惠州市在省"十三五"援藏规划外，全额投资2200万元升级改造冲康庄园及千年核桃园景区，打造朗县旅游名片，提升"千年核桃"品牌形象。该项目已经初步完成冲康庄园景区修建性详细规划设计、十三世达赖喇嘛生平陈列大纲编撰初稿等项目前期工作。2017年底惠州援藏资金到位850万元，完成项目投资38.6%。二是"四个一"民生工程项目正式确定。积极响应国家援藏总队的要求，全力开展"四个一"民生项目。通过调研，朗县县城自来水厂、二级医院及部分乡镇供水已经比较完善，当前亟须解决的就是金东乡、仲达镇自来水和制氧站。援藏工作组积极向惠州市政府请示汇报，取得了市政府的大力支持，确定投资1663.81万元为朗县新增县城制氧站项目、仲达镇供排水项目和金东乡供排水项目，有效解决了老百姓亟须解决的生活困难。

2018年主要是争取计划外项目解决民生问题。惠州援藏工作组坚持瞄准"2018年林芝市与广东一道全面建成小康社会"的目标，重点围绕解决住房安全、饮水安全、常见病不出朗县等民生问题，以及朗县旅游业发展薄弱等产业短板两个方面，深入开展调研工作，认真分析论证，先后5次赴惠州市向主要领导和相关部门汇报朗县群众生产生活的艰难情况，得到了惠州市政府的大力支持，确定新增计划外项目资金5613.81万元。庞大的计划外资金支持，使得朗县"四个一"民生工程、朗县来义边境小康示范村建设项目、朗县冲康庄园及千年

核桃园一体化 AAA 级景区建设项目、朗县朗镇卫生院药用房建设项目和朗县卫生服务中心 CT 室防护和相关配套设备采购项目等 8 个计划外项目得以顺利开展（见表6-2），切实改善了老百姓的生产生活条件。

表6-2　2016—2019 年朗县规划外援藏项目表

序号	项目名称	建设年限（年）	规划投资额（万元）	建设内容
1	朗县来义边境小康村建设项目	2018—2019	2430	新建 100 户型建筑面积 1098.02 平方米，180 户型建筑面积 3776.01 平方米，村公房 309.96 平方米，公厕 42.4 平方米，挡墙围墙 549.2 米，庭院围墙 984.7 米，村公房围墙 167 米，旗台 1 座，挡墙 2016.5 立方米。
2	朗县来义小康村危房新建项目	2018—2019	1300	新建 130 户型建筑面积 3120 平方米，原村公房外立面改造 1 项，入口景石 1 项及总平排水工程。
3	朗县冲康庄园及千年核桃园一体化 AAA 级景区建设项目	2017—2019	2200	1. 制作展览大纲；2. 设计详细规划方案；3. 原址拆迁；4. 基础设施建设：新建办公用房 484.76 平方米，观景平台 1 项，硬质铺地 4377 平方米，沥青道路 366.5 平方米，2.5 米高围墙 42 平方米，1.5 米高围墙 1536 平方米，大停车位 250 平方米，小停车位 330.6 平方米，圆形树池 1 座，暗渠 30 米及给排水、电气工程等附属工程；5. 陈列展览：对冲康庄园展厅进行陈列布展、电气工程、专业灯光等。
4	朗县仲达镇自来水工程	2017—2019	710.54	新建加氯间 21.76 平方米，饮水泵间 21.76 平方米、围墙 186.66 米、硬化道路 64.35 平方米、硬化地坪 611.44 平方米、挡土墙 448.08 立方米、园林绿化 285.02 平方米、铁艺大门 1 座及总体电气工程、总体给排水工程、处理设施等工程。
5	朗县金东乡自来水工程	2017—2019	503.27	新建加氯间 21.83 平方米，围墙 44.34 米、硬化道路 26 平方米、取水口 1 座、硬化地坪 112.99 平方米、铁艺大门 1 座及总体电气工程、水池翻新、处理设施等工程。
6	朗县制氧站项目	2018—2019	450	安装制氧机设备、制氧机供配电、氧气汇流排移站、增加供氧端口；安装负压吸引机组、负压站配电、负压吸引管道及端口。

续表

序号	项目名称	建设年限（年）	规划投资额（万元）	建设内容
7	朗县卫生服务中心CT室防护和相关配套设备采购项目	2018—2019	150	CT室改造35.38平方米和相关配套设备采购［四个墙面铅板防护、顶棚铅板吊顶、整体防护面积约120平方米，立柜式空调2个，智能电动铅推门（含电机系统）1套，医生通道铅门1扇，铅玻璃窗户1扇，排风系统2套］。
8	朗县朗镇卫生院药用房建设项目	2017—2018	300	新建药用房760.14平方米，硬化工程208.96平方米、挡土墙23.87立方米、总体电气工程及给排水工程等附属设施。

在民生事业改善方面，惠州市政府计划外增加的5613.81万元（加上广东省计划外投资给"朗县来义边境小康村建设项目"的2430万元达到8043.81万元，接近计划内投资额度的一半），根据"两个80%"原则，即80%的援藏资金投入基层、80%的援藏资金用于改善民生，支援朗县开展7个计划外民生项目，建设了边境小康村、冲康旅游景区，解决了朗县老百姓的吃水难、看病难、吸氧难等问题。同时，惠州援藏工作组还争取惠州市安排了6个经济实力强的县（区）与朗县6个乡（镇）结成一对一帮扶关系，确定每县区支援150万元共计900万元帮助朗县解决生产生活中亟须解决的问题和困难，形成了"市帮县、县（区）帮乡（镇）"的良好局面。通过惠州援藏工作组和朗县县委县政府的共同努力，携手朗县农牧民一道圆满完成了朗县2018年脱贫攻坚任务，基本达到小康水平。

（五）社会融入：协调整合外部资源，争取多重援藏力量

惠州援藏工作组一直将积极争取外部资源和力量共同援朗作为一项重要工作来抓，惠州援藏工作组各成员充分发挥自身优势，采取亲自回惠州请示协调、电话沟通联络等方式积极宣传朗县，充分反映朗

县特点和面临的困难，争取原单位和社会力量的大力支持。

2016年，惠州援藏工作组在调研中了解到朗县朗镇小学和林芝市社会福利院部分孩子急需鞋子和文具等学习生活用品的实际困难。当地领导立即发动亲友和惠州的社会力量开展募捐活动，短短两天时间便募集善款数万元。惠州援藏工作组用这些善款为林芝市社会福利院的孩子们购得鞋子230双，为朗镇小学的学生们购得180双鞋子和部分文具，各项物资总价值7万余元。

2017年，惠州援藏工作组还利用多种平台资源，积极开展爱心捐赠活动。惠州教育系统、大亚湾区政府、博罗县教育局等单位和热心人士、爱心企业向朗县各学校（幼儿园）捐赠了奖教奖学金、校园文化建设设施、办公物资及生活用品等共计价值119万余元。2017年9月6日设立惠州援藏"鹅翔"教育基金，对朗县新考入的大学生、西藏班新生、教育教学质量优秀的学校和个人进行奖励，教师节慰问，帮扶朗县困难师生，每年预算投入资金43.49万元。捐赠活动和教育基金，有力地解决了朗县困难学生的实际困难，进一步紧密联系了藏汉群众感情，受到干部群众的广泛好评。

（六）联系群众：共建富裕安定边疆，促进民族和谐团结

随着群众路线教育实践活动在地县全面展开，教育实践活动更为贴近基层，对援藏工作也提出了新要求。援藏工作要以党的群众路线教育实践活动为契机，积极发挥援藏干部先锋模范带头作用，把改善民生作为工作的出发点和落脚点，在完成规划修编、顺利启动先行项目、强势推进产业援藏、创新深化智力援藏、保持援藏工作连续性和稳定性的基础上，顺应群众期盼，更加注重群众工作，更加高调开展民生援藏工作，将项目资金进一步向基层倾斜、向农牧民倾斜，着力解决人民群众要求强烈的问题和民生项目，尽最大努力帮助老百姓解

决生产生活中的实际困难，切实将党和国家的关怀温暖、广东及惠州人民的深情厚谊和援藏干部的责任担当送到当地老百姓的心坎上。

深化援藏方向转变，大力推动援藏工作由"输血"向"造血"转变，形成当前与长远协调、计划与市场互动、经济与智力结合的援藏工作新格局，把朗县百姓忧乐放在心头，确保对口支援工作再上新台阶。引导援藏工作与援藏资金向打造经济增长极、培育人才、转变发展意识倾斜，解决朗县最为紧迫的交通设施和城镇基础设施建设问题，加大对特色优势种植业和重点旅游项目的投入力度，加强供给和市场两端开发，形成可持续的发展合力。深化援藏工作与朗县精准扶贫融合，将援藏工作的"造血"理念与精准扶贫中的扶智工作相结合，提高援藏资金的经济效益和社会效益。推动援藏理念的发展转变，由单纯的经济援助向经济、科技、文化等全方位过渡，更加注重软环境的改善和软实力的提升。切实用好广东省惠州市的援助力量，将朗县资源优势与惠州的技术、装备、人才、市场等优势结合起来，进行以资源互补为主的深层次合作，避免援助项目的重复和资源的浪费，不断拓宽经济联合与协作空间。丰富援藏内容，整合援藏力量，形成强大援藏合力，提升援藏工作效率，确保对口援助工作在整体上取得更好成效。

通过开展各项援藏工作，进一步加深了朗县各个领域、各个层面不同民族群众之间的交往、交流、交融，朗县范围掀起了民族团结的热潮。同时，把"三个离不开"① 思想深入人心，"团结稳定是福，分裂动乱是祸"成为朗县干部群众、僧尼的普遍认识，各民族同呼吸、共命运成为具体体现，共同团结奋斗、共同繁荣发展已成为创建活动的主旋律。为建设美丽、幸福、文明、法治、和谐"五个朗县"凝聚了强大精神动力，不断增强维护祖国统一、加强民族团结的自觉性和坚定性，进一步营造了积极参与民族团结示范建设浓厚氛围。

---

① "三个离不开"，即汉族离不开少数民族，少数民族也离不开汉族，各少数民族之间互相离不开。

第七章

凝心聚力：朗县脱贫攻坚战役
取得全面胜利

自脱贫攻坚战打响以来，朗县在自治区和林芝市两级党委、政府的坚强领导和大力支持下，紧紧围绕脱贫摘帽这一历史性目标，聚焦"六个精准"，实施"五个一批"和"十项提升"工程，积极构建"东西部协作+援藏扶贫"格局，严格"五级书记抓扶贫"责任落实，紧盯"两不愁三保障""一高于一接近"的目标，不断地理思路、查问题、强措施，保证脱贫攻坚各项工作稳步推进。按照贫困县脱贫退出"县级申请、市级初审、省级核查"的程序，朗县对脱贫退出进行了自评自验。经自治区和林芝市考核评估，2018年，全县除16户28人因病、因残等暂时未能实现稳定脱贫，剩余397户929人全部实现"两不愁三保障"，52个贫困村"五通八有"全部达标，综合贫困发生率从2016年的19.9%下降至0.66%。西藏自治区朗县各项指标均达到了贫困县脱贫退出标准，于2018年底顺利实现脱贫"摘帽"，成功打赢了精准脱贫攻坚战。

一、朗县脱贫概况

作为自治区44个深度贫困县之一的朗县，经过三年艰苦卓绝的努力，实现了全县的脱贫摘帽，对自治区其他贫困地区的脱贫工作开展起到了很好的示范作用。朗县隶属林芝市管辖，地域面积4105.9平方公里，辖金东乡、洞嘎镇、朗镇、拉多乡、仲达镇、登木乡

"三乡三镇"，51 个行政村 1 个居委会，136 个自然村，人口 1.8 万余人。2014 年精准识别全县贫困人口 1583 户 4344 人，贫困发生率为 24.86%。为了摆脱贫困，朗县县委、县政府认真贯彻落实习近平新时代中国特色社会主义思想特别是习近平总书记关于扶贫工作重要论述，按照中央和区、市脱贫攻坚工作系列决策部署，坚持精准扶贫、精准脱贫基本方略，紧紧围绕"两不愁三保障"脱贫目标，落实"六个精准""五个一批"要求，攻坚拔寨，众志成城，举全县之力坚决打赢精准脱贫攻坚战（见表 7-1）。

表 7-1 2014—2018 年朗县扶贫资金总投入及各项目投入情况

（单位：万元）

	2014 年	2015 年	2016 年	2017 年	2018 年	合计
扶贫资金总投入	1675	1956	10987.44	18557.02	27824.04	60999.5
发展产业资金投入	1263	1745	10400	451.45	8099.3	21958.75
教育扶贫（奖助金及补贴）投入	—	—	132.2	160.74	234.704	527.644
医疗、灾害、临时困难等保障和救助投入	329.49	329.49	329.49	379.49	429.49	1797.45
教育培训资金投入	100	150	848	900	909	2907
生态补偿投入	—	—	883.5	1167.3	1318.2	3369
基础设施建设投入	502	211	258	1890	3681.2	6542.52
第一书记/驻村工作队资金投入	352.54	336.39	339.09	460.29	389.92	1878.23

朗县把脱贫攻坚作为第一民生工程，统揽经济社会发展全局，积极整合各类扶贫资金，保障精准施策上出实招，精准落地上见实效。

一是大力实施基础设施巩固提升工程，以"十项提升工程"为抓手，2016 年以来，累计争取实施项目 180 多个，投入资金达 30 亿元，确保实现安全住房保障、环境卫生改善、安全饮水入户、村组动力电提升、公共服务建设"六个全覆盖"。

二是不断调整产业结构，培育特色核心，立足朗县"四大产业"

布局实际，科学发展特色农牧业和旅游业，大力实施精准扶贫产业项目 13 个，总投资 1.17 亿元，完工 12 个，使用资金 1.16 亿元，完成投资率 98.9%。

三是积极筹措扶贫资金，推进脱贫攻坚工作。2018 年朗县整合涉农资金 14280.02 万元，整合资金外扶贫项目资金 2306.48 万元；设立朗县产业金融扶贫风险补偿担保基金 3000 万元，完成林芝市首笔产业贷款 1970 万元，用于巴宜公寓式酒店、朗县创业孵化基地、朗敦红辣椒加工合作社产业建设。

四是实施"一卡通"服务。按照"一人一卡"的原则，2018 年由县农行为 4230 户农牧民办理银行卡 16743 张，为 16743 名困难农户发放惠民补贴资金共计 2581.09 万元。

五是重点推进易地扶贫搬迁。自脱贫攻坚以来共计投入 5095.16 万元，完成了全县 103 户 397 人易地搬迁群众搬迁工作，2019 年 8 月已全部入住新址。同时，积极开展旧房拆除、土地复垦和生态修复工作，植树造林 4500 棵，种草 43.7 亩。

六是大力实施援藏对口帮扶，累计实施 20 个援藏项目，总投资达 1.9383 亿元。完成项目 8 个，完成投资 1.8 亿元，累计完成拨付 1.19 亿元。

七是发挥集体经济带动作用，三年累计投资 2440 万元，巩固提升 21 个合作社和村集体经济的"硬件"和"软件"。

八是实行"两线合一"政策兜底，为 188 户 412 人城乡低保群众发放补助资金 410.75 万元；集中供养老人 109 人，投入日常开销资金 365.83 万元；为 743 名残疾人发放"两项补贴"161.058 万元。

九是优化转移就业培训方案，使用资金 269.37 万余元，累计培训建档立卡贫困群众 1071 人，转移就业 1254 人（其中建档立卡贫困户 970 人、非建档立卡贫困户 284 人）。

十是落实生态补偿政策，累计落实生态补偿岗位 4394 个，兑现岗位资金共计 3587.8 万元，并将生态补偿政策和定向性政策落实同安排、同部署，为 1692 名无劳动力群众发放补助资金累计 395 万元。

十一是实施"四对一"结对帮扶，区、市、县、乡四级党员干部共 829 人结对帮扶困难群众 983 户 2717 人，开展"送温暖"活动 126 场次，发放慰问品、慰问金价值 286.7 万元。

十二是开展保险扶贫工作，为全县 1056 户 2838 人按户均 100 元的标准购买"脱贫保险"，投保资金 10.56 万元。

图 7-1　2014—2018 年朗县脱贫攻坚任务完成情况

2014 年朗县全县共计脱贫 278 户 882 人。2015 年朗县全县共计脱贫 208 户 661 人。2016 年脱贫销号 2 个贫困村，共计脱贫 268 户 885 人。2017 年脱贫销号 27 个贫困村，脱贫人口 376 户 999 人。2018 年脱贫销号 23 个贫困村，贫困人口 397 户 929 人，实现全县脱贫摘帽。另有拉多乡 5 户 6 人、朗镇 11 户 22 人，共计 28 人因病、因残且丧失劳动能力，短期内难以实现彻底脱贫。朗县贫困发生率由 2016 年的 19.9% 降至 2018 年底的 0.19%，并于 2019 年 2 月 6 日经自治区人民政府批准退出贫困县。2018 年全县农村居民人均可支配收入达到 14980 元，相较 2016 年初增长了 3037 元，年均增速保持在 10% 以上（见图 7-1）。2018 年朗县农村居民人均现金收入达 10649 元，在总收入中占比高达 71.09%（见图 7-2）。

（单位：元）

图 7-2 2012—2018 年朗县农村居民人均可支配收入及现金收入增长情况

二、朗县脱贫攻坚目标任务全面完成

自脱贫攻坚战打响以来，朗县认真贯彻落实习近平新时代中国特色社会主义思想特别是习近平总书记关于扶贫工作重要论述，按照中央和区、市脱贫攻坚工作系列决策部署，聚焦"六个精准"，大力实施"五个一批"脱贫工程，紧紧围绕"两不愁三保障""三率一度"脱贫摘帽目标，坚持扶贫先扶志、扶智，以不断激发贫困群众内生发展动力为着力点，深入挖"贫"根、寻"困"源，扎实开展精细、精确、精微的"绣花式"扶贫，不断增强"造血"功能，以促进贫困人口如期脱贫、贫困村如期退出。严格按照县委"12345"工作思路，始终把脱贫攻坚作为全面建成小康社会、推进经济社会长足发展和长治久安的重点难点，全面贯彻落实区党委、政府和市委、市政府决策部署，同时紧密结合自身实际，按照部署抓落实，根据任务抓进度，全县脱贫攻坚工作取得了显著成效。

（一）顶层设计强保障，真正确保政策运行"一杆到底"

一是突出组织领导，压实脱贫责任。朗县作为 44 个深度贫困县之一，县委、县政府深刻认识到打赢深度贫困地区脱贫攻坚战的重大意义，不断增强脱贫攻坚工作的责任感、使命感和紧迫感，认真贯彻落实中央和区党委决策部署，以党的领导统筹推进全县脱贫攻坚任务完成。成立以县委书记任组长、县长任常务副组长的脱贫攻坚领导小组，县长任总指挥长、分管副县长任副指挥长的脱贫攻坚指挥部以及脱贫攻坚 11 个专项组，县级领导分片包干 6 个乡（镇），立下脱贫攻坚军令状，三年来召开县委常委会、政府办公会和指挥部推进会等专题会议研究部署脱贫攻坚工作 46 次，议定脱贫攻坚政策性、导向性事项 30 余件；政协、人大等部门根据工作职责，将工作重点向脱贫攻坚工作倾斜，开展各类专项扶贫调研督导活动 20 余次，提出意见建议 22 条；各乡镇、各部门紧密团结在县委、县政府领导下，围绕部署抓落实。全县上下形成了"县委管总、政府具体负责、各部门协同、乡镇部门专干、村抓到户"的良好格局。

二是突出目标任务，绘好脱贫蓝图。朗县县政府坚持规划引领，精力向脱贫攻坚集中、资源向脱贫攻坚倾斜、智慧力量向脱贫攻坚汇集，科学制定了《朗县打赢脱贫攻坚战的实施方案》《朗县深度贫困地区实施方案》和 11 个专项组的专项扶贫规划，以及各行业部门的行业扶贫计划，县委、县政府与乡镇党委、政府签订目标责任书，乡镇党委、政府与各驻村工作队签订目标责任书，层层压实目标责任，形成了脱贫攻坚路线图、时间表、任务书，以高站位、准定位全力推动脱贫摘帽攻坚拔寨。

三是突出压力传导，建强攻坚队伍。朗县政府制定《朗县脱贫攻坚工作问责暂行办法》《关于进一步推进扶贫领域监督执纪问责工作实施方案》，开展专项治理，对各级党委、政府确定的目标、议定的事项、明确的重点，抓实抓牢。2016—2018 年，县乡各部门开展专项督导 30 余次，其中县纪委监委开展扶贫专项检查 18 次；朗县组织部坚持正确的用人导向，注重选拔会干事、敢干事、干成事，对群众有感情的干部，确保脱贫攻坚有力量、有队伍；结合 2016 年县乡领导班子换届，择优选拔乡镇干部 20 名充实基层脱贫攻坚力量，2019 年 8 月 52 个村居党支部第一书记，县乡选派的 29 名干部已有 7 名提拔使用。三年来全县累计提拔干部 262 名，其中扶贫一线干部 166 名，切实提振了各级干部真扶贫、扶真贫的动力和干劲（见表 7-2）。

表 7-2　2016 年以来朗县脱贫攻坚一线提拔重用干部情况

（单位：人）

		2016 年	2017 年	2018 年	2019 年
年龄	30 岁及以下人数	8	0	11	23
	31—35 岁人数	14	1	23	24
	36 岁及以上人数	8	1	9	5
性别	男	19	1	26	39
	女	11	1	17	13
学历	专科及以下	12	1	15	16
	本科	18	1	26	31
	研究生及以上	0	0	0	5

四是突出资金保障，强化资源供给。开展脱贫攻坚工作以来，朗县积极筹措脱贫攻坚资金 3.95 亿元，其中县级直接配套 1552.2 万元；统筹整合涉农项目资金，2016 年整合资金 819.44 万元、2017 年整合资金 7882.66 万元、2018 年整合资金 1.428 亿元，有效保障了脱贫攻坚资金投入（见图 7-3）。

五是突出群策群力，严抓政策落实。在"四对一"结对帮扶方面，朗县县政府以"两学一做"学习教育常态化制度化为契机，推

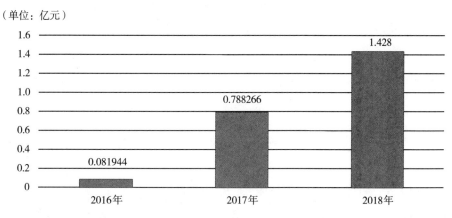

（单位：亿元）

图7-3 2016—2018年统筹整合涉农项目资金情况

进党员干部"走村入户结对认亲交朋友"活动常态化，区、市、县、乡四级党员干部829人结对帮扶贫困群众983户2717人，利用元旦、藏汉新年看望慰问困难群众，投入物资折合人民币78.444万元。在产业扶贫方面，朗县结合自身产业发展实际条件，积极把特色优势资源转化为经济优势，全力攻坚"农牧特色产业、文化旅游业、清洁能源业、藏医藏药业"四大产业，由村党组织唱主角，以党建促产业发展，以产业发展助推脱贫攻坚。如洞嘎镇卓村"党建+庭院经济+扶贫"，朗镇申木村"党建+扶贫预制厂"，拉多乡新扎村"支部+文化+合作社+扶贫"，仲达镇"党建+劳务输出+扶贫"，登木乡"党建+养殖业+扶贫"，金东乡巴龙村"党建+公司+农户+扶贫"。县强基办将强基惠民资金600多万元用于贫困村发展集体经济促脱贫，通过各方面的努力，有力地助推群众增收，形成了"党建引领促发展、产业撑起致富路"的发展态势。在政策保障扶贫方面，县政府严格敦促各级基层党组织认真贯彻落实中央、区、市精准扶贫工作相关精神，大力落实政策扶贫，突出抓好项目扶贫、教育扶贫、岗位扶贫等工作，做到精准到户到人。如生态补偿方面，2019年8月朗县共有生态补偿岗位4394个，兑换岗位资金1537.9万元；教育扶贫方面，为265名贫困家庭子女发放上学补助97.7万元；转移就业方面，实现转移就业 1211 人，户年增收 2000 元；医疗救助方面，累计救助 179 人，救助金额达 101.4 万元；项目扶贫方面，共实施精准扶贫产业项目 13 个，总投资 1.17 亿元，完工 11 个，完成投资率 98.9%，实现产业脱贫 215 户 613 人。

（二）产业就业求突破，从根本上解决贫困人口"两不愁"

朗县紧紧围绕县委、县政府四大产业布局，结合全县脱贫攻坚工作实际，始终把调整壮大产业结构、改善农牧民群众生产生活条件作为主攻方向，在全县范围内牢固树立"扶产业就是扶根本"的理念，增强贫困群众"造血"功能，真正实现拔穷根、摘穷帽。朗县从突破县域发展瓶颈的大局出发，在县四大班子经过充分调研论证、召开座谈会听取各方面意见的基础上，确立了朗县"12345"工作思路①，结合区域产业分布特点和资源禀赋优势，立足实际，经过深入调研和多轮筛选，以做强做精四大产业为目标，规划总投资 31250.05 万元；并把"短平快"项目 22 个、总投资 1019 万元（其中地市 1000 万元、社会资本 18 万元），"4+1"项目 12 个、总投资 636 万元（其中自治区 100 万元、地市 500 万元、社会资本 36 万元），"一带四基地"项目 12 个、总投资 4290 万元（其中自治区 3500 万元、地市 500 万元、社会资本 100 万元），归纳到朗县产业规划（见图 7-4）。同时，加快推进实施相关项目，使建档立卡贫困户能真正从项目中得到实惠。当前，全县呈现产业规模不断壮大、项目支撑日趋明显、产业链条继续延伸的发展态势。

一是发挥农牧特色产业带动效力。逐步形成以沿江三镇大力发展

---

① "12345"工作思路：围绕全面建成小康社会的目标；进一步推进"党的建设和民族团结"两大工程；坚守"维护稳定、安全生产、生态环境保护"三条底线；做大做精"农牧特色业、文化旅游业、藏医藏药业、清洁能源业"四个产业；建设"美丽、幸福、文明、法治、和谐"五个朗县。

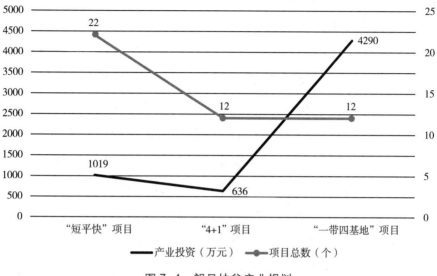

图 7-4 朗县扶贫产业规划

"一果一椒一桃"① 的城郊农业（高效日光温室、菜篮子工程）和以偏远三乡开发农畜产品、灌木林地山草产业为主的高寒畜牧业产业布局。2019 年 8 月，全县经济林木成活面积达 2.1 万余亩、蔬菜种植面积达 1100 余亩、辣椒种植面积达 2000 亩，各类牲畜存栏量持续增高，其中牛 7 万头、羊 1.3 万只、猪 2817 头，带动贫困户户均收入近 1000 元；2016 年投资 420 万元，完成现代农业生态观光园项目的场区基础设施改造，形成了"四园三区一中心"的总体结构。2017 年冲康村、巴热村核桃林以"平均树龄最长"入选"大世界基尼斯之最"，被上海大世界基尼斯总部授予"西藏自治区林芝市朗县古核桃林"，既为贫困户增加了经济收益，也同步提升了人文附加值。三年累计注册的农牧民合作社达 45 家，建成种植养殖基地 2500 亩，带动群众增收达 150 余万元，其中贫困户年户均增收 800 余元。如顿珠阿来种植养殖合作社仅 2016 年就带动贫困户户均增收 6815.8 元；登木乡种植养殖合作社存栏量达 576 头，带动贫困户 171 户 448 人分

① "一果一椒一桃"，即苹果、辣椒、核桃。

红；2017 年至 2018 年，朗巴居委会通过种植大棚蔬菜增收 40.3 万元，11 户贫困群众户均增收 4000 元。

二是发挥文化旅游产业带动效应。朗县历史悠久，文化灿烂，既有丰厚的历史文化资源，又有多彩的民间文化资源。古遗址、古墓葬、古建筑、石窟寺及石刻、近现代重要史迹及代表性建筑等文物保护单位 32 处，其中 1 处为全国重点文物保护单位，8 处为自治区级重点文物保护单位，23 处为县级重点文物保护单位（见图 7-5）。全县文化经营单位已达 23 家，其中打字复印店 6 家，音像制品零售店 2 家，文化娱乐场所 13 家，互联网上网服务营业场所 2 家（见图 7-6）。在此背景下，朗县充分发挥人文资源优势带动贫困户脱贫，大力开发列山考古遗址公园、冲康庄园、巴尔曲德寺、朗敦庄园、嘎贡沟景区、拉多藏湖景区、雅江巨柏、勃勃朗冰川等各类景点，实施旅游扶贫项目，产生了较好的人文价值和经济价值。三年来，全县接待游客近 50 万人次，侧面带动了贫困户增收，贫困群众参与旅游服务人数累计达数千人次。在朗县塔布文化旅游节、桃花节、"一乡一节"活动等各类节日期间举办物资交流会，登木乡的酥油，仲达镇的石锅，拉多乡的藏香，洞嘎镇的辣椒，朗镇的木碗、花椒、核桃等都是群众喜爱、市场畅销产品，三年来全县通过举办节日物交会，带动贫困户收益达 40 万元。

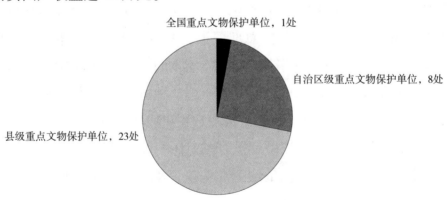

图 7-5 朗县重点文物保护单位分布

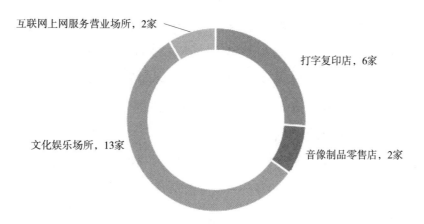

图 7-6 朗县文化经营单位分布情况

　　三是发挥清洁能源产业带动效应。自 2016 年以来，在朗县有投资意向的清洁能源开发企业累计已达 8 家之多，规划总装机容量达 162.3 万千瓦，规划总投资 241.95 亿元。其中，水电站 2 家，规划总投资 145.53 亿元，规划装机容量 76.8 万千瓦；光伏电站 5 家，规划总投资 66.42 亿元，规划装机容量 60.5 万千瓦；风力发电站 1 家，规划总投资 30 亿元，规划装机容量 25 万千瓦（见图 7-7）。2019 年 8 月全县已建成并投入运营的电站为工字弄电站，且效益发挥良好。同时，经专业部门检测，全县有 11 处天然饮用水源达到标准，3 处达到矿泉水饮用标准，在招商引资过程中充分考虑贫困户的受益，充分发挥其带动潜能。

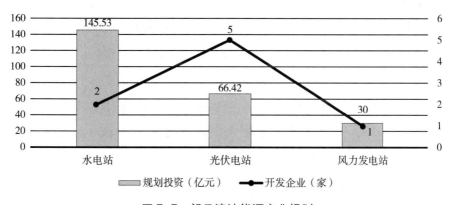

图 7-7 朗县清洁能源产业规划

四是发挥藏医药业带动效果。总投资 1300 万元的朗县藏医院已经建成并投入使用；贫困户看病就医绿色通道也已经开通并投入使用；完成"塔布苏卡"商标注册，试点种植藏药材 3.75 亩，预期效益良好，拟向贫困户推广种植。登木乡比邻村引进西藏冕仔生物科技有限公司，成立白朗雄专业种植养殖合作社，投资 30 万元种植党参、藏当归、羌活等 6 种藏药材，规模达 33 亩，辐射带动边缘户 26 户和贫困户 11 户，通过土地流转每亩可获得收益 800 元，通过劳务输出每人每天可获得收益 150 元。

此外，朗县积极发挥金融扶贫带动作用，设立产业金融扶贫风险补偿担保基金 3000 万元，积极撬动金融资金投入产业发展，完成林芝市首笔产业贷款 1970 万元，2018 年协调完成贷款 500 万元，正在协调市邮政储蓄银行、县农行办理合作社贷款 1370 万元。通过三年努力，朗县构建起多点发力、多业增收的产业扶贫新格局，确保贫困户有稳定增收的产业，稳定解决了不愁吃不愁穿的问题。

（三）兜底保障夯基础，长效化实现贫困人口"三保障"

朗县坚持把抓教育、保健康、住安全房，作为摆脱贫困的最基础性工作。朗县在校生 2313 人，初中毛入学率为 103.13%，小学适龄儿童净入学率为 99.92%，学前毛入学率为 83.45%，九年义务教育巩固率为 95.24%（见图 7-8）；城乡医保参保率达到 100%，建档立卡贫困户扶贫保参保率 100%；所有贫困户实现了安全住房有保障。

教育方面，朗县教育扶贫工作紧盯脱贫摘帽巩固提升主任务，扭住协调推进学生资助、控辍保学、均衡发展三项重点工作，取得了显著成效。一是学生资助更加精准。完善建档立卡贫困户和贫困家庭学生电子信息库，教育扶贫数据精准度达 100%，确保不漏一户、不落一人。同时，做优教育资助，变"家长跑"为"主动办"，最大限度省去家长来回奔波的烦琐，有效提高资助工作效率。2019 年以来，

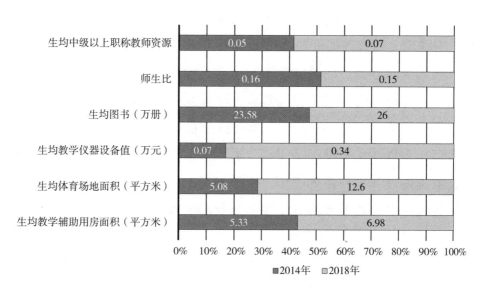

图 7-8　2014 年与 2018 年生均教育资源对比

朗县兑现西藏自治区建档立卡贫困家庭子女接受高等教育实施免费教育补助政策资金 59.1 万元，惠及建档立卡大学生 94 人；兑现社会企业资助资金 10 万元，惠及贫困学生 31 人，按政策实现资助全覆盖，赢得了社会广泛赞誉，特别是得到了贫困户家庭的一致认可。二是控辍保学凸显成效。朗县构建了"制度控辍、质量控辍、依法控辍"的"三位一体"控辍保学新机制，确保学龄人口不因贫困辍学。同时，朗县教育局积极加强与扶贫、司法等部门联系，全面加强对义务教育法的宣传，家长对履行义务教育责任的认识更加深刻，控辍保学呈现良好工作态势。截至 2019 年 8 月，全县初中毛入学率为 103.31%，小学适龄儿童入学率为 99.92%，学前毛入学率为 83.45%。保障适龄三类残疾儿童接受教育，全县适龄三类残疾儿童 12 名，其中在特殊学校和随班就读的 5 名，通过送教上门等措施，三类残疾儿童入学率达到 60% 以上。九年义务教育巩固率达到 95.24%。三是均衡发展更加公平。截至 2018 年底，相较 2014 年，生均教学辅助用房面积由 5.33 平方米增加到 6.98 平方米，生均体育场地面积由 5.08 平方米增加到 12.6 平方米，生均教学仪器设备值由 0.07 万元增加到 0.34 万元，生均图书册数由 23.58 万册增加到 26 万册，师生比由 0.16 下降到 0.15，生均中级以上职称教师资源由 0.05 增加到 0.07（见图 7-8）。

基本医疗方面，朗县坚持不断完善医疗救助工作机制，开辟贫困群众就医绿色通道，设立兜底基金 150 万元，为贫困户发放就医绿卡 2900 张，实现了"一人一卡"，累计医疗救助 232 人次，累计救助金额达 289.287 万元（见图 7-9）。为真正落实健康扶贫工作，朗县在全县范围内展开了一系列工作，成效显著：统一印制发放藏汉双语朗县扶贫医疗卫生救助政策解读和医疗救助流程图海报 500 份；深入开展"五下乡"活动，免费为 212 名育龄群众进行生殖健康医疗服务；邀请河北等地专家开展包虫病患者甄别，全县共筛查包虫病 16399 人（其中包虫病阴性患者 16189 人，阳性患者 55 人，疑似患者 155 人），筛查率达 100.3%，共采集血样 1600 份，问卷调查 1040 人，发放宣传资料 520 余份，受教育群众累计达 15512 人次；与林芝市济民医院结对开展"党建+医疗+脱贫"健康扶贫活动，为干部群众发放免费体检医疗卡 2 万张；落实 1048 户贫困家庭签约医生 139 名，贫困人口签约率达 100%，均已上门服务 3 次，累计服务群众 5600 余人次，随访覆盖率达 90% 以上；落实投保资金 20.96 万元，为全县 1056 户 2838 人按户均 100 元的标准购买"脱贫保险"。

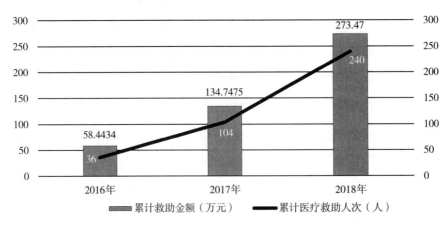

图 7-9　2016—2018 年朗县住院兜底资金兑现情况

住房方面，根据西藏自治区住建厅《关于下达我区 2017 年农村危房改造任务的通知》文件要求，2017 年朗县共有 30 户农村危房改造的任务。其中，朗镇 10 户、仲达镇 15 户、拉多乡 5 户，补助标准 1.45 万元/户，总投资 43.5 万元。截至 2018 年 6 月，朗县住建局完成了对 28 户的农村危房改造任务，共拨付 40.6 万元的危房补助资金。同时，为保证现场改造与业内改造同步进行，确保农户档案与现场改造一致，朗县住建局安排专业人员对工程质量进行抽查检验，并将档案信息录入农村危房改造信息系统。在完成历年农村危房改造基础上，朗县住建部门严格按照《农村危险房屋鉴定技术导则》（试行）和《农村危房改造最低建设要求》（试行）的标准，对县域范围内 3032 户（含非四类重点对象）开展住房保障工作，重点对 1061 户（建档立卡贫困户）2853 人的住房进行了住房安全评定，共出具住房安全评定结果 3032 份（含非建档立卡贫困户）。除扎实落实危房改造工作外，朗县"三岩"跨市整体易地扶贫搬迁群众 22 户 150 人。2018 年，涉及朗县"三岩"跨市整体易地扶贫搬迁群众 14 户 109 人，分为 3 个安置点。2019 年已确定登木乡登木村安置点 3 户 25 人，房屋建设现已完成，安置群众现已全部顺利入住。

除教育、医疗和住房安全等基础保障工作外，朗县不断健全和完善政策兜底体制机制，严格落实生态补偿和民政救助政策。2016 年以来落实生态补偿岗位 4394 个，累计兑现岗位资金 3587.8 万元。县乡村三级每年签订目标责任书，制作岗位出勤台账 52 本，发放上岗证 4394 个。同时，注重将定向补助性政策与生态补偿政策同安排、同部署，落实定向补助发放名额 1692 个，累计发放资金 439.75 万元。为加大民政政策和扶贫政策的有效衔接，全县将农村低保标准提高至 4450 元，2016 年以来为 189 户 412 人城乡低保群众发放补助资金 410.75 万元；集中供养老人 111 人，投入日常开销资金 450 余万元；接受医疗救助申请 6813 人次，发放救助资金 660.7 万元。

（四）基础建设补短板，全面打通地区发展"最后一公里"

朗县以"十项提升工程"为抓手，2016年以来累计争取实施项目180多个，投入资金达30亿元，实现了户安全饮水率、乡镇和行政村道路通达率、户通电率、通信覆盖率、行政村通宽带率、科学技术普及率、义务教育适龄儿童入学率、乡镇小学幼儿园覆盖率、村文化室和广播电视覆盖率、村级卫生室覆盖率、村医配备和医疗费用报销率、养老保险参保率达到100%，保灌率达到85%，农田灌溉率达到75%，孕产妇和婴儿死亡率控制在1.2%以内，有劳动能力贫困人口培训率和就业率达到80%的标准（见表7-3）。

表7-3　2014—2018年朗县基础设施建设与公共服务的变化情况

（单位:%）

指标	2014年	2015年	2016年	2017年	2018年
贫困户住房安全率	100	100	100	100	100
贫困户通互联网率	10	30	53	78	82
行政村通村公路硬化率	42.1	48	56	79	89.7
行政村开通客运班车率	19.23	19.23	19.23	19.23	19.23
行政村安全饮水达标率	55	65	70	75	80
行政村和具备条件的自然村通动力电比率	100	100	100	100	100
行政村综合性文化活动场所（地）覆盖率	100	100	100	100	100
易地扶贫搬迁贫困户入住率	—	—	—	100	100

道路建设方面，一是致富新路全面打通。自脱贫攻坚战打响以来，朗县共实施农村公路建设项目40余个、总投资9.5亿元，分别比脱贫攻坚战打响之前增长62%、200%，现朗县境内干线公路有国道2条（G560、G219），省道2条（S510、S205），全县乡镇通油率达100%，建制村通畅率达94.23%、自然村通达率100%、好路率达

65%以上，彻底实现了"村村通公路"目标，切实打通了农牧民群众增收致富"最后一公里"。全力保障农村公路项目建设，在保证工程质量基础上，优先考虑有资质、有实力的当地农牧民施工队参与项目建设，并明确项目建设中农牧民群众参与务工比例不低于30%，带动当地农牧民群众年均增收2300余万元。2016—2018年，朗县政府积极组织3000余名贫困群众及运输车辆和机械设备参与交通项目建设，实现群众就近增收7000余万元，极大地激发了群众参与公路建设的热情。二是管理水平不断提升。朗县坚持充分发挥农牧民群众主体作用，进一步强化农村公路路政管理各项工作，坚持把"一所六站"（即1个县农村公路养护所、6个乡镇农村公路养护站）工作经费纳入年初财政预算，切实做到"机构、责任、人员、资金、制度"五落实。每年用于群众性养护资金144万元，2019年8月全县共有374名人员从事公路养护工作。在农村公路管理过程中，朗县积极探索农村公路管理新机制，不断加强县域内农牧群众技能培训力度，坚持每年不少于5次邀请各级专业养护队伍开展现场养护、技术养护、安全养护培训，让当地农牧民群众真正有能力把路"管起来"。截至2019年8月，全县农村公路经常性管养率实现100%。

安全饮水方面，2014—2018年，朗县共开工建设水利工程19个，累计投资22541.32万元（见图7-10）。如2016年农村饮水安全巩固提升工程，共覆盖朗县4个乡镇，受益人数为1717人，其中建档立卡贫困人口165户633人；2017年农村饮水安全巩固提升工程，覆盖朗县6个乡镇26个自然村，共计解决4711人的安全用水问题，涉及精准扶贫人口265户621人；2018年朗县小型农田水利专项县建设工程，投资1001.41万元，现已完工，共解决3个乡镇、1083户3460人（其中精准扶贫建档立卡246户844人）、4483亩农田的灌溉问题。通过这些项目的实施，有效解决了县域内所有贫困村、贫困户的饮水安全问题，让贫困群众吃上了放心水、安全水、卫生水。

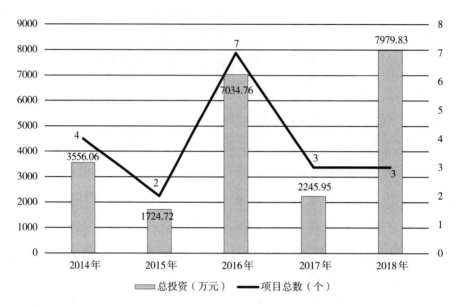

图 7-10 2014—2018 年朗县水利工程建设情况

公共服务方面，朗县拥有以特色农牧、文化旅游、清洁能源和藏医药四大产业为主导的优势特色产业；实现了县域内所有行政村经济合作组织、村级综合文化服务中心、综合性服务网点全覆盖；标准化卫生室覆盖率 100%；每个村"两委"班子健全，村集体经济总规模超过 430 万元，年集体经济收入为 0 的贫困村数量降至 14 个，"空壳"问题得到极大改善，重点贫困村驻村工作队全覆盖。

（五）志智双扶齐发力，有效扭转困难群众"等靠要"思想

朗县坚持把转变深度贫困地区群众思想观念作为脱贫攻坚的重要举措，进一步激发贫困群众内生动力，引导贫困群众由"要我脱贫"向"我要脱贫"转变。积极对接市场需求，进一步优化培训方案，健全建档立卡劳动力贫困群众花名册，坚持就业有门路、户户有收入，精准开展贫困群众转移就业技能培训。2016 年以来，朗县累计

投入资金 136.67 万元，开展温室大棚种植、藏餐烹饪技能、建筑基础操作、生态护林员业务知识、挖掘机操作、牦牛养殖、机车维修、旅游业客服等技能技术培训 29 期，培训群众 1371 人，其中贫困群众 1081 人、一般群众 290 人，实现转移就业 1331 人；落实企业对口帮扶培训资金 54.53 万元，转移就业 137 人，受益贫困群众 394 人，切实增强贫困群众依靠勤劳双手脱贫致富的主动性。

一是高位推动，机构健全。为进一步扎实有序地开展转移就业脱贫攻坚工作，2016 年朗县成立转移就业与企业帮扶工作领导小组办公室，认真按照"培训一人、就业一人、脱贫一户"的要求，先后多次召开扶贫专题会议，就转移就业脱贫工作安排部署具体事项，使扶贫转移就业工作有专人抓落实、主要领导严把关，每名成员各司其职的工作格局。

二是党员先锋，志智双扶。朗县党员干部在扶贫过程中，高度重视对贫困对象精神上的扶贫，既扶志又扶智，不断探索创新形式，"推心置腹"向困难群众宣传新思维、新理念，让群众转变观念，提升脱贫意识，主动脱贫，切实把精神文明建设贯穿于脱贫工作始终，让物质文明与精神文明共同发展。为了巩固精神脱贫成果，朗县金东乡康玛村情景剧《党的恩情洒康玛》，东雄村话剧《今生，我生活在最幸福的时代》，仲达镇小品《兜底生活》《一切为了学生》《幸福照进新生活》等优秀文艺作品助力精准扶贫精准脱贫，极大地提振了全县脱贫攻坚的信心，启发了困难群众争当脱贫户的自觉性。

三是结合县乡村情，制定培训计划。为不断提升贫困户就业技能和水平，按照"确保每个贫困户至少有一人掌握一门实用技能"的工作要求，朗县转移就业与企业帮扶工作领导小组按照县委、县政府及县脱贫攻坚指挥部的总体要求，加强与市转移就业组及县扶贫办等部门的沟通，以搭建就业平台、创造就业机会为突破口，结合群众意愿和朗县三乡三镇地域分布及产业布局情况，针对性地制定了沿江三镇经济林木种植及高寒三乡牲畜养殖为重点的各类技能培训计划，切实提高了培训的成效，达成了促产业增收和促群众就业的双重目标。

四是狠抓政策宣传，促进培训就业。为深入宣传贯彻落实党的十九大精神，进一步加大农牧民群众对精准扶贫转移就业各项民生政策的知晓度和参与度，转移就业与企业帮扶工作领导小组组成工作专班深入县域内的 6 个乡镇、16 个村居、3 个寺庙等开展为期 10 天的"党的十九大精神暨社会保障政策宣讲活动"。在活动中宣讲组用通俗易懂的语言结合党的十九大精神，围绕精准扶贫建档立卡贫困户转移就业工作、农牧民技能培训、就创业政策等重点工作开展宣讲，同时现场解答群众较为关心的社保、就业及技能培训等相关问题，并将农牧民技能培训相关扶持政策及技能培训种类科目等相关宣传资料译成藏语，便于群众准确掌握各项政策，提高贫困户及边缘贫困户主动参与各类技能培训及积极外出务工增加收入的意识。在宣传期间共发放各类宣传册 260 余份，实地宣讲 10 余场次，参与群众达 600 余人。

五是积极开展培训，促进转移就业。朗县人社局结合培训及就业实际，2016 年开展了 7 期培训，参训的农牧民共有 513 人，其中建档立卡贫困户 212 人，完成培训指标 69%，使用资金 52.5616 万元，实现贫困户转移就业 334 人，就业率为 92.1%；2017 年开展了 9 期培训，参训的农牧民共有 1135 人，其中建档立卡贫困户 768 人，完成培训指标 72%，使用资金 120.079 万元，实现贫困户转移就业 791 人，就业率为 70%；2018 年共开展了 15 期培训，参训的农牧民共有 893 人，其中建档立卡贫困户 408 人，完成培训指标 73%，使用资金 104.475 万元，实现贫困户转移就业 275 人，就业率为 92%。截至 2019 年 8 月，全县共开展 31 期就业培训，参与农牧民群众共有 2541 人，其中建档立卡户贫困户 1388 人，实现贫困户（含边缘户）转移就业 1400 人（见表 7-4）。

表7-4 2016—2018年朗县就业培训情况

	2016 年	2017 年	2018 年	总计
开展培训数（期）	7	9	15	31
参训农牧民数（人）	513	1135	893	2541
其中建档立卡贫困户（人）	212	768	408	1388
完成培训指标（%）	69	72	73	—
使用资金（万元）	52.5616	120.079	104.475	—
实现贫困户转移就业（人）	334	791	275	1400
就业率（%）	92.1	70	92	—

（六）严督实考提成效，切实保证地区脱贫"三率一度"

朗县积极学习其他深度贫困地区成功摘帽经验，狠抓精准识别、动态管理、精准退出，力促精准施策、真帮实扶。朗县严格以"精准识别、不落一户、不漏一人"为原则确定贫困户。采取"户、村、乡、县"四级严格落实申请、评议、公示、批复程序，严把建档立卡贫困户精准识别关口，并多次开展了"回头看"，及时查漏补缺、复查复核。实行"考核引导""二审核二公示"的工作方法，严格做到家家登门、户户核实、人人见面，实现精准退出"无差错""无遗漏""无信访"，切实解决了错退、漏评问题。

表7-5 2014—2018年朗县脱贫情况

	2014 年	2015 年	2016 年	2017 年	2018 年
贫困村数（个）	52	52	52	50	23
贫困村退出（个）	—	—	2	27	23
贫困户退出（户）	278	208	268	376	397
脱贫人口（人）	882	661	885	999	929
贫困户未退出（户）	1305	1061	791	413	16
未脱贫人口（人）	3462	2853	1970	961	28
贫困发生率（%）	24.18	20.20	13.91	6.65	0.19

一是聚焦"靶向准"，在精准识别上促脱贫。朗县严格执行贫困人口识别及准入程序，坚持把精准识别作为打赢脱贫攻坚战的基础，按照自治区和林芝市总体部署，以"精准识别、不落一户、不漏一人"为原则，按照"户、村、乡、县"四级严格落实申请、评议、公示、批复程序，组织县乡（镇）村三级干部进村入户，对贫困户进行摸排、核查、建档，切实做到户有卡、村有册、乡有簿、县有档，确保全县建档立卡扶贫对象的识别精准。严格执行动态管理，2015年朗县初识别建档立卡贫困户1061户2853人，其中一般贫困户620户1991人，低保贫困户295户715人，五保贫困户146户147人。建立贫困人口动态管理机制，及时更新贫困人口扶持情况，做好贫困人口动态调整工作和档案管理工作，确保全县贫困人口动态管理更加精准（见表7-5）。

二是聚焦"退出准"，在精准退出上保脱贫。朗县根据中央提出的"两不愁三保障"标准，严格退出程序，结合实际落实脱贫攻坚各项举措，对收入达到脱贫标准的群众，每年由县级领导带队，组织考核组对达到退出条件的贫困户及时进行教育引导，并开展评估工作，按照贫困户申请，村民代表大会评议，村居"两委"、乡镇党委、政府审核，村居、乡、县三级公示，县扶贫领导小组审定的程序，做到程序公开、结果公正，有力确保了贫困户退出的精准。贫困村以贫困发生率作为主要衡量标准，贫困村贫困发生率3%以下可申请退出。同时，统筹考虑基础设施条件、基本公共服务水平、产业发展等综合因素，依据年度贫困村退出摘帽计划，立足朗县经济社会发展现状，综合考虑贫困发生率、基础设施条件、产业发展等指标，充分听取各方意见，认真开展指标评估。贫困村先自愿上交书面申请书，然后填写《西藏自治区贫困村退出考核登记表》后，进入审核公示环节。考核实行"二审核二公示"程序，贫困村退出由乡（镇）、县审核并进行公示，然后接受市脱贫攻坚指挥部组织的检查评估，最后市扶贫开发领导小组（脱贫攻坚指挥部）审定，报自治区脱贫攻坚指挥部备案。通过规范程序、严格考核、阶段督查，有效确保了贫困户、贫困村退出的精准（见表7-6）。

表7-6 2016—2018年朗县帮扶责任人落实情况

	2016 年	2017 年	2018 年
贫困户总户数（户）	791	411	16
落实帮扶责任人户数（户）	490	335	13
占比（％）	61.95	81.51	81.25

同时，朗县严格实行党政"一把手"工作责任制，将扶贫开发工作纳入县委、县政府重要工作内容，成立了县扶贫攻坚工作领导小组，发挥统筹协调职能，县委常委会、县政府常务会多次专题研究讨论精准扶贫工作并进行安排部署。定期召开扶贫攻坚大会，对精准扶贫建档立卡、组建驻村工作队等内容进行专题培训，进一步统一思想、提高认识、坚定信心。朗县坚持将精准扶贫工作纳入年度考核重要内容，县委、县政府在农村工作目标考核中增加了扶贫开发工作考核分值，做实做硬扶贫开发工作考核制度，扶贫成效与干部使用、奖优罚劣挂钩。通过正向传导，朗县进一步压实各级党委政府责任，制定《朗县脱贫攻坚工作问责暂行办法》《关于进一步推进扶贫领域监督执纪问责工作实施方案》，开展专项治理，对各级党委政府确定的目标、议定的事项、明确的重点，抓实抓牢。三年来朗县县委县政府累积组织开展扶贫专项检查18次，发现共性问题26个并及时督促整改，收集意见建议18条，梳理问题线索1条，给予党纪处分1人；坚持正确的用人导向，把脱贫攻坚实绩作为选拔任用干部的重要依据，对长期在贫困地区和扶贫开发一线工作、政治坚定、实绩突出、群众公认的优秀干部，大力培养选拔使用，提拔脱贫攻坚有实绩的干部5人，切实打通了政策执行"最后一公里"。在国家2018年贫困县退出专项评估检查中，群众对朗县脱贫攻坚工作认可度达98.19%。

三、朗县"大扶贫格局"推动经济社会全面发展

朗县坚持以习近平新时代中国特色社会主义思想为指导，认真贯彻党的十八大、十九大精神，学深悟透习近平总书记关于扶贫工作重要论述，坚持精准扶贫、精准脱贫基本方略。经过三年不懈努力，朗县的脱贫攻坚工作成绩显著。朗县协同有序推进专项扶贫、行业扶贫、社会扶贫、金融扶贫、援藏扶贫"五位一体"扶贫大格局，全县52个村居干部扶贫工作实现全面覆盖，定点帮扶、单位结对帮扶作用发挥明显，援藏扶贫落实到位，"百企帮百村"工程稳步推进，金融杠杆作用加强，逐渐形成全社会、立体扶贫格局。不仅高标准、高质量地完成了脱贫攻坚目标任务，而且在政治、经济、文化和生态文明建设等多领域全方位发展，以深化脱贫攻坚统揽经济社会发展全局。

（一）脱贫攻坚同步推动县域经济发展稳中向好

自精准扶贫工作开展后，朗县举全县之力完成脱贫攻坚目标任务，坚持把脱贫攻坚作为统领全朗县经济社会发展的头等大事，最大化地将政策向脱贫攻坚方向倾斜，尽可能地将一切最优秀的组织资源、人才资源等发展资源向脱贫攻坚集中，尤其是向深度贫困地区重点集中，确保优质高效地完成脱贫攻坚目标任务。

就朗县进入21世纪以来的整体发展来看，优质资源向脱贫攻坚工作的大量集中并未影响到全县整体经济社会的发展，反而促进了县域整体经济水平保持健康、可持续的发展。从2012—2018年朗县地区生产总值变化的监测情况来看，虽然受到全国经济增速下行的影

响，朗县 2015—2017 年地区生产总值增速放缓，但年增长率均保持在 10% 左右（见图 7-11）。

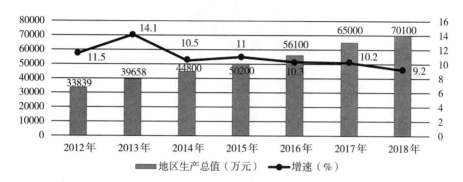

图 7-11　2012—2018 年朗县地区生产总值及增长速度

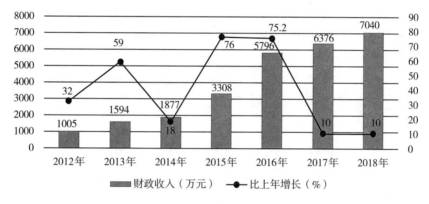

图 7-12　2012—2018 年朗县财政收入及增速对比

2018 年，朗县地区生产总值达到 7.01 亿元（见图 7-13），可比增长 9.2%。其中，第一产业增加值 1.11 亿元，可比增长 4.1%；第二产业增加值 2.24 亿元，可比增长 17.9%；第三产业增加值 3.66 亿元，可比增长 4.9%。第一、二、三产业的比重为 15.8∶32∶52.2。财政收入达 7040 万元，增长 10%；全社会固定资产投资 25.18 亿元，增长 49.5%；社会消费品零售总额达 1.34 亿元，增长 15%（见图 7-14）。

一是财政收入稳步提高。2018 年 1—12 月，全县财政收入完成 7040 万元，比去年同期增加 664 万元，增长 10%；税收收入完成

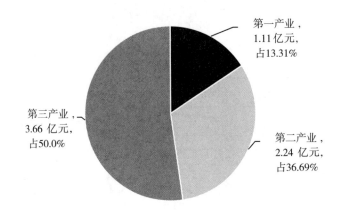

图 7-13　2018 年朗县三次产业增加值占地区生产总值比重

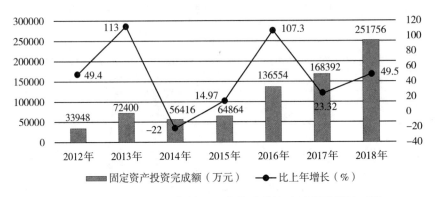

图 7-14　2012—2018 年朗县固定资产投资完成额及增速对比

2613 万元，同去年相比减少 1718 万元，降低 39.67%；县级非税收入完成 3605 万元，比去年增加 1560 万元，增长 76.28%；政府性基金收入完成 822 万元。

二是固定资产投资保持较快增长。2018 年全社会固定资产投资累计完成 25.18 亿元，同比增长 49.5%。其中，500 万—5000 万元完成投资 27926 万元、5000 万元以上完成投资 2451 万元、拉林铁路投资 77450 万元、国道 219 线投资 75487 万元、拉林铁路配电项目投资 68442 万元（见图 7-15）。2018 年，朗县开复工项目 153 个，总投资 18.58 亿元，完成投资 14.46 亿元。其中，续建项目 44 个，总投资 9.45 亿元；新建项目 89 个，总投资 8.19 亿元；援藏项目 20 个，总投资 1.94 亿元；完成形象进度投资 0.88 亿元。包括朗县火车站"三通一平"工程、219 国道建设、朗县扶贫创业孵化基地建设、县城污水处理及收集工程、朗县县城供水工程等。

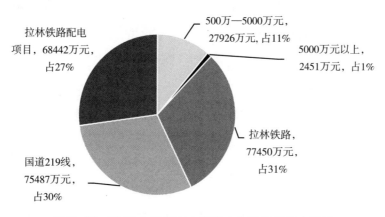

图 7-15　2018 年固定资产投资中各类投资所占比重

三是消费品市场运行平稳。2018 年朗县累计实现社会消费品零售总额 1.34 亿元，同比增长 15%。按行业类别分，食品零售实现销售额 11671 万元，同比增长 14.09%；餐饮收入实现销售额 1705 万元，同比增长 17.99%（见图 7-16）。按所在地分，城镇实现销售额 7914 万元，同比增长 14.7%；乡村实现销售额 5462 万元，同比增长 14.39%。

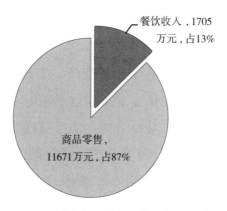

图 7-16　2018 年社会消费品零售总额（按行业类别）

　　朗县的脱贫攻坚工作之所以能够带动县域整体的发展，关键在于，朗县在推进脱贫攻坚的过程中，全县上下坚持以习近平新时代中国特色社会主义思想为引领，深入贯彻落实党的十八大、十九大精神，牢固树立和践行新发展理念，统筹推进稳增长、促改革、调结构、惠民生、防风险各项工作，经济社会持续全面健康发展。这种"稳中有进，稳中向好"的经济运行态势，推动县域三大产业持续加快发展，人民群众的生活水平进一步提高。2018年朗县农村居民人均可支配收入比2012年翻了一番，自精准扶贫工作开展以来，朗县农村居民人均可支配收入的年增长率始终保持在10%以上（见图7-17）。

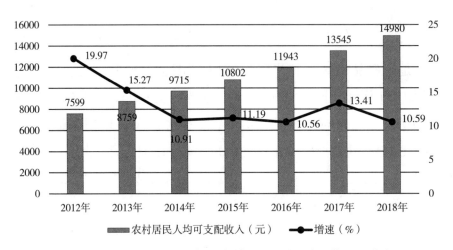

图7-17　2012—2018年朗县农村居民人均可支配收入及增速

　　朗县大力加强财政、金融等扶贫支持，集中脱贫攻坚工作力量，住房、基础设施、医疗、教育等方面建设不断完善，补齐了朗县的发展短板，优化了县域整体的发展结构，使得贫困人口不再是经济发展的"拖累"，成为拉动全县经济增长的有力支持。

　　依据表7-7可知，朗县建档立卡贫困户的人均纯收入已远超出贫困线3535元的国家标准，且人均纯收入结构更加合理。

表 7-7　2018 年建档立卡户人均收入结构表

项　　目	2018 年	2017 年	增长量（元）	增幅（%）
人均总收入	9458	8124	1334	16
人均纯收入	4089	2706	1383	51
工资性收入	1784	1471	313	21
家庭经营性收入	3240	2205	1035	47
财产性收入	134	1308	−1174	−89
转移性收入	4300	3140	1160	37
经营性支出	5369	5418	−49	−1

　　具体而言，一是建档立卡户人均纯收入增长稳定可持续。农村居民收入的增长动力点主要落在经营性收入与工资性收入上，通过对比两项收入可以看出，全县建档立卡户人均纯收入中，工资性收入和经营性收入的增幅分别为 21% 和 47%。尽管贫困户转移性收入增幅依然相对较高，但总的来看，建档立卡户的增收结构开始朝着更加稳定、更有后劲的方向发展。

　　二是产业助力，经营性收入成为增收"总引擎"。朗县县委、县政府始终坚持完善产业扶贫政策、加大资金投入力度，坚持"长效产业+短平快产业协同发展"的发展理念和"123456+10"的工作方法，坚持把特色农牧产业、生态旅游产业、清洁能源产业、藏医藏药产业四大特色优势产业作为贫困群众脱贫的主导产业，在政策强有力的推动下，全县农牧产业发展势头迅猛，农牧业的持续快速发展，带动农户经营性收入不断上升，充分发挥了增加收入的"核心驱动"地位。

　　三是政策持续融入，转移性收入占比更加合理化。2018 年是朗县实现脱贫摘帽的关键年，朗县县委、县政府为打赢脱贫攻坚战制定了《朗县打赢脱贫攻坚战的实施方案》《朗县深度贫困地区实施方案》和 11 个专项组的专项扶贫规划，以及各行业部门的行业扶贫计划，形成了"2+11+N"的政策体系，2014—2018 年累计向扶贫领域投入资金 60999.5 万元，随着各项政策补贴的落实，建档立卡户转移性收入也有着大幅度的提升。2018 年建档立卡户的转移性收入为 4300 元，同比增长 37%，虽然转移性收入依然保持着高增速，但比重却随着收入总量的上升而下降，占人均总收入的比重较去年下降 5 个百分点，推动人均纯收入的结构更加合理化、持久化。

（二）组织重塑，培育了素质过硬的干部人才队伍

扶贫干部队伍是全力打好精准脱贫攻坚战的生力军。自 2016 年全县开展脱贫攻坚工作以来，县委坚持一切服从脱贫攻坚全局，进一步充实了扶贫工作力量，成立了以县委书记为组长的脱贫攻坚领导小组，同时实行县处级领导干部联系乡镇工作制度，保证每个乡镇均由几名县处级领导干部负责具体指导和统筹协调。组建了以县委副书记、县长为总指挥长的朗县脱贫攻坚指挥部，指挥部下设办公室及 11 个工作组，办公室主任由县政府副县长兼任，骨干成员从扶贫、农牧、国土、发改、旅游、卫生、教育等部门抽调，11 个工作组分别设在扶贫办、财政局、发改委等 11 个县直部门，并抽调了精干力量负责具体工作。县域内各乡镇均成立了脱贫攻坚领导小组，党政主要负责同志任组长，班子副职具体分管，并配备了 3—5 名扶贫专干，保障了脱贫攻坚各项工作有效落实。为打赢脱贫攻坚战，朗县始终把抓强扶贫干部队伍建设，作为全面推进脱贫攻坚、全面提升脱贫质量的重要内容和关键环节。三年来，通过树立导向、精准选派、强化培训等方式，不断激发各级扶贫干部的创业激情，切实提升各级干部真扶贫、扶真贫的动力与干劲，朗县建设培养起一支敢打仗、善打仗、打胜仗的干部人才队伍。

党群干群关系得到进一步密切。通过动员广大党员干部深入贫困户"结对认亲交朋友"，开展扶贫工作，与农牧民群众促膝谈心，积极了解群众的真实想法，了解他们的现状和心愿，站在他们的角度上

思考问题，真心实意帮助贫困户理清脱贫致富思路，指明脱贫致富方向，加深了干部对基层群众的了解，明晰了群众对干部"是来帮、来扶、来解决实际问题的"印象，党群干群关系突破了已往的"群众来单位办事、干部去村里调研"的模式，使农牧民群众与广大党员干部的联系更加紧密，进一步密切了党群干群关系。

干部责任意识、担当意识得到进一步提升。脱贫攻坚工作开展以来，朗县在干部选拔任用工作中注重向艰苦偏远基层和脱贫攻坚一线干部倾斜，特别是制定了《朗县脱贫攻坚优秀干部提拔使用制度》，以制度保障有效激发广大扶贫干部的工作积极性，逐渐形成了"能吃苦、有干劲、愿干事、有闯劲"的干事创业氛围。很多基层干部也是从贫困中走过来的，和农村有着千丝万缕的关系，在扶贫工作中对贫困群众有一种发自内心的同情。通过参与扶贫工作，狠抓工作落实，重点突出"一心为民"，广大扶贫干部对抓好扶贫攻坚的使命感与责任感油然而生，真正"用心扶贫、用心做事"，真正做到了帮助贫困群众解决实际困难和问题。奋斗在一线上的党员干部，从内心深处怀着对弱势群体的关爱、对困难群众的同情，坚定行善向善的信念，变任务为责任，变压力为动力，充满激情、充满爱心，积极主动投身于扶贫攻坚战中。广大扶贫干部的责任意识、担当意识不断提升。

干部工作能力得到进一步锻炼。自脱贫攻坚工作开展以来，广大扶贫干部为圆满完成脱贫攻坚任务、让群众满意，在实践中不断磨炼本领。产业扶贫、生态扶贫、金融扶贫、旅游扶贫、电商扶贫等扶贫方法"百花齐放"，不少干部在扶贫工作中积极建言献策，想出了好点子、拿出了好办法，以企业家般的实干创业精神、科学家般的潜心钻研精神，发掘特定的资源禀赋，分类施策、对症下药，更高效率地进行扶贫。通过扶贫攻坚的艰苦历练，使干部队伍的含金量大大增高，形成了一支懂扶贫、会帮扶、作风硬的扶贫队伍，为高素质专业化干部队伍建设储备了优质的"源头活水"。

（三）民生工程，提升了人民群众的幸福指数

民生连着民心，民心是最大的政治。自脱贫攻坚战役打响以来，朗县县委、县政府全力推进落实群众生产生活扶持项目，坚持以"十项提升工程"为抓手，实现了户安全饮水率、乡镇和行政村道路通达率、户通电率、通信覆盖率、行政村通宽带率、科学技术普及率、义务教育适龄儿童入学率、乡镇小学幼儿园覆盖率、村文化室和广播电视覆盖率、村级卫生室覆盖率、村医配备和医疗费用报销率、养老保险参保率达到100%，农田保灌率达到85%，孕产妇和婴儿死亡率控制在十万分之八十和1.2%以内，有劳动能力贫困人口培训率和就业率达到80%的标准。

朗县坚持以人民为中心的发展理念，三年脱贫攻坚带动了民生社会事业的发展完善，社会公共服务体系和基础设施不断得到优化和升级，农牧民群众的获得感、幸福感和安全感全面提升。

一是教育事业全面发展。三年来朗县为4820名农村义务教育学生免除"营养餐"（800元/年/人）共计392万元，落实5964名学生"三包"经费1780.57万元。重点加大困难学生帮扶力度，整合财政、援藏、企业等多渠道资金285.1万元，资助贫困学生746名，切实减轻贫困家庭子女生活开支。截至2018年，朗县九年义务教育巩固率达95.24%，小学适龄儿童入学率为99.92%，初中毛入学率为103.13%。

二是卫生服务全面覆盖。为减轻医疗保障扶贫对象看病难的问题，自2016年起，朗县开始大力创新医疗救助方式。2016年，朗县政府敦促县卫健委制定了《朗县年度卫生扶贫工作计划》和《朗县卫生行业扶贫规划》；2017年朗县卫健委以县政府名义下发了《朗县精准扶贫医疗保障工作实施方案（2017年）》；2018年朗县根据县域内健康扶贫进展的实际情况，为促使健康扶贫工作做实、做到位，进

一步完善充实了《朗县精准扶贫医疗保障工作实施方案（2018年)》，并及时下发至各相关单位，同时开通医疗保障扶贫对象医疗就诊绿色通道，与县级医疗机构签订了《精准扶贫对象就医绿色通道合作协议书》，实现了全县贫困建档立卡人员"一人一张"，绿卡发放覆盖率达100%。截至2018年，全县农牧区合作医疗集资人数14065人，占全县农牧区总人口的100%，参加户数4016户，占全县农牧区总户数的100%。

三是社会保障全面到位。朗县不断加大民政政策和扶贫政策的有效衔接，将农村低保标准提高至4450元，三年来为189户412人城乡低保群众发放补助资金410.75万元；集中供养老人111人，投入日常开销资金450余万元；接受医疗救助申请6813人次，发放救助资金660.7万元。在就业保障方面，截至2018年底，朗县人社局在县委、县政府的指导下共组织开展31期培训，参与农牧民群众共有2541人，其中建档立卡贫困户1388人，成功实现转移就业的贫困户（含边缘户）达1400人，建档立卡贫困户平均就业率达84.7%。2018年朗县参加五类保险人数达到1.67万人，征缴基金1.23亿元，征缴率达100%；共开放岗位240个，新增就业370人，农牧民转移就业9700人，经济收入达1500万元；新增291名应往届高校毕业生，实现就业277人、创业9人，就创业率达98%，城镇登记失业率控制在2%以内；受理劳动争议案件23起，追回农民工工资161万元。同时，朗县全面启动土地确权和林权制度改革，完成各类确权8420宗，办理各类产权证书6714份，朗县社会保障体系日益完善。

四是文化水平不断提高。2018年朗县举办各类文艺演出活动62场次，观众人数达1.67万人次，500户有线电视数字化项目投入使用。全县继续加强对文化遗产的传承挖掘和保护力度，大力做好非物质文化遗产申报工作，截至2019年8月全县共有非物质文化遗产项目12个（自治区级5个、县级7个）。同时，朗县县委立足藏区实际，通过规范门牌、宣传栏、标识牌、横幅等藏语文使用标准，不断提高藏语文社会用字规范化和标准化水平，增强了县域文明程度，对体现朗县民族地域特色起到了积极作用。

（四）东西协作，创建了区域发展联动新格局

区域联动发展是朗县打赢脱贫攻坚战的重要手段。在东西协作推动下的区域联动发展，不仅加速了粤藏两省的区域联动，而且同步促进了地区间教育、医疗、社会建设等多方位的交流合作，加深了区域间的良性互动，促进了区域内尤其是城乡社会之间的融合，在实现脱贫攻坚的同时，也为未来地区经济社会的协调、全面发展奠定了坚实基础。

朗县借助粤藏对口帮扶协作的机遇，通过深入组织交流交往活动，变被动为主动，有效开阔了朗县本土人才的视野，提升了本土人才的能力素质，带动了朗县经济社会各方面的发展，从而打造了区域协调发展新格局。

一是严格落实"四双"制度，圆满完成了规划内项目建设。朗县与工作组一道严格执行粤藏两省区共同协商确定的"四双"（双审、双管、双签、双覆盖）项目管理制度，组成以 2 名援藏干部、2 名项目责任单位干部为主体的项目现场管理小组，协调推动援藏项目开展。截至 2019 年 8 月，根据《广东省"十三五"对口支援西藏林芝经济社会发展规划》，朗县已配合工作组圆满完成了规划总投资为 1.9383 亿元的 20 个援藏项目（含 8 个小康村建设项目）的建设，项目完成率达 100%。

二是精确打击，提升了精准扶贫成效。2018 年是朗县脱贫攻坚的关键年，朗县政府重点围绕解决住房安全、饮水安全、常见病不出朗县等民生问题，和朗县旅游业发展薄弱等产业短板两个方面，积极与援藏工作组协商沟通，争取到广东省惠州市政府计划外项目资金 5613.81 万元，并根据两个 80% 原则（80% 的援藏资金投入基层、80% 的援藏资金用于改善民生）用于开展 7 个计划外民生项目，切实

解决了朗县老百姓的吃水难、看病难、吸氧难等问题，精准扶贫成效也得到惠州市委、市政府的高度肯定。同时，为加强与区域联动，进一步建立完善"市县结对帮扶"机制，朗县与援藏工作组一道争取到惠州市安排6个经济实力强的县（区）与朗县6个乡（镇）结成一对一帮扶关系，争取到对口帮扶资金1300万元，及时、有效解决了县域内贫困户生产生活中亟待解决的困难和问题（见图7-18）。2018年底，朗县县委、县政府和援藏工作组携手朗县农牧民，一道圆满完成了朗县脱贫攻坚任务，通过了国家组织的第三方评估考核，群众满意度达98.12%。

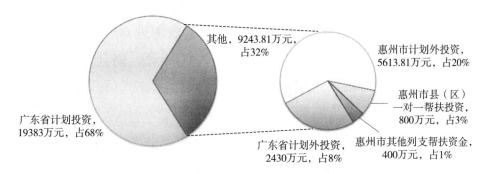

图 7-18　广东省对口援助帮扶资金情况

三是深入开展结对帮扶，朗县教育事业蓬勃发展。三年来，惠州市各结对帮扶学校共派出12批次70名优秀教师到朗县中小学、幼儿园等开展帮扶支教；协调惠州学院落实"粤藏校地共建大学生思想政治教育实践基地"的要求，安排四批次共58名品学兼优的大学生赴朗县支教。同时，工作组还积极争取惠州市财政每年出资43.49万元设立"鹅翔"教育奖励基金，对朗县籍新考取的大学生、考入其他省份西藏班学生、教育教学质量优秀的学校和个人进行奖励，对困难教师和困难学生进行慰问帮扶。2017年至2018年共奖励学生303人，教师99人，教学质量优秀学校9所，慰问贫困学生20人，教师854人，发放奖教学金86.98万元。通过援藏工作组与朗县教育系统的共同努力，2017年11月朗县高分通过国家义务教育均衡发展督导评估验收，朗县教育事业迈上了一个新的台阶。

四是持续推进"组团式"医疗援藏，朗县医疗卫生体系得到完善。2016—2018 年，惠州市累计投资医疗帮扶资金 450 万元，先后派遣三批援藏医疗队共 24 名医疗专家进驻朗县卫生服务中心开展医疗援助工作。在医疗援藏干部和援藏医疗队的全面帮带指导下，朗县卫生服务中心共举行专业培训 150 多次，培训专业技术人员近 2500 人次，开创性应用了髌骨骨折内固定术、凝血五项、低位产钳助产术、会阴美容缝合术、宫颈 COOK 球囊引产术等 18 项医疗新技术新项目，其中 9 项被当地医生牢固掌握，填补了朗县医疗技术的空白。三年来，朗县卫生服务中心门诊、急诊接诊量达 56130 人次；成功实施各类手术 420 多人次，成功抢救疑难危重病例近 60 例，突破了惠州援朗以前常年不能开展手术的局限。2017 年底，朗县卫生服务中心以高标准通过自治区组织的"二级乙等综合医院"评审验收，结束了朗县没有二级综合医院的历史。

五是主动推进粤藏人才交流，形成了区域协同发展新格局。朗县十分重视人才培养工程，积极借助对口援藏资源大力培养行政、教育、医疗卫生等"带不走"的本土专业人才，从而弥补智力资源的不足，实现人才技术的可持续。截至 2019 年 8 月，朗县已派出 31 名干部到惠州挂职锻炼、跟班学习和参加学习培训班；组织教育行政管理干部和优秀青年教师 15 人次到惠州市或湖南等外省市培训学习；组织朗县医疗行政管理干部和青年骨干医生 3 批次 10 人到惠州市中心人民医院、中心人民医院博罗分院等地跟班学习。

（五）绿色发展，实现了生态与经济的共赢

朗县县委、县政府始终努力探索朗县发展道路，以生态文明建设为指导，以污染减排和环境综合整治为抓手，以创建环境优美、生态良好的居住环境为目标，以服务经济和服务民生为主线，切实改善环

境质量，维护群众环境权益，积极实施可持续发展战略，努力做到监管与服务并重，保护环境与促进发展同步，从而推动区域环境协同治理，全面提升生态环境质量，实现更高质量的绿色发展。

生态环境得到全面保护。一是编制规划、完善政策，通过采取多种方式加强生态县建设宣传，在全社会形成了"重视生态、重视环保、推动可持续发展"的良好氛围。二是因地制宜、突出特色，生态乡（镇）、生态村建设活动成效明显。2019 年 8 月，县域内自治区级生态村完成率为 92%，自治区级生态乡镇完成率为 83%，对成功申报的生态乡镇、生态村合计发放生态创建奖励补助资金 72 万元。同时，朗县不断加强植树造林工作，2019 年新增造林面积 2300 亩，森林覆盖率逐年增加，达 45.5%。三是全面推进农村环境综合整治，农村环境进一步改善。朗县通过积极建立长效机制，不断引导、动员广大农民群众积极参与到农村人居环境整治工作中来，形成了人人参与的良好氛围，切实增强了农牧民群众的文明意识、环保意识，真正为广大农牧民群众营造出了一个干净、整洁、优美的宜居生活环境。四是整合资金，加快了农村环境建设。2016 年以来，朗县累积争取生态资金 1863 万元，用于新建农村垃圾收集点、农村排污系统、村道硬化、饮用水源地保护等基础设施建设和卫生整治、垃圾处理等环境整治工作，农村人居环境得到了明显改善，环保基础设施日益完善，农牧民群众的生产生活条件得到了显著提升。截至 2018 年，朗县落实生态岗位 4394 个，累计兑现岗位资金 3587.8 万元，落实定向补助发放名额 1692 个，累计发放资金 439.75 万元，实现了增绿与增收共赢，也极大地助力了脱贫攻坚工作。

建设项目环境管理日趋规范。三年脱贫攻坚工作使得朗县形成了总量控制、严格把关的项目运行、管理体制机制，从而保证了环境管理工作运行推进的规范化、制度化。一是严格遵守建设项目环境管理规定。三年来，朗县新、改、扩建项目涉及环保审批，不论项目大小都坚持预防为主的原则，严格把关，提前介入，严格执行环保"一票否决权"，力争在源头上控制污染。严格界定环评等级，没有出现为降低成本而降低环评等级及越权审批的情况。二是建设项目环境影响评价执行率达到了 100%。朗县严格执行环境影响评价和"三同时"制度，努力做到"两个围绕"，即围绕项目保护环境、围绕资源开发保护环境，环境影响评价执行率达到了 100%。几年来，朗县没有发生过重大环境污染事故和重大环境违法案件，没有发生因环境污染问题处理不当引起群众越级上访的情况。

环境质量不断得到改善。一是大气环境质量呈现出好转趋势。因受地理位置、生活习惯的影响，县域秸秆焚烧现象严重。为了改善大气环境质量，朗县采取拆锅炉、淘汰黄标车、控制扬尘、禁止秸秆焚烧等措施改善大气质量。根据监测报告显示，朗县大气环境质量有明显改善。二是主要饮用水源地水环境质量得到持续改善。2019 年 8 月，朗县县域内包括水源地保护与封闭工程、蓄水池及拦水墙工程、生态恢复与建设工程、水质在线监测设备间建设、水质在线监测系统及安全监控系统等饮用水源地保护区建设项目全面完成，农牧区排污管渠总长度达 6.12 万米，群众饮水安全得到了切实保障。

总的来看，朗县以建设"美丽朗县"为目标，通过跨部门、多路径、多手段、多层次的区域环境协同治理，踏实践行习近平总书记对生态文明建设作出的重要指示精神，牢固树立"绿水青山就是金山银山"理念，从而真正实现了生态与经济"共赢"。

（六）思想宣传，营造了和谐向上的社会氛围

实现攻坚战役的伟大胜利，既要在政策落实上压实责任、强化保障，同时也要在外部环境的营造方面做足功课，从而能够通过"人在情境中"有效激活困难群众的内生动力，营造争相脱贫的良好社会氛围。一是示范引领到位。2018 年全县累计召开宣讲会、实践活动 3700 余场次、受众 22.5 万余人次。二是创新举措到位。朗县大力开展"两

个最美"① 道德模范评选表彰活动，创作形成了《党的恩情洒康玛》情景剧、《今生，我生活在最幸福的时代》话剧、《十谢共产党》小品等优秀文艺作品，创新开展"土吉切啦，我的党""国民大宣誓"等感党恩活动。三是宣传推介到位。三年来朗县结合"四讲四爱"群众教育实践活动开展扶贫宣讲1200余场次，受教育群众累计达15万人次，在各级新闻媒体刊发脱贫攻坚新闻信息共计1635条（见图7-19）。

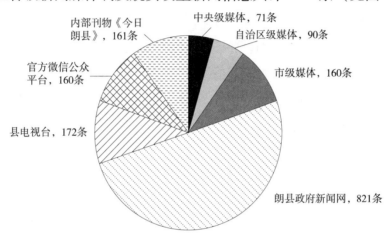

图 7-19　2016—2018 年朗县在各级主流媒体刊发脱贫攻坚新闻信息情况

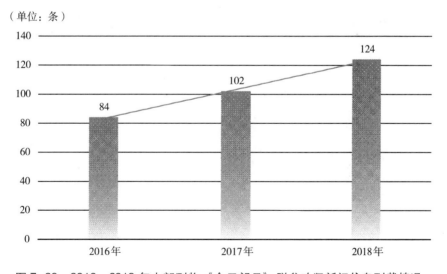

图 7-20　2016—2018 年内部刊物《今日朗县》脱贫攻坚新闻信息刊载情况

———————

① "两个最美"，即最美人物、最美家庭。

朗县坚持以典型报道树导向、社会宣传聚共识、新闻发布增效应为思路，通过网站、微信、电视台等立体平台大力宣传县委、县政府带领各族群众实现全面建成小康社会的决心和脱贫攻坚各项举措，宣传全县脱贫攻坚工作中的好经验、好做法和涌现出的先进典型、先进人物，宣传脱贫攻坚相关政策知识和群众脱贫摘帽后的新生活、新面貌，在全社会营造出了一种乐观向上、劳动致富的良好文化氛围，形成了爱党爱国、向上向善、孝老爱亲的良好风尚，激励起困难群众逐步树立起通过勤恳努力创造美好生活的信念与决心。三年在思想宣传领域的耕耘，为朗县改革发展稳定提供强有力的思想保证、精神动力、舆论支持和文化条件，坚定了朗县各族干部群众感党恩、听党话、跟党走的信心和决心。

第八章

探索与反思：可持续视角下朗县的 "融合式" 乡村振兴

实施乡村振兴战略，是党的十九大作出的重大决策部署，是决胜全面建成小康社会、全面建设社会主义现代化强国的重大历史任务，是新时代中国做好"三农"工作的总抓手，是当前科学处理工农城乡关系的行动指南，也是实现全体人民共同富裕的必然要求。近年来，西藏自治区党委、政府以正确处理好"十三对关系"为根本方法，以着力推进"十大工程"为抓手，大力实施以"神圣国土守卫者，幸福家园建设者"为主题的乡村振兴战略。随着脱贫攻坚工作的推动，朗县城乡面貌焕然一新，农牧民收入持续增长，农村生态文明建设不断加强，农村发展取得的重大成就。下一步，朗县将抓住历史机遇，整合区域资源，充分挖掘潜力，扎实推进全县农牧业全面升级、农牧区全面进步、农牧民全面发展。

习近平总书记高度重视西藏工作，提出了"治国必治边、治边先稳藏"的重要战略思想，对西藏各族群众的生活、生态文明建设寄予了厚望和重托。党中央以及广东省给予朗县大量资金用于项目建设，2017年朗县共计利用国家和援藏资金近9亿元，广东省惠州市援藏工作组实施援藏项目9个，总投资8416万元，完成投资5880万元，大量资金支持和项目建设极大促进了朗县的经济发展和社会进步。在新的历史时刻，朗县广大干部群众始终牢记习近平总书记的殷切嘱托，以更大决心和更明确的目标，深入推进乡村振兴工作。

一、持续发力：朗县脱贫攻坚成果的巩固提升

朗县按照林芝市农牧业"一带四基地"的发展要求和县委"123456+10"的发展思路，以打造"西藏干果产业大县""西藏辣椒产业第一县"为目标，大力发展特色农牧业、文化旅游业、光伏能源业、藏医藏药业为主的四大特色产业，突出改善农牧区面貌、农牧民生产生活条件、农牧民增收这个首要任务，牢固抓稳定、抓经济就是抓发展的理念，全县经济社会各项事业取得显著发展成就，脱贫攻坚成果得到巩固与提升。

（一）持续加大扶贫产业建设，稳步增加群众收入

朗县扶贫产业发展以产业精准扶贫规划为引领，以增加贫困群众收入为中心，以改善发展基础、提高发展能力为重点，确保助农增收，巩固脱贫成果。到 2020 年产业扶贫确保贫困人口全覆盖，产业精准扶贫规划内项目全部落地，各经营主体每使用 10 万元扶贫资金至少要吸纳 1 名贫困人口稳定就业。

1. 全面落实产业脱贫组人员力量

切实加强产业扶贫工作的组织领导，进一步健全由县（区）长担任产业脱贫组组长的管理体制，落实产业脱贫组组长、副组长的主体责任和各成员的具体责任，进一步配齐配强产业扶贫工作专班，将有责任心、有思路、业务熟、能力强、能干事的干部充实到产业扶贫工作专班中，确保产业精准扶贫工作组织领导得力、政策措施能够落实到位，为扎实推进产业精准提供坚实保障。

2. 落实好产业扶贫"五定三统一""三个一"工作制度

相关业务部门、各乡镇严格落实《关于进一步加强产业精准扶贫提高贫困群产业精准受益的通知》（藏脱指办〔2017〕96号）文件。坚持"规划定项目、项目定人员、产业定收入、收入定增幅、增幅定目标"的原则，瞄准建档立卡贫困人口，理清产业精准扶贫工作思路，确保建档立卡贫困人口通过产业扶贫项目精准受益。进一步落实好产业扶贫项目标识公示牌、明白卡、信息系统"三统一"的工作要求，落实好一个项目、一个法人主体，一个项目、一个利益联结机制，一个项目、一套档案资料的"三个一"工作制度，全面梳理产业扶贫项目实施及带动情况，真实准确掌握产业扶贫工作信息动态，全面梳理并建立产业扶贫带贫益贫建档立卡贫困人口信息档案，客观公正反映产业扶贫项目带贫减贫情况，严禁虚报、瞒报、谎报项目实施、资金使用及带贫减贫增收等数据。

3. 切实提高规划执行的严肃性

2019—2020年，按照《朗县"十三五"精准扶贫产业规划（2016年—2020年）》，朗县"十三五"扶贫产业规划项目共94个，总投资3.125亿元，在建项目27个、投资3883万元，完工项目46个、投资1.8078亿元，计划实施项目21个、投资0.9289亿元，项目覆盖全县6个乡镇，实现产业脱贫358户1114人。朗县同步着手2019年扶贫产业项目前期及编制设计工作，计划建设项目24个，总投资9466.5万元，其中国家投资4905.5万元，金融贷款3000万元，社会投资1561万元。各相关单位、各乡镇要严格按照《规划》确定的项目方案组织实施项目建设，严禁超规划安排项目或不按规划组织项目建设，严禁超概算投资建设产业扶贫项目。《规划》内的项目若出现不能落地，配套资金不到位，脱贫成效差，将严肃追究责任。县委书记是第一责任人。各相关单位、各乡镇要加强《规划》项目与县内深度贫困地区实施方案、三年行动计划、易地扶贫搬迁规划的有效衔接，进一步加强产业扶贫项目库建设工作指导，督促加快开展项目前期工作，切实提高项目开工率。

4. 强化资金使用效率

加强绩效管理，对项目绩效进行专项考核，朗县在资金分配上严格坚持效率优先、兼顾公平的原则，最大限度地提升扶贫资金的投放和使用效率，并在加大对扶贫资产规范化管理的基础上，探索项目资产所有权、使用权、受益权分离的工作机制，力争把产业效益精准落实到贫困群众。从而使各项目资金的使用真正落到实处，落到促进朗县经济社会发展和群众生产生活条件改善的刀刃上。

5. 加大对小型企业和村集体经济培育力度

在培育中小型企业和村集体经济力量的工作过程中，朗县坚持重点发展"企业+贫困户""村集体经济+贫困户""合作社+贫困户""致富带头人+贫困户"的"4+1"产业扶贫模式，通过统一标准、统一价格、统一质量、统一品牌，破解低质低效竞争，形成合力，鼓励发展电子商务，提高产品知名度和市场竞争力。通过对中小企业和村集体经济的培育，使其在带动贫困地区发展和贫困劳动力就业方面发挥重要作用。

（二）持续完善基础设施，加强基本公共服务能力

朗县坚持把巩固提升脱贫质量放在首位，注重各项基础设施的完善并发挥长期效用，确保脱贫攻坚成果经得起历史和实践检验。

1. 完善水利设施建设

一是全力推进农村饮水安全巩固提升，做好乡（镇）供水后续

工作、落实好"十三五"农村饮水安全巩固提升工程、昌都"三岩"片区易地搬迁群众人饮工程建设，加快朗县县城饮用水源地工程建设进度。二是持续加快农田灌溉排水设施建设，包括：朗镇、洞嘎镇、拉多乡灌区工程，朗镇人工饲草地灌溉工程，朗县2017—2018年小型农田水利专项县工程，2018年小型农田水利专项县工程。三是不断强化防灾减灾工程建设，将朗县新城区防洪堤工程、金东乡金东曲治理工程、拉多乡乡村防洪堤工程、拉多乡白露村山洪沟治理工程推进落地。四是继续加强水土流失综合治理，加快金东河流域水土保持综合治理、仲达小流域治理、洞嘎镇嘎贡清洁小流域治理、朗县河塘治理等相关工程。

2. 完善电力设施建设

加强电力基础设施建设，实施各村农网改造升级，加快电网延伸，扩大主电网覆盖面，力争有条件的村庄都通动力电。截至2019年8月，2018年新一轮农网改造项目建设（朗县拉多乡、金东乡等中低压配电工程，朗县金东35千伏输变电改造工程，朗县洞嘎35千伏输变电改造工程，朗县登木35千伏输变电改造工程，朗县仲达35千伏输变电改造工程，朗县110千伏输变电工程）已全部竣工。2020年底，朗县实现了农村电网供电能力基本充裕、自动化水平显著提高、供电服务质量明显改善、现代化农村电网体系基本建成。县城综合电压合格率达到99.7%，农村综合电压合格率达到99.3%；县城供电可靠率达到99.9%，农村供电可靠率达到99.6%。

3. 完善交通运输建设

聚焦群众出行难、出行险的问题，朗县加快乡村道路建设，实现乡（镇）、行政村、有条件的村组硬化路全面覆盖。推进"四好农村路"建设，实现具备条件的乡（镇）、行政村通客车率分别达到100%、80%。加大乡（镇）客运站和乡村客运停靠点建设力度，推进窄路基路面农村公路合理加宽改造。大力实施守边固边工程，全面改善金东乡各村交通条件。在2018—2020年，朗县投入资金2.47亿元，建设行政村村道9条46.7公里、旅游公路1条6.1公里以及建成6个乡（镇）客运站点。

4. 完善通讯和网络服务条件

深入实施网络扶贫工程，加快推进电商扶贫，扩大网络覆盖面；完善电信普遍服务补偿机制，巩固提升广播电视村村通工程，2020年，朗县实现了行政村4G网络全面覆盖；边境村（金东乡各村）宽带网络建设进一步优化；各村级物流代办点也逐步建立健全。

5. 加大农牧区人居环境综合整治力度

2018—2020年，朗县按照生态宜居的要求，大力实施农牧区人居环境2018—2020三年整治行动。一是进一步强化扶贫宣传，利用宣传横幅、宣传册等各种载体，宣传党的各项方针政策、生态扶贫、生态脱贫和环保法律法规等。二是进一步落实岗位责任，以一带户、带村、带乡（镇）为原则，对各生态岗位进行全方位的知识培训，明确自身职责，强化环保知识。三是发挥新农村建设对脱贫的推动作用，积极开展传统村落整治和危房改造，不断提高村容村貌的硬化、亮化、美化程度，加大村内道路、路灯、生活垃圾污水处理、改水改厕等建设，积极推进美丽乡村建设。到2020年，建成1个自治区级特色小镇，完成100%行政村环境综合整治，全县城镇化率达到20%以上。四是要持续推进西藏生态安全屏障保护建设规划的实施，加大主体功能区转移支付与森林生态效益、小流域综合治理、草原生态保护补助奖励机制，加大生态保护修复力度，增加重点生态功能区转移支付，扩大政策实施范围，大力实施天然林保护，退耕还林退牧还草等重点生态保护工程建设，完善草原生态补助奖励机制，加快推动林权制度改革，充分调动贫困人口参与植树造林、防沙治沙、土地绿化、苗圃建设的积极性。

（三）民生事业稳步推进，提升社会保障水平

朗县牢牢把握以人民为中心的思想，围绕落实"共建新生活"目标，紧盯社会关注、群众关心的教育、医疗、就业等重点领域，蹄疾步稳地推进社会民生事业改革，努力提高人民群众的幸福感和获得感。

1. 持续加强基础教育

积极发展学前教育，巩固提高义务教育，普及高中阶段教育，截至 2020 年，朗县教育实现总体发展水平显著提升，实现了建档立卡等贫困人口教育基本公共服务全覆盖，全县学前教育毛入园率达到 96.12% 以上，义务教育巩固率达到 100% 以上。保障各教育阶段从入学到毕业的全程全部资助，保障贫困家庭孩子都可以上学，不让一个学生因家庭贫困而失学、辍学。

一是加强中小学校师资队伍建设。加大贫困地区乡村教师补充力度，解决贫困地区乡村教师数量不足、结构不合理的问题。通过选派优秀教师到贫困地区乡村学校支教、走教等形式，重点解决师资缺乏问题，确保达到自治区 1∶21 的要求标准。全面推进校长教师交流轮岗工作，鼓励优秀校长教师到贫困乡村任教。认真落实教育教学激励办法，优先支持贫困乡村学校建设教师周转房，加快解决贫困乡村教师住房困难问题。城镇中小学教师在评聘高级职务（职称）和评先评优时，同等条件下有贫困乡村学校任教经历的优先。

二是改善乡村学校基础设施条件。在实施农牧区学前教育园所建设、全面改善深度贫困县区义务教育薄弱学校基本办学条件、义务教育学校标准化建设、农牧区中小学校舍维修改造、义务教育信息化建设等项目时，优先安排改善贫困地区乡村学校的基本办学条件。加强

对贫困乡村学校管理和校园文化建设的工作指导，确保贫困乡村学校全面实现硬件、软件同步提升。加快贫困乡村教育信息化建设，基本实现贫困村学校高速宽带接入。

三是大力实施教育均衡发展计划。大力发展公办幼儿园，2020年，六乡（镇）实现"一乡一园"，15 所村级幼儿园建成并投入使用，义务教育巩固率达 100%，实现中小学双语教育普及率、小学数学课程开课率、中学数理化课程教学计划完成率、中学理化生实验课程开出率、职业技术学校国家目录规定课程开出率均达 100%。

四是继续实施贫困学生资助计划。修订完善《朗县建档立卡贫困家庭学生资助实施方案》，按照脱贫不脱政策的原则，对已脱贫的建档立卡大学生严格实行国家及自治区现行标准。同时，朗县团县委"榕朗情"教育基金资助朗县籍建档立卡贫困户大学新生每人每学年 1800 元；教体局"鹅翔"教育基金资助朗县籍建档立卡贫困户大学新生每人 1500 元，朗县籍建档立卡贫困户考入西藏班（初中、高中）的高中、初中学生每人 1000 元。

2. 稳步推进转移就业

朗县将技能培训与转移就业作为重要的社会职责和政治任务来抓，按照"不就业、不脱手"的要求，采取有力措施切实加以推进，帮助贫困群众实现稳定就业，带动贫困家庭实现稳定脱贫。

一是加大对中央和自治区及市委、市政府出台的各项就业创业政策的宣传，扩大就业政策社会知晓面，营造关心、支持转移就业脱贫工作的良好氛围，有效推动转移就业工作。

二是针对未培训贫困人口开展全面、细致的调查摸底工作，切实根据群众意愿积极与培训学校对接采取"插花式"精准培训，确保有培训和就业意愿的贫困人口通过培训转移就业脱贫致富，实现"培训一人、就业一人、脱贫一户"的工作目标。

三是针对不愿意离乡培训和就业的贫困人口采取"请进来"的

培训模式，根据当地产业实际，开展辣椒种植、藏香猪养殖、牦牛养殖、藏木碗制作等培训，积极协调一些企业、合作社，努力打造"公司+农户+政府扶持"的贫困人口就业脱贫模式。

四是努力探索建立"培训学校自主招生培训"的模式，允许各类培训学校根据企业用工需求开展自主招生培训，把贫困人口稳定就业率作为考量培训效果的核心指标，将培训资金的拨付与参训人员稳定就业率挂钩，确保培训和就业的有机衔接。

五是建立劳动力信息库，积极对接县城内外各企业，根据企业的用工需求，做好贫困人口的技能培训，同步发挥提升贫困群众的内生动力，强化劳务输出力度及参与项目建设的积极性，拓宽贫困群众的收入渠道和现金收入。

3. 提供有效的医疗保障

通过持续提升全系统医疗卫生服务能力，完善分级诊疗体系，提升服务效果。同时，积极构建不同部门、不同保障体系之间的协作网，为朗县建档立卡贫困群众提供有效的医疗保障，把因病致贫和因病返贫的概率降至最低，确保脱贫攻坚成果持续巩固。

一是建立动态工作台账。加强与扶贫等部门沟通，及时掌握精准扶贫对象变更信息，定期组织对保障对象的健康体检和筛查，建立分类动态健康台账，制订精准帮扶方案，提高医疗卫生服务的精准率。

二是持续落实各项医疗保障措施。按照"托住底线、统筹衔接、高效便捷"的原则，严格落实"三个一批"行动计划，全面推进大病专项救治、重病兜底保障、慢病签约服务管理等工作。做实做细家庭医生签约服务工作，全县建档立卡贫困群众家庭医生签约服务实现应签尽签，确保基本医疗、基本公共卫生服务全覆盖。

三是加强对农牧区医疗制度管理人员的培训和运行体系的监督监管。定期组织对全县农牧区医疗制度管理人员开展业务培训。同时，联合审计等相关单位，对农牧区合作医疗基金管理和使用情况进行一次审计，并联合县人社局、物价等部门，对定点医疗机构农牧区合作医疗基金使用情况开展专项督查，发现问题，及时解决，确保农牧区医疗制度保障基金合理合规使用，确保建档立卡贫困群众一般性医疗费用能够得到及时报销。

（四）生态文明建设取得良好进展

持续实施生态扶贫行动。一是在完成2018年4394个生态补偿脱贫岗位工资1537.9万元、1692名无劳动力群众定向补助资金43.992万元的基础上，完善生态岗位管理考核办法、目标责任书、出勤台账，2018—2020年每年度严格清理腾换条件不符的岗位人员、及时调整充实享受无劳力定向性补助人员名单，进一步加强生态岗位和无劳力定向性补助人员管理、加强生态补偿政策和无劳力定向性补助政策落实、加强政策资金发放。二是依托重大项目建设，特别是拉林铁路、道路修建、西藏生态安全屏障保护与建设，从脱贫户中选聘劳力参与项目建设，增加群众收入。三是大力实施退耕还林还草、国土绿化等生态工程，引导脱贫户积极开展经济林木种植，并提供相关政策、技术、资金支持，让脱贫人口实现稳定增收。

朗县扎实开展生态创建工作，获得了48个自治区级生态村、5个自治区级生态乡镇和自治区级生态县的称号，完成了国家级生态文明示范县规划编制并通过专家组评审和县人大审议；狠抓环境保护整改落实工作，圆满完成迎接中央环境督察组各项任务；城乡环境整治、垃圾清理、填埋场整改等环境保护工作持续进行，与林芝市国策环境保护公司签订《医疗废弃物收运处置合同》，实现医疗垃圾处理100%集中化、无害化；实施重点区域造林、防沙治沙、防护林项目；积极开展义务植树活动，大力推进"河长制"，完成73条县乡级河湖立牌工作。

（五）持续凝聚脱贫攻坚合力

一是脱贫攻坚过程中，朗县全面落实了对口援藏扶贫责任，完善对口援藏扶贫台账，严格对账考核。一方面充分发挥对口援藏优势，以产业援藏、产品对接、人才援藏、转移就业、资金支持为重点，加大朗县龙头企业引进力度，拓宽特色产品销售渠道。另一方面，朗县进一步加大就业援藏脱贫工作力度，优先选派脱贫家庭人口到广东省惠州市在藏建筑施工项目中就业。

二是进一步发挥结对帮扶作用。各帮扶单位、乡（镇）强基办、驻村工作队、村"两委"班子、帮扶责任人要继续做好帮扶台账、强化帮扶责任、细化帮扶措施，要继续帮助帮扶对象理思路、出主意、办实事、做好事。

三是进一步发挥企业帮扶作用。朗县转移就业组在充分掌握各帮扶企业用工需求、工资待遇、工作方式的基础上，做好企业的思想引导工作，深入推进"百企帮百村"行动和"央企助力西藏脱贫攻坚"活动，完善帮扶台账，创新帮扶形式，树立帮扶典型，将企业帮扶作用充分发挥。

二、全面提升：朗县未来乡村振兴的提前布局

高举习近平新时代中国特色社会主义思想伟大旗帜，全面贯彻落实党的十九大和十九届二中、三中全会和中央第五次、六次西藏工作会议座谈会精神；深入贯彻落实新时代党的治藏方略。同时深刻领会和落实习近平总书记在庆祝西藏和平解放七十周年之际在西藏考察时的重要指示；以及关于"治国必治边、治边先稳藏"的重要战略思

想和"加强民族团结、建设美丽西藏"重要指示。坚持"依法治藏、富民兴藏、长期建藏、凝聚人心、夯实基础"的重要原则，紧紧围绕主题为"神圣国土守卫者，幸福家园建设者"西藏自治区乡村振兴战略规划。围绕统筹推进"五位一体"总体布局，以"四个全面"战略布局和协调推进"四大产业"发展战略为统领，坚持"三农"工作"重中之重"战略地位，坚持农业农村优先发展，建立健全城乡融合发展机制和政策体系，统筹推进乡村产业振兴、人才振兴、文化振兴、生态振兴、组织振兴。加快推进农牧区现代化，努力走出一条中国特色、西藏特色、符合朗县实际的乡村振兴之路，让农牧业成为有奔头的产业，让农牧民成为有获得感的群体，让农牧区成为安居乐业的美丽家园。

（一）朗县乡村振兴规划的基本原则与总体目标

朗县乡村振兴规划的制定，以确保粮食安全为前提，围绕县委"12345"的发展思路，推动人居环境科学与朗县经济发展相结合，统合新型城镇化建设、经济发展、生态保护、社会建设、文化传承等多个领域，促进人与自然和谐统一。以美好家园环境为基本载体，以完善的公共服务设施为基本支撑，以空间和产业两个统筹为基本路径，推进美好环境共同营造。最大程度激发农牧民参与经济发展和环境美化的热情，最大程度营造全民参与旅游经济的氛围，最大程度将发展成果惠及于民，带动农牧民脱贫致富，实现朗县乡村的全面振兴。

1. 基本原则

第一，坚持党管农村工作。实施乡村振兴，必须毫不动摇坚持和加强县党委对农村工作的领导，健全完善党管农村工作领导机制，确保朗县各级党委在乡村振兴工作中的领导地位，为实施乡村振兴战略提供坚强保障。

第二，坚持乡村全面振兴。乡村振兴是对农村政治、经济、文化、生态文明等各方面的振兴，需要从干部配备、要素配置、资金投入、公共服务上优先考虑农村，加快农村短板补齐。朗县要基于农牧区的资源优势，提高特色农牧业发展持续动力和深入挖掘文化旅游业发展潜力，构建三产融合发展平台，统筹推进农牧区乡村的教育、医疗、环卫、人居环境、道路交通等建设，注重各项目的合理性、协同性和科学性，整体部署，协调推进，实现乡村全面振兴。

第三，坚持农牧民主体原则。农牧民是乡村振兴的最直接受益者，同时也是最广泛的建设者，构建绿色生产、生态良好、乡风文明和生活富裕的乡村，需要广大农牧民群众的参与和创造。朗县实施乡村振兴，必须充分尊重农牧民意愿，切实发挥农牧民主体作用和首创精神，调动农牧民积极性、主动性和创造性，引导他们主动参与村庄事务，投身家园建设，促进农牧民持续增收，不断提升其获得感、幸福感、安全感。

第四，坚持以乡（镇）带村原则。乡村的发展离不开城镇，在朗县乡村振兴战略中，需要更加注重发挥乡镇的支点辐射带动作用，在完善基本公共服务体系、增强社会化服务水平、发挥特色优势产业、发展专业合作组织、统筹乡村规划、夯实基层基础等方面，强化统筹布局、形成各类资源和各方优势集中到乡镇，服务功能延伸下沉到乡村，实现服务全覆盖，质量有保障。

第五，坚持因地制宜、循序渐进。按照朗县主体功能定位，做好顶层设计，注重规划先行、突出重点、分类施策、典型引路，科学划定生产生活生态空间，突出不同类型村庄自然和人文特色，尊重乡村发展规律，分类推进不同村庄发展，探索多元化乡村振兴模式，明确不同区域不同类型村庄发展方向和发展重点，因地制宜，因时制宜，依托自然资源禀赋合理发展本地优势与潜力产业，并建立差异化目标考核评估办法。

第六，坚持人与自然和谐相处。人与自然是生命共同体，人类必须尊重自然、顺应自然、保护自然。生态环境没有替代品，保护生态环境，功在当代、利在千秋。必须牢固树立和自觉践行"绿水青山就是金山银山""冰天雪地也是金山银山"的理念，坚持节约优先、保护优先、自然恢复为主的方针，结合朗县实际情况，在经济发展中弘扬节约资源的思想，促进农牧业资源的合理利用，统筹山水林湖草系统治理与保护，严守生态保护红线，筑牢生态安全保障。坚持质量兴农、品牌兴农，打好绿色生态牌、天然有机牌、雪域高原牌，以绿色发展引领乡村振兴，推动乡村可持续发展。

第七，坚持城乡边融合发展原则。坚决破除束缚城乡融合发展的体制机制弊端，推动城乡要素自由流动、平等交换，推动新型工业化、信息化、城镇化和农牧业现代化同步发展，加快形成以城带乡、城乡互补的新型城乡关系。采取超常规举措，加快缩小边境地区与腹心地区的发展差距，推动边境地区与腹心地区形成均衡协调发展格局。同时，推动城市与乡村、边境地区与腹心地区在产业发展上统筹布局、整体推进，延伸产业链、提升价值链、保障供应链、完善利益链，促进一二三产业融合发展。

第八，坚持和谐稳定原则。牢牢掌握意识形态领域领导权，弘扬和践行社会主义核心价值观，引导农牧民树立正确历史观、民族观、文化观、宗教观，坚决反对分裂，维护祖国统一。加强农牧区基层基础工作，健全自治、法治、德治相结合的乡村治理体系，筑牢国家安全屏障，实现农牧区持续长期全面稳定。

2. 总体目标

朗县乡村振兴整体规划继承"四大产业"发展思路，立足朗县独特自然人文资源，以林芝市"两个优化、三个打造、四个提升"和朗县"四大产业"发展战略为指导方针，根据乡村振兴战略的新要求，全面发展特色农牧业、文化旅游业、藏医藏药业、清洁能源业等特色产业；提升乡村经济发展水平和乡村治理能力，优化乡村生活、生产、生态环境，实现乡村物质富裕，农牧民精神富有和环境和谐统一。

2020年，朗县乡村振兴取得重要进展，制度框架和政策体系基本确立。农业综合生产能力稳步提升，特色农牧业和旅游产业发展壮大，藏医藏药产业发展提质量，清洁能源业发展上水平，农村一二三产业融合发展初显成效，现代农牧业建设闯出新路；城镇化率达到30%以上；脱贫攻坚任务全面完成；农牧民增收渠道进一步拓宽，农牧民人均可支配收入达到2万元以上；农村厕所、垃圾、污水专项整治"三大革命"取得显著成效，农村基础设施全面提升，美丽乡村建设全面推进；城乡区域间公共服务供给大体均衡，城乡融合发展体制机制初步建立，农村对人才吸引力逐步增强；农村基层党组织建设进一步加强，乡风文明建设取得新进展，乡村治理体系进一步完善；农业生态服务能力进一步提高，农村生态环境保护进一步加强。

到2022年，朗县乡村振兴取得阶段性成果。城乡融合发展机制发展成熟，农业综合生产能力得到巩固加强，农村一二三产业融合发展格局全面形成，实现农村绿色生产，现代农牧业体系初步建立；农村人居环境大大改善，基本公共服务水平显著提升，生态环境持续优化；乡风文明建设成效显著，社会主义核心价值观得到广泛弘扬，朗县优秀传统文化得以继承和发展，农牧区公共文化事业蓬勃发展，文明乡风、良好家风、淳朴民风初步形成；乡村治理更加规范有效，基层党组织凝聚力显著增强，乡村自治、德治、法治结合治理体系初步确立，社会大局持续稳定；县域交通体系建设全面完成，特色旅游联动发展格局基本实现；农牧民收入有显著增长，脱贫攻坚成果得到进一步巩固和加强。

到2035年，朗县乡村振兴取得决定性进展，城乡融合发展体制机制全面完善；农牧业现代化、农村现代化、乡村治理体系和治理能力现代化基本实现；一二三产业融合发展全面实现；特色生态文化旅游业成为朗县经济主要增长点；农村生态和人居环境良好、美丽宜居乡村基本实现；乡风文明达到新高度，农牧民幸福感明显增强。

到 2050 年，乡村全面振兴，农牧业强、农村美、农牧民富全面实现。

第一，构建"一横四纵，一心带动，三点联动"城乡空间布局结构。完善"一横四纵，一心带动，三点联动"的城乡空间发展结构，通过构建生态美好、分工合理、结构优化、城乡统筹的县域空间格局，规划以"全域观"乡村振兴理念为引领，有序推进朗县乡村全面振兴。

"一横四纵"，其中"一横"即以雅江为主轴的东西横向延伸的县域空间发展带。依托雅鲁藏布江河谷走廊，结合两岸河谷地、560国道交通走廊及沿线城镇、村庄密集区，重点打造产业规模集聚化、镇村发展集约化、旅游生态人文化、交通组织一体化的全域发展主体复合功能带。"四纵"即四条纵向高山峡谷区发展次轴。以沿江560国道为城镇发展主轴，向其南北两侧分别打造仲达—登木—拉贡唐高山牧场旅游区、县城—拉多—拉多藏湖景区、G219—金东、560国道—嘎贡沟，四条纵向延展约10—60公里的发展空间，起到人口经济集聚，平衡县域经济发展的带动作用。

"一心带动"，其中"一心"即以朗县县城为主体的县域发展服务中心，是整个县域空间发展的核心。重点打造成为县域的政治、经济、文化、教育、科研、卫生、旅游服务综合服务中心，不断提高县城复合型功能承载力，最终形成以中心为依托，各片区多级生长、均衡发展的格局。

"三点联动"，其中"三点"即朗镇、仲达镇和洞嘎镇3个重点小城镇。"三点"是全县发展的副中心，以线串联，多点联动，通过全面提高生产、生活、旅游服务等功能，助力沿江"一横"主体发展空间铸造，成为强有力的沿江镇村集约发展带动点，有效辐射带动周边村居提升发展，最终成为支撑力极强的片区发展中心。

第二，构建"一带、四支、二区、多点"的经济产业发展格局。依据《林芝市朗县生态文明建设规划（2016—2020年）》中确定的朗县主体功能区发展战略规划，着力构建科学合理的城市化格局、农业发展格局和生态安全格局，落实"绿水青山就是金山银山"的发展理念，执行好有限开发、集约开发的政策，提高保护与开发的平衡水平。进而促进城乡、区域以及人口、经济、资源环境协调发展，结合朗县的资源条件、发展现状、资源环境承载力及未来发展潜力，将朗县全域整体划分为城镇建设区、产业发展区、生态控制区三类空间，其中城镇建设区重点开发雅江中下游干流"仲达—金东"小城镇与村居密集带，产业发展区大致分为沿江三镇特色种植业和高寒三乡特色养殖业，生态控制区严守生态红线保护生态空间。通过三类空间的可续合理重构，形成统筹全县发展的空间规划总图，落实"多规合一"的总体思路，构建乡村振兴发展"一张蓝图"。

紧扣雅江主轴空间发展"一横"和雅江南北两侧的 4 条纵向发展次轴，构建"一带、四支、二区、多点"的经济产业发展格局。扎实推进朗县县域经济发展总体部署，促进综合经济发展走廊，江北、江南产业发展与资源环境承载力相匹配。

"一带"是以仲达—朗镇—县城区—洞嘎的城镇发展带和县域经济发展主轴，依托雅江沿岸交通、自然景观环境、人文要素、土地等优势资源打造沿江集特色种植、乡村旅游、藏香猪养殖、藏医药、庭院经济为一体的综合经济发展走廊。"四支"是以仲达—登木—拉贡唐高山牧场旅游区、县城—拉多—拉多藏湖景区、G219—金东、560国道—嘎贡沟 4 条县域经济发展次轴，依托四条纵向发展次轴内各种优势特色资源打造古如河峡谷田园牧场乡村旅游发展区、拉多河峡谷生态乡村旅游发展区、金东河峡谷民族风情乡村旅游发展区、工字荣峡谷休闲康养乡村旅游发展区。"二区"是以雅江一带将县域划分而成南北两个经济产业发展片区：江北产业发展区和江南产业发展区，其中江北经济产业片区以洞嘎镇、朗镇北部高山区为重点，发展"特色农牧业+生态人文"产业；江南经济产业片区以登木乡、仲达镇南部、拉多乡南部、洞嘎镇南部、金多乡为重点，发展农牧旅融合产业发展区。"多点"是以洞嘎镇、朗镇、仲达镇、拉多乡、登木乡、金东乡等主要村镇经济功能服务为支撑节点，以各乡镇所在地为拉动各乡镇域经济发展的次生增长点，根据各乡镇发展产业实际需求进行打造，以支撑产业发展和镇村建设为出发点。

（二）夯实产业发展路径，建设产业兴旺乡村

推进产业兴旺是实施乡村振兴的物质基础，是激活乡村经济价值的重要抓手，也是增强广大农牧民的获得感、幸福感、安全感的坚实支撑。朗县乡村振兴产业发展重点围绕高原农牧、绿色工业、生态文化旅游、清洁能源四大优势产业，着力打造生态产业链条，借以优化培育乡村产业的新业态，推动产业转型升级和新旧动能转换，形成具有地域特色的乡村产业发展模式，开创乡村产业协调发展的新局面（见表8-1）。

表 8-1 朗县产业发展目标体系表

产业体系	重点发展类型	发展目标	
		2018—2020 年	2021—2022 年
高原特色农牧产业	特色种植业	开垦荒地，改良改造土地，打造标准化良田 1000 亩，规模化现代种植基地 4 处。牦牛年出栏率 20%，藏香猪出栏率 25%，2020 年末，实现农牧业总产值 3300 万元，农牧民人均可支配收入达到 1.7 万元。	发展形成 2—3 个特色重点产业，优化整合 5—6 个集中发展片区。2022 年底，实现认定绿色农产品 3 个、地标产品 2 个。农牧业总产值达 6500 万元，农民人均可支配收入达到 2.1 万元，产业化组织带动农牧民 500 人。
	现代畜牧业		
	藏医药产业		
绿色工业	农畜产品加工业	2020 年末，全县乡村实现绿色工业总产值 800 万元，年均增长 12%，常年性、季节性与副业性从业农牧民超过 400 人。	形成 2—3 处绿色砂石建材加工集聚区，4—5 处农畜产品加工规模化基地，3—4 个特色民族手工产业示范点，2022 年末总产值达 1587 万元，实现年均增长 15%，带动农牧民就业超过 1000 人。
	民族手工业		
	砂石产业		

产业体系	重点发展类型	发展目标	
		2018—2020 年	2021—2022 年
生态文化旅游业	景观农业	乡村旅游示范点 6 个，品牌旅游节庆 4 个，年接待量 15 万人次，通过巩固周边县域市场，开拓林芝市域市场，实现 2020 年末年旅游收入 3000 万元。	固县域市场，开拓山南、林芝市域市场，力争到 2022 年末实现年旅游收入 3968 万元。固县域市场，开拓山南、林芝市域市场，力争到 2022 年末实现年旅游收入 3968 万元。
	休闲康养		
	田园牧场		
	生态人文		
	民族风情		
清洁能源产业	水利发电	县域内电力装机容量可达 66 万千瓦，实现产值 570 万，能源覆盖全县全部乡村地区。	2022 年末，光伏发电利用率高于 20%，水能利用率达 15%。
	太阳能发电		

1. 发展导向

特色农牧产业是实现朗县乡村振兴的重要基础依托。紧紧围绕"坚定一个方向，突出四个坚持，提升四大产业，打造六大产业基地"的产业发展思路，优化产业结构，做精做优城郊蔬菜、经济林果产业，做大做强藏香猪产业，助推藏药材转型升级，强化虫草采摘保障，整体塑造绿色生态农牧产业品牌。同时，以培育壮大规模化农牧企业为重点，以现代农牧产业示范园建设为载体，推进全县农牧业产、加、销的有机衔接，促进产业链相加、价值链相乘、供应链相通的"三链重构"，全环节提升、全链条增值、全产业融合的"三全发展"，提升集约化与产业化水平，助推朗县成为藏东南区域特色种养大县。

第一，发展目标。构建沿江三镇以苹果、辣椒为主的"一果一椒"特色种植产业带以及藏香猪养殖产业核心区，规划偏远三乡以牦牛为主的高寒牧场养殖产业集群，培育拉多苏卡以藏医药材保护与规范化种植为核心的生物医药产业发展园区，系统化形成区域联动、绿色健康的高原特色农牧产业链条，推进县域空间农牧功能结构优化以及资源高效利用，整体实现发展规模和经营水平的显著提升，综合生产能力与经济效益的大幅提高。

第二，阶段目标。2018—2020 年，通过沟壑式、台地式小流域综合开发，农业基础设施修建完善，种养结构调整初见成效，农牧供给质量与效益稳步提升，农产品品牌初步建立。通过小流域综合开发，新增标准化良田 1000 亩，打造规模化现代种植基地 4 处。通过短期育肥基地、养殖示范基地建设及集体养殖拓展，实现牦牛年出栏率 20%，藏香猪出栏率 25%，2020 年末农牧业总产值达到 3300 万元，农牧民人均可支配收入达到 1.7 万元。2021—2022 年，农牧产业绿色发展全面推进，产业结构更加优化，支撑保障更加有力，区域主导业态基本形成，产业集聚成带（成群）建设完备，发展形成 4—5 个特色重点产业，优化整合 5—6 个集中发展片区，国家级现代农业示范县创建工作基本完成，专业高效的经济发展组织以及县、乡（镇）、村三级的农牧产品质量安全监管体系渐趋完善。预计 2022 年底，全县经济作物面积达 8440 亩，实现产量 7600 吨；出产肉类 1900 吨、奶类 4500 吨；农田有效灌溉面积 4389 亩，农机总动力 1000 千瓦，耕种收综合机械化水平 70%；实现认定绿色农产品 3 个、地标产品 2 个。农牧业总产值达 6500 万元，农民人均可支配收入达到 2.1 万元，产业化组织带动农牧民就业创业 500 人。

2. 产业发展模式

朗县辖区面积 4186 平方公里，但耕地面积仅为 20329.42 亩，占辖区面积的 3.24‰，耕地面积小而分散，呈台地式、沟壑式分布，且承载力薄弱，严重制约了高原特色优势农牧产业的高质量发展。朗县在乡村振兴规划布局中统筹全县土地资源，按照"治理一条流域，发展一方经济，富裕一方群众"的目标，以小流域综合开发的庭院经济和农牧民专业合作社为发展模式，坚持因地制宜，通过重点发展现代立体农牧业，实现全县农牧业整体提质增效。

第一，庭院经济。庭院经济是以农牧民为基础生产单元，集"种植+休闲"于一体的高效循环发展类型，是人居与经济生产相融合的综合体，具有相对独立、附加值高、技术要求低、普及性强、环境污染小等特点。家庭生产要素的合理利用是庭院经济发展的重要条件，引导全县农牧民盘活利用好有限的房田水山等资源，带动发展庭前院后小种植、小果木等特色基础产业，激活农牧民群众的积极性、主动性和创造精神，塑造朗县多样适应与集约高效的生态庭院发展模式。根据农牧区生产实际，朗县乡村振兴中庭院经济发展主要分为三个阶段。

近期——用好"房前屋后"：在农牧民传统种植基础上，指导合理划分庭院功能区，优化美化居住环境；改良种植土质，开发农牧民有一定技术基础的或者技术易推广和掌握的、见效快的新项目，如食用菌、特色果蔬菜，尤其是发展朗县特有的种植经济等。在促增收的同时，也偏重于美丽家园观念与生活方式上的变革。

中期——推行"两位一体"："两位一体"的庭院经济发展模式也即生态庭院模式，把果蔬种植与太阳能利用两者有机组合起来，形成一套以庭院有效土地资源为基础，以生态为纽带，探索利用太阳能资源发展温室农牧的新型生态庭院建设模式。在追求高效益的同时，更关注生态环境的协同发展。

远期——建设"庭院产业"：专业化、规模化发展阶段，通过整合资源、合理利用土地，建设集约化、连片发展的庭院产业，农牧优化组合的专业化、机械化效果凸显。庭院经济新技术、新品种先行试验、示范功能充分发挥。在效益最大化的同时，极大地改善全县农牧民的生产生活条件与居住环境，庭院经济开始转向对生产乐趣的体验和生活的享受，朗县庭院文化功能突显，在创意庭院为基础的庭院旅游带动下，逐步实现朗县农牧区乡村的现代化。

第二，农牧民专业合作社经济。农牧民专业合作社经济是立足县域经济基础和产业类型，以调和农牧民分散经营与大市场之间的矛盾为目的的多样化、联合化、组织化的重要乡村经济发展模式。借助农牧民与现代农牧产业之间的有机衔接，农牧民专业合作社这一新型农牧经营主体实现了生产标准化、加工专业化、产品安全化以及营销品牌化，以小众联合，形成规模经济，降低成本，增加产量，提高质量；以利益绑定及信用评级机制，破除农牧民等靠思想，提高全县乡村文明；以固化订单，固化交易，通过市场倒逼全县农牧产业规模以及结构升级，进而提升效益与竞争力。朗县农牧民专业合作社经济的发展重点有以下几个方面。

立足优势兴办合作社。依托辣椒、苹果、核桃、藏药材、牦牛、藏香猪等特色优势农牧产业，培育发展、布局组建专业化合作社，并不断扩大覆盖面，实现"一村一品"的规模发展。

多主体创办专业合作社。以政府推动、龙头企业带动、村委创办、能人领办为主，鼓励和引导各类人才到朗县农牧区创办农牧民专业合作社，组建标准化、规模化种养产、加、销基地平台，带动农牧民尤其是贫困户入社，实现就业、增收的两效。

多领域创办专业合作社。除在农牧业生产经营方面开展单项或多项合作外，引导农牧民围绕农牧业生产服务开拓合作领域，支持农牧民在农机服务、植保服务、土地草原流转服务等行业范围内积极组建为农牧业服务的合作社。同时，对同一产业的专业合作社通过引导组建联合社，实现跨区域、规模化、集团式发展。

3. 重点产业建设规划

依托朗县地理区位优势、气候特点和资源禀赋等，以产业特色、发展规模和市场前景为基础，依据因地制宜、突出重点的原则，分层次、有重点地将最具潜力和比较优势的产业作为高原农牧产业建设发展的主导产业。主要重点规划建设特色种植业、现代畜牧业和藏医药产业。

第一，特色种植业。以"一椒、一果"为拳头，进一步调整种植结构，发展名优特新经济作物，突出打造沿江种植产业核心区、发展提升区，重点建设城郊蔬菜、经济林果等生产基地，提升虫草产业发展保障，发展形成集中连片、功能突出的优势种植产区。

依托林芝打造蔬菜优势区的发展带动，加快全县蔬菜生产基地建设，统筹土地资源，充分利用荒滩荒坡等，大力发展设施蔬菜，打造洞嘎镇辣椒种植核心区，朗镇、金东乡辣椒种植提升区，大力建设高日光温室，逐步扩大各类蔬菜种植面积，持续提升蔬菜供应保障能力。

朗县经济林果基础发展优势突出。创新推广适宜本地的先进技术，适度扩大种植规模，加大培育新型经营主体力度，推进林果产业规模化、产业化，重点打造以洞嘎、朗镇沿雅江为核心的标准化核桃生产示范园以及优质苹果生产基地，综合形成朗县特色林果品牌。

朗县农牧区虫草业的可持续发展对保障农牧区草场生态环境以及促进农牧民持续增收有着深远的影响。但近年来，由于掠夺式采挖，索取大大超过产出，冬虫夏草的存活量日益减少。经济利益驱动下的滥采乱挖，不仅破坏了冬虫夏草的生长环境，也破坏了朗县天然牧场的自然生态环境。因此，朗县虫草业的发展重点是制定有效的虫草保护规划。加大虫草研究力度，完善制度管理体系。依托自治区、林芝市对域内虫草资源的定期勘察、调查，强化对全县虫草的布局分析以及资源状况研析，制定有效的保护计划。同时，有计划地完善虫草资源保护的管理制度体系，进一步规范采集行为，严格实行采集证制度。完善虫草资源保护管理监督机制，加大虫草资源保护管理工作中违法案件的查处力度，从根本上保障虫草业发展的规范化。建立虫草保护区，在确定的真菌原产地建立自然保育区，以草原区域优势合理划分禁采、限采区域，解决放牧与保护虫草资源之间的矛盾。依据虫草的分布密度，在密度比较集中的盛产区，禁止放牧或牛羊进入，实施牧区与虫草区的分离，尽可能保障真菌以及幼虫的生长环境，保障虫草质量。利用虫草产地的特殊生态条件，在适于生长的地区，保护并恢复已遭破坏的自然生境和资源。

第二，现代畜牧业。结合草场资源实际，树立科学养殖理念，发展基地集体养殖、散户养殖，扩大城郊标准化养殖规模，实现由粗放型经营向集约型经营转变。以牦牛、藏香猪养殖为主体，打造畜牧业优势产区，加大牲畜出栏率，形成朗县"高寒畜牧特色养殖带"，配套建设饲草料供应基地，完善落实畜牧业"提质增效"行动。

以登木乡"拉贡塘"牦牛养殖专业合作社、金东乡来义牦牛优良种源保护基地为主导，发展建设牧区牦牛专业养殖主体，优化畜群结构，加快畜群周转，示范推广短期育肥、规模养殖等，整合重构朗县牦牛产业发展空间布局。

整合优化朗县藏香猪产业结构和空间布局，通过适度规模化养殖积极转变藏香猪蓄养方式，推动粗放养殖向"放养+半舍饲"模式转变，优化提升产品质量安全控制下的散养模式，加快建立以洞嘎镇工字荣沟为核心的藏香猪养殖基地，规范发展沿江乡镇藏香猪养殖专业合作社，实施藏香猪原种保护、良种繁育推广、规模化养殖、产品精深加工、有机肥生产、优势品牌打造为一体的产业体系，加快推进朗县藏香猪产业绿色、优质、安全、生态的可持续发展。

第三，藏医药产业。依托拥有的丰富自然药材资源，以建设"健康朗县"为主线，在保障基本医疗卫生服务需求的基础上，着力推进朗县藏医药产业发展。深化藏医药种植与加工改革，创新藏医药产业的服务发展模式，推进深厚藏医药文化的继承和保护，充分释放朗县特色的藏医药康养服务潜力和活力。

整合藏医药资源，以"波棱瓜、喜马拉雅紫茉莉"种植为核心，推进藏药材种植试点建设，打造拉多南派（苏卡）藏医药材繁育生产基地，立足特殊区域野生濒危药材的繁育，提升藏医药研发创新能力，不断拓展藏药材市场，打造朗县藏医药品牌。

一是加快藏药材的保护和规范化种植。坚持开发利用与资源保护并重的原则，坚持以市场为导向，以科技为支撑的原则，走特色发展的藏药产业化与可持续发展的道路。推进藏药生产的现代化，提高朗县藏药产业的市场竞争力。整合全县藏药材资源，规划建设大宗药材、紧缺药材和濒危藏药材繁育生产试点，立体化建设野生藏药材驯化繁育中心等，规范苗木选育、栽植、土壤培肥、病虫害防治、田间管理、科学采收等种植流程。

二是推动藏药材纵深生产。促进藏医药产业的转型升级，实施加工体系的有序发展配合，促进藏药生产技术和产品升级，重点开发优良藏药，研究藏药生物制品加工技术、生物成分提取技术等，加快与林芝市其他藏药材生产区差异化发展策略的实施，发展研制效优、安全、附加值高的保健食品、药枕、药酒、香囊、药包等藏医药保健康复产品。

三是加强藏医药发展营销，提升朗县藏药知名度。大力宣传南派藏医药理论体系、特色、特长，建设拉多南派藏医文化展览馆，挖掘朗县藏医文化，积极推动申报和注册"塔布苏卡"藏医药商标，充分利用现代化营销手段，加大对外宣传力度，扩大藏药影响力。

四是提升藏医药文化创新能力，发展"藏医药+旅游"的医疗康养服务。利用现有藏医医疗机构、藏药企业、藏药材种植区、药用植物园等资源，推动旅游和藏医药融合，发展藏医康养旅游，积极开发拔罐药浴、温泉疗养、药膳美食等可体验、可消费的藏医养生保健旅游系列产品，以拉多南派藏医药理论为基础，重点传承与发扬南派藏医文化，着力塑造朗县康美藏药城的旅游发展形象。

第四，清洁能源产业。清洁能源产业是加快朗县乡村振兴的重要路径选择。朗县能源资源门类较多，水能、太阳能资源具有一定的发展空间和潜力。以构建安全稳定经济清洁的现代能源产业体系为目标，围绕朗县关于新阶段能源发展的战略布局，调整优化全县能源结构，推动能源生产和利用方式变革，合理控制能源消费总量，积极应对气候变化，坚持节约优先战略，切实加强能源节约和用能管理，打造以能源资源开发与转化利用为核心、竞争力强的特色优势产业集群，形成朗县能源产业集约化、现代化发展的良好态势，促进农牧民群众更多地享受清洁能源发展与改革的成果，在建设参与以及发展共享中推动朗县乡村振兴的发展实现。

2018—2020 年，能源基础设施建设基本完成，清洁能源生产消费结构不断优化。河流流域水电开发，农牧区光伏设施建设不断推进，开发和保护并重，建设和管理并重，质量和效益并重的清洁能源产业形态渐趋完善。2020 年底，县域内电力装机容量 66 万千瓦，实现产值 570 万元，能源覆盖全县全部乡村地区。2021—2022 年，初步建成安全稳定、清洁高效、多元互补、智能控制、城乡协调的清洁能源开发体系，培育形成全县能源生产消费的新模式新形态，农牧区能源建设工程全力推进，整体实现清洁能源普遍服务水平的提升。预计到 2022 年底，全县光伏发电利用率高于 20%，水能利用率达 15%。

第五，生态文化旅游产业。生态文化旅游是推动朗县乡村振兴的重要战略谋划。围绕"特色、高端、精品"的发展要求，以促进旅游产业转型升级与提质增效为主线，深化朗县以生态文化旅游为核心的产业、产居、产城融合，全面提升吸引力要素、服务要素和环境要素的供给水平，重点把握朗县旅游资源"大集聚、小分散"的空间分布格局，持续完善"壮大一心，联动两片，激活两廊，培育两级，做美四谷"的产业发展布局，统筹全域乡村基础优势，发展建构朗县以景区为依托、生态文化为基底，以特色产业为支撑，集生态观光、休闲度假、文化体验、养生康体为一体，多功能、综合型、高品质的西藏特色乡村集群，着力打造林芝生态康养旅游发展腹地；并通过管理机制体制创新，品牌与服务平台建设，新业态培育发展，特色产品开发与旅游功能强化等，将生态文化旅游业培育成为助力朗县乡村振兴发展实现的主导产业，系统化推进乡村生活富裕与生态宜居的建设进程，全时全域保障朗县生态文化、生态产业、生态人居的综合效益发挥。

以"资源景观化、休闲全域化"为发展理念，以促进农牧民就业增收为目标，以拓展（由分散资源向产业集聚拓展，由单一藏家乐向多业态旅游拓展）、整合（资源和发展链条）、提升（品牌和质量）、规范（政策和标准）为重点，突出以乡村为核心的生态文化休闲功能主导，借以牧区土地整合、基础设施完善、发展环境优化、文化特色呈现等，把朗县生态文化旅游打造成为林芝市乡村振兴特色产业发展的典型，力争创建自治区级生态文化旅游示范县；并按照"一村一品"的发展引导，培育建设一批特色景观旅游名村，整体推动朗县乡村旅游新业态的健康可持续发展。

（三）持续提升民生福祉，建设生活富裕乡村

乡村振兴，生活富裕是根本。按照抓重点、补短板、强弱项的要求，围绕农牧民群众最关心最直接最现实的利益问题，一件事情接着一件事情办，一年接着一年干，持续提升民生福祉，建设生活富裕乡村，切实让农牧民感受到物质与精神富裕。

1. 加强农村基础设施建设

以习近平新时代中国特色社会主义思想为指导，紧紧围绕统筹推进"五位一体"总体布局和协调推进"四个全面"战略布局，牢固树立和贯彻落实新发展理念。巩固朗县"科、教、文、卫、保、水、电、路、信、网"十大提升的成果，继续提档升级。以建设美丽宜居乡村为向导，动员各方力量，整合各种资源，强化各项举措，加快农村基础建设突出短板（见表8-2）。

表8-2　乡村基础建设工程

农村道路网建设工程	加快完善行政村公路通畅工程和自然村通达工程，加大村级道路的等级提升和硬化建设，乡道采取三级公路建设标准，村道采取四级公路标准建设，完成乡镇各行政村、自然村联系乡域主干道以及相互之间联系的基础性道路，加快完成新扎村到热米村乡级公路建设，完成工字荣公路、朗隆公路、登隆公路、拉贡塘公路建设等，继续实施"四好公路"，提高农村公路建、管、养、运水平，加快推进"四好公路"协调可持续发展；加快建设农村专用公路网建设，完成帮玛村、来义村、松木材村、热米村、比朗村等100余条牧场公路；加快建设金东乡边防线（改扩建55公里）；打通断头路，新建杰山线（起点白露村，终点山南）25.5公里；完成登木乡巴桑村公路、仲达镇林古村公路硬化工程等交通项目。2020年，各乡镇村落的道路建成。到2022年，乡镇通畅率达到100%，建制村通达率和通畅率达到100%，实现"乡乡通，村村通"。

续表

旅游公路建设工程	加快建设旅游专用公路，保障旅游区道路通畅，完成烈山古墓线（终点为列山古墓，改扩建1.16公里，四级道路）、藏湖线（终点藏湖，改扩建6.3公里，四级道路）、宋木线（终点为勃勃朗雪山，改扩建16.4公里，四级道路）、嘎贡瀑布线（终点嘎贡瀑布，改扩建11.5公里，四级道路）、仁布圣水线（终点为仁布圣水，改扩建10公里，四级道路）、帮玛洞穴线（终点为帮玛洞穴，改扩建2.5公里，四级道路）、珍珠天池线（终点为牧草点，新建8.5公里，四级道路）交通项目。2020年，各旅游线路通畅。到2022年，各旅游专用公路两边绿化工程完成，成为前往各景区的风景线。
农村饮水安全工程	实施农村安全饮水改善提高项目，重点完成朗县三岩片区搬迁点的饮水工程；利用好中央深度贫困资金，建设完成金东乡烈村、秀村、来义村、帮玛村等重点农村饮水安全巩固提升工程。2020年，各农村饮水安全问题基本解决。到2022年，农村饮水质量、水量、用水方便程度和供水保证率进一步提高。
灌溉水渠建设工程	农牧区水利灌溉工程建设，以节水灌溉为目标，合理布局、统一规划、综合治理、科学管理，引用现代科学的节水灌溉技术，减少水资源浪费，建成节水型灌区，进一步降低农业生产成本。加强渠道防渗工程，因地制宜采取滴灌、喷灌等模式；加强农牧民节水灌溉意识；优化农业产业结构，采取立体复合种植、农田覆盖保墒技术、改进良种等方式实现节水灌溉。重点建设完善洞嘎镇灌区工程、朗镇灌区工程、拉多乡灌区工程、登木乡至朗镇人工饲草基地灌溉工程、增达荣村到滚村的绿色产业带水利工程，实现农业生产用水需求得到保障。2020年，基本完成灌区续建配套和节水改造工程，基本建成水资源合理配置和高效利用体系。到2022年，基本形成朗县现代高效农田灌溉体系。
智慧村庄示范工程	加快互联网入户，4G网络基站建设，推动宽带网络应用，加强农村信息网络建设，构建农业信息服务体系，积极推进大数据、物联网等现代化技术应用，打造一批现代智慧村庄。

2. 加快公共服务设施建设

构建多层次社会保障体系。建立农牧民工养老保险、被征地农牧民养老保险和无收入来源且生活无保障城镇居民养老保险制度，加快建设县级社会保障经办服务网络，建立健全统筹城乡的社会保障体系。健全工伤预防、经济补偿、职业康复相结合的工伤保险制度。提高城镇基本养老保险、基本医疗保险、失业保险、工伤保险和生育保险覆盖率。加快社会救助和社会福利体系建设。完善城乡社会救助和社会福利制度，建立覆盖城乡的社会救助和社会福利体系。保障困难群体、特殊群体、优抚群体的权益，加快社会福利设施建设步伐。加强残疾人康复工作。大力支持残疾人医疗康复和护理工作，鼓励社会康复机构进入农村开展残疾人医疗康复活动。提高养老服务能力。支持社会统筹和个人账户相结合的基本养老保险制度，完善个人账户制度，健全多缴多得激励机制，确保参保人权益。实现老有所养、老有所依，加快建立以居家为基础、社区为补充的多层次养老服务体系（见表8-3）。

表8-3　公共服务设施提升重点项目

学前教育提升工程	继续实施"两基三包"工程（两基：基本普及九年义务教育，基本扫除青壮年文盲；"三包"：对西藏义务教育阶段的农牧民子女实行包吃、包住、包学习费用的三包制度）。加快建设金东乡来义村、朗镇冲康村等各乡镇中心村、重点村幼儿园建设，合理布局，提高教学基础设施，满足各村学前教育需求；转变传统观念，切实按照农村幼儿的年龄特征和身心发展规律进行上课；建立以政府投入为主、引导社会力量参与、家庭适当分担教育成本的学前教育保障机制。2020年，全县建成并开办"双语"幼儿园23所，学前入园率达到90%以上。到2022年，实现学前入园率达到100%。
"聚英"乡村教师人才培养计划	推动建设城乡"教育联盟"体系（以县城学校为龙头，结盟六乡镇学校），通过以强带弱的形式，促进城乡教育均衡发展；通过师资交流，科研互动、资源共享等形式，提高农村教师的技能水平、专业能力，促进农村教师队伍建设。通过免费师范生、特岗教师、支教或轮岗的形式，鼓励优秀人才到乡村任教。实施和完善"乡村教师生活保障"等各项福利政策，提高乡村教师待遇和认同感。各乡镇建立教师培训基地，提供教师交流平台，充分利用网络资源，定期培训，增强教师的教学能力和责任心。2020年，各乡镇建立教师培训基地，初步形成农村教师人才培养体系。到2022年，乡村教师人才体系完善，乡村教师资源满足各乡镇的发展情况。
"阳光"健康体育工程	加快完善各行政村体育健身设施建设，乡镇按标准配套建设体育设施，主要包括田径场、灯光球场、训练房等，村庄按其规模和实际需求配置相应体育活动室；加大体育健康宣传，提高群众的健身意识；倡导乡村基层干部参与体育健身活动，联系群众，增强社会凝聚力。同时结合朗县"一村一节"旅游文化活动，借鉴金东乡成功举办农牧民运动会经验，在其他乡镇推广与旅游文化节结合的农村运动会，发展特色民族比赛项目，提高农牧民身体素质。2020年全县人均体育场地面积达2平方米以上，乡镇公共体育设施覆盖达到100%。到2022年，体育健身活动深入人心，农牧民经常参与率达到60%以上。

续表

朗县藏医药发展工程	加快建设朗县"苏卡"特色藏医院，推动藏医药人才建设，加快建设朗县藏藏医药种植基地，继承和发扬朗县藏医南派文化，推广藏医药临床适医药发宜技术，稳步发展朗县藏医药事业发展。力争到2022年打响"苏卡工程展"系列藏药产品，藏医药事业蓬勃发展。

3. 促进农牧民增收致富

促进一二三产业融合，支持和鼓励农牧民就业创业，拓宽农牧民增收渠道。通过特色种植业、现代畜牧业、现代藏医药产业、高原特色农畜产品加工业、庭院经济和旅游观光农牧业等，培育种植大户、家庭农场、合作社、龙头企业、农业产业化联合体等新型经营主体，并采取"公司+农户""公司+合作社+农户"等多种模式，建立相应产业基地，并实施统一管理、统一销售，实现新型农业经营主体与农牧民双赢（见表8-4）。

表8-4 促进农牧民增收行动

乡村电子商务示范工程	加强政策、资金支持力度，积极改善农村电子商务发展的环境，引进合格电商人才，建立电商服务体系，与特色农牧业、乡村旅游和优势产业相结合，加快产品品牌化，提高知名度。前期重点建设仲达镇、朗镇、洞嘎镇和金东乡的电子商务平台，主要通过电子商务销售农牧特色产品，打通线上平台和建立完善的物流体系，摸索经验；后期发展乡村智慧旅游电子商务，乡村旅游业和电子商务结合，实现乡村旅游跨越式发展。
农牧民职业技能培训工程	各乡镇建立农牧民培训基地，对农村未升学初高中毕业生、农民等，根据不同情况制定不同的职业技能培训方案，提高培训技能的实用性。充分利用互联网和援藏渠道建立职业技术培训平台，组建和扩大远程教育专家咨询服务台，利用远程教育增加培训专业化和多样化。到2022年，各类农村转移就业劳动者都有机会接受相应的职业培训。
农牧民职业技能公共实训基地建设工程	充分利用现代农业示范园、产业加工基地、边境小康村等资源，建立以一批区域性大型公共实训基地，通过现场讲解、实践、技术交流等多种教学手段，提高农牧民职业技能。到2020年，各乡镇建立实训基地1个以上，到2022年，构建成布局合理、协调发展、定位明确、信息共享的现代农牧民职业技能实训基地网络。
乡村就业创业基地建设工程	计划2022年，各乡镇建成乡村就业创业发展基地，将基地作为创业、扩大就业的重要平台，并兼顾低收入农户就业，进一步增加工资性收入，为农牧民就业创业提供新平台。打造面向大学毕业生、返乡农民工、职业农牧民等，聚咨询服务、技术合成、融资孵化、融合科技示范为一体的乡村就业创业基地。

重点攻坚，即针对自身资源匮乏、交通不便、地理条件差等村庄，要重点攻坚帮扶，对不适应居住的区域采取战略搬迁方式向边境一线或腹心地区进行搬迁。政府统筹，即政府统筹财力，进一步向重点攻坚乡村倾斜惠民政策、涉农资金和项目等，应优先考虑贫困地区的基础设施建设和特色产业发展。建立异地产业扶持资金，促进均衡，即对生产资料不足，没有产业基础的乡村，可以通过发展一批能够让贫困群众参与的异地产业，通过直接分红或就业的方式增加收入。争取到2022年，重点攻坚区域基础设施条件得到改善，人均可支配收入达到全县的平均水平。

（四）推进美丽乡村建设，建设生态宜居乡村

推进乡村绿色发展、提升乡村生态宜居水平，处理好乡村经济发展与环境保护的关系，实现人与自然和谐共生，是实施乡村振兴战略的根本目标。建设朗县生态宜居乡村，始终坚持以五大发展理念为指导，以"神圣国土守卫者、幸福家园建设者"为主题，以农牧民为主体，充分发挥基层党组织的领导核心作用和广东省援藏的"助推器"功能，全面激活乡村主体、要素和市场，合力推进乡村生态空间的"山清水秀"。

2020年末，农村人居环境得到极大改善，整体村容村貌焕然一新，公共厕所完成新建并投入使用，人畜实现完全分离，构建完善的农村垃圾污水处理机制。到2022年末，农牧业资源得到有效保护与利用，清洁生产资源得以推广，农业面源污染得以有效防治，绿化建设工程与退耕还林还草工程稳步推进，生态环境得到有效保护，农业产业和生态实现融合发展，农民的生态环境保护意识得到极大的提高。

1. 持续改善人居环境

改善农村人居环境、建设美丽宜居乡村，是实施乡村振兴战略的

重要任务，事关广大农牧民根本福祉与农牧区社会和谐稳定大局。全面改善与提升农村人居环境是建设美丽朗县与生态文明综合提升的重要内容，是统筹城乡发展的有效途径。朗县坚持以"制定规划、突出特色，因地制宜、分类指导，以人为本、尊重民意"为原则；以政府为主导，规划引领，试点先行，围绕以点带面发展模式，努力建设特色鲜明、环境美观、功能完善的特色村镇。

突出打造朗县"雅江钦域文化建筑风貌带"，形成"一横四纵"的空间布局。"一横"指对沿流经朗县雅鲁藏布江沿岸的建筑融入钦域文化元素，形成与雅江巨柏景观相得益彰的沿江风貌村落群。"四纵"指以分布在"一横"上的村落为轴心，纵向延伸，形成四类风格独特的乡村景观带。

合理布局"一横"风貌带上的建筑与自然空间，提升空间的人性化设计，提升"四纵"风貌带景观层次，达到人性化设计与钦域文化保护相融合的建设要求，使其兼具功能性与观赏性，将风貌带浓缩为钦域文化的主要载体，展现农村特色风貌和个性。打破各个村落的封闭性，拓宽与周边社区的联系，增强区域的整体性和开放性。加快空间建设，打造与周边市民活动区合而为一的现代开放空间。将钦域文化融入市井文化中，建设能够体现特色的民居、休闲设施、景观小品，形成以人为本的空间格局，合理规划区域的景观建设。细化雅江两岸的环境整改措施，维护水源环境；保护与更新村庄公共空间。在结合了不同空间布局特点的基础上，确定公园绿地、街道、广场等相互联系的路径，充分突出该村庄的地方特色；加强村中建筑状况的评估处理。对质量较差的建筑物进行维修处理，清除村庄内闲置宅基地的破旧棚房，拆除私搭乱建的违章建筑，聘请专业人士指导村民进行房屋修整，以保持整体建筑风格的一致性；加强农村村容村貌整治建后管理。通过开展各种科技培训服务，改变农牧民传统的经营观念，全面提升农业劳动者的素质；整合各类社会资源，提高投资效益。在项目资金投入和使用上结合农村村容村貌整治项目建设，采取

"多个渠道引水，一个龙头放水"资金整合方式，秉承"捆绑使用，重点投放"的思路，与其他项目资金投入配合，相辅相成、相互补充。

2. 推进农牧业绿色健康发展

强化农牧业资源的保护力度，推行休牧、禁牧和划区轮牧制度，建立较为完善的现代饲料产业体系，增加草地保护资金的投入，强化农牧业资源的保护与利用。加强沼气系统的科学日常管理，加大对农牧业清洁生产宣传推广，不断推进农牧业清洁生产。通过种养结合、循环利用等模式，调整农业生产布局，推进畜禽养殖污染防治，科学使用农业投入品，普及测土配方施肥技术，有效防治农牧业面源污染。

创建核心种植，强化种植资源保护力度。强化对濒危、优质牧草良种和种群的保护力度，分清不同草质的分布情况与濒危程度，按照濒危程度来制定具体保护规划，保护濒危的优良草种；推行休牧、禁牧和划区轮牧制度。全面推进退牧还草、水土保持等生态重点工程，进一步优化工程布局，因地制宜，根据不同草原地区退化程度和环境条件，在实施天然草原禁牧、休牧、轮牧、减牧等合理利用技术基础上，选择适合于当地的工程措施、生物措施，使退化草原达到良好的恢复效果；建立较为完善的现代饲草料产业体系。

加快推进畜牧业转型升级。以藏香猪产品加工业提质增效为核心，提高母猪年生产能力、优质特色生猪出栏比重，加强标准化扩繁场建设，提高供种能力，推广藏香猪等具有地方优势特色的品种，促进品种优化升级，建立完善的集原种保护、良种扩繁、生态养殖、品质控制、标准化屠宰、精深加工、市场拓展为一体的藏香猪全产业链体系，优化养殖业结构。依托自身优势，针对市场需求，扩大奶牛、牦牛和藏鸡饲养规模，提高畜牧业产值。发展生态循环农业，加快推进种养一体化。在特色种植业发展战略的基础上，探索区域内种植业为养殖业提供饲料，养殖业为种植业提供有机肥等资源的模式。

农村生态产业的发展是实现农村生态文明建设重要的组成部分。只有从农村生态产业入手，把农村的生态文明建设好，才能向建设一个生态文明的美丽中国的理想更进一步，为此应加快农业绿色产业发展，促进生态保护与旅游业协调发展。

（五）传承朗县特色文化，建设乡风文明乡村

乡风文明建设是实现乡村全面振兴的重要精神保障。乡风是乡村村民整体精神面貌的重要表现，乡村振兴需要乡村精神的指引，乡风文明是乡村文化软实力的重要表现，乡村要实现产业兴旺，必须以乡风文明为指引。乡风文明建设对提升人民幸福感、推动乡村全面振兴具有重大意义。建设乡风文明需发挥村规民约作用，加强宗教事务管理，发挥好村"两委"全党员的政治优势和驻村干部、"双联户"在乡村治理的中坚作用，推进平安乡村建设，把"七五"普法和依法治藏有机结合，增进民族团结、共建美丽家园。

2020年末，在朗县县域内大范围建成农村文化阵地，农民的文化活动方式得到极大拓展，农村基础文化设施建设完成，乡村党组织领导文化建设的核心作用得到有效发挥。到2022年末，农民整体文化素质得以提高，主体意识得以强化，更加积极地参与到乡风文明建设中，充分发挥农村内在机制作用，激发乡风文明建设内生动力。另外，优秀的民族民间文化和传统文化资源得到深度挖掘。

1. 深化乡村精神文明建设

农村精神文明建设是社会主义精神文明建设的重要组成部分，是全面建成小康社会的重要内容，是实现经济社会协调发展、推进城乡统筹发展的有力举措。构建与农民群众精神文化需求相适应的农村精神文明建设新格局，对于培育新农民、倡导新风尚、建设新环境、发展新文化、建设美好幸福的家园具有重大意义。

　　加大农村文化基础设施建设力度。加快农民夜校、图书室等各种文化阵地建设，保证农村的网络信号全覆盖，拓宽农村文化生活的渠道，结合当地实际情况推动农村图书馆建设，支持各类文化艺术形式的活动下乡展演。

　　以社会主义核心价值观引领文化阵地建设。通过社会主义核心价值观的教育，引导农民树立文明意识、加强农民道德修养，加强农村政策法规教育，提高农民的法律意识，加大创建文明村、文明家庭的工作力度，倡导农民养成健康文明的生活方式，抵制低俗文化和封建迷信活动。将社会主义核心价值观的各项内容以普通农村居民愿意看、看得懂的形式进行广泛传播，特别要扶持鼓励农村各类自有文化团体的进一步发展，既确保各类传统民间艺术的传承，又为农村精神文明建设保留一支稳定且接地气的工作队伍。

　　构建农村社会主义道德体系。积极倡导社会主义理想道德，通过积极地宣传、教育、引导，提高农民特别是农村党员干部对思想道德建设的认识，使其在自觉学习中不断提高个人修养，增强对社会主义、集体主义、诚实守信等思想道德的认同感，在日常实践中发挥好示范引领作用。大力弘扬中华民族传统美德，在传统美德的弘扬中要特别注意提高辨别能力，做到取其精华舍弃糟粕。适应社会发展培养新型道德，引导农民把个人利益与集体利益、国家利益相结合，当发生冲突时能以国家利益、集体利益为重，既合法寻求物质利益，又不至陷入功利主义，既通过竞争获取个人利益，又能和谐友善处理人际关系，既要加强自身行为的目的意识，又讲求使用手段的正当合理。对不同农民进行分类施教，对农民思想道德层次进行区别分类，调整确定不同的学习内容，进行有针对性的教育引导，针对不同群体进行分类教育，对温饱型农民主要引导他们自立自强，克服依赖思想，帮助他们提高勤劳致富的思想认识，树立敢拼敢闯的致富观念。对于富裕型农民，教育引导他们遵纪守法、诚实守信，通过合法手段取得收入，并积极引导他们发扬奉献精神，积极回报家乡回报社会，参与扶贫助困，为社会贡献力量。突出青年农民作为思想道德建设的重点，青年农民是乡村振兴的主力，要引导他们树立正确的世界观、人生观、价值观，教育他们在新农村建设中要自觉做到爱国爱家、勇挑重担、乐于奉献、敢闯敢干。

2. 挖掘优秀传统文化

进一步挖掘塔布文化与钦域文化丰富的内涵和现代人文价值，构建富有时代气息、文化自觉、思想穿透、内在张力、民族自强、情感温馨、包容和美的精神文化家园，吸取其优秀成果并融入乡村文明建设中，在保护传承的基础上创造性转化、创新性发展，不断赋予其时代内涵、丰富其表现形式，为大力培育社会主义核心价值观提供支撑。

加强对传统文化的保护与宣传，重视对文化宣传队伍的培养。开设传统讲座培训班，培训基层文化工作骨干，建立一支热爱传统文化、专业知识丰富、具有奉献精神的相对稳定的专业文化保护工作队伍，培养文化传承人，让优秀的传统文化和技艺进一步传承，推动其传播和发展。大力开展传统文化宣传教育活动。充分利用县内主流媒体和新媒体，制作和持续展播形象生动的公益广告，通过举办"文化周"、文化展示、民族民间文艺节目巡回演出等系列活动，充分展示塔布文化及钦域文化的宗教信仰、家庭与社会组织、语言与文字、生产方式与饮食、物质生活模式等各个方面，提高全社会对塔布文化与钦域文化的认识和保护的自觉性。将优秀的传统文化纳入学校课程。课程内容应当融入塔布文化的人本主义精神与生态文化理念，激发青少年热爱祖国优秀传统文化的热情，让各级学校的艺术教育承担起塔布文化与钦域文化保护传承义务。加强对传统民居的保护与合理利用。对传统民居保护开发要科学编制规划，加强抢救性保护，对传统民居进行挂牌保护，将列入政府保护的传统民居安全问题纳入绩效考核内容。根据价值大小和损毁状况，采取有效措施对一些重点传统民居进行抢救性维修加固。

促进文化资源的创新利用，深入挖掘塔布文化的独特内涵。借助各类科学技术手段，充分利用塔布藏族文化的多样性，挖掘其劳动歌曲、生活歌曲，建筑文化、饮食文化、服饰文化、唐卡绘画艺术等独特的塔布文化符号。展现塔布文化讲究就地取材、充分利用原生生物材质等文化内涵，推进农村民俗文化信息数字化，促进民俗文化资源互通共享，借助互联网等各类新型平台加强农村民俗文化宣传、推介，促进塔布文化的创造性转化。创新优秀传统文化的利用模式，重点挖掘体现朗县地域独特文化魅力的民俗。探索以课题研究、塔布文化项目申报、举办民俗节等形式，扩大文化影响力，加强文化保护的资金与社会支持，积极寻找和培养农村优秀民俗文化项目传承人。定期组织各种演出，做好塔布文化旅游的发展和宣传工作。演出可以充分结合地方性的节庆活动，比如节日、庆典、会展以及庙会等。可以将其划分出几个具有代表性的塔布文化分布区域，采用艺术节、旅游节、民俗文化节等形式作为舞台载体，以此来打造朗县民俗文化旅游的品牌形象。不断提升农村党组成员的文化素养。着力增强村级自治组织的文化治理能力，利用文化思维进行文化建设，促进朗县乡村文化资源产品化、市场化和品牌化，不断创新农村文化建设投融资机制，大力引进社会力量参与民俗文化开发利用，运用市场机制和市场规律，提高资金效用和文化项目效益，盘活农村文化资源。

加强文旅融合，将传统文化旅游与当地特色产业结合。一是在"一横四纵"空间走廊的基础上，充分整合区域资源，设计精品路线，对区域内外相关旅游资源进行优化整合，规划精品旅游路线，通过整合区域外部的资源，将旅游的路线延伸到朗县周边的地区，扩大旅游的客流量，提高旅游的知名度和影响力。以塔布文化和钦域文化为主基调，结合区域内其他旅游资源共同开发，设计出具有朗县特色的旅游精品路线。加强市场营销，构建旅游品牌，做好旅游的形象定位，积极借助媒体、网络、节庆活动与名人效应等进行宣传促销。二是提升传统民居旅游功能。注重对传统民居及其周边环境、原始风貌的保护，使传统文化与现代特色有机融合，赋予传统民居旅游功能，建设旅游基础设施和配套服务设施。三是要注重与周边景区景点资源的整合，打造自然与人文资源交融的旅游综合体，增强对游客的黏性，形成整体旅游效应，促进全域旅游经济可持续发展。

（六）加强基层组织建设，建设治理有效乡村

乡村治理作为我国社会治理的基础，是国家治理体系的重要组成部分。新时代背景下，加强和创新乡村治理，对于维护农村和谐稳定、促进农业繁荣发展和实施乡村振兴战略，具有重大的战略意义。基层党委政府必须创新发展理念，厚植发展优势，破解发展难题，以党的十九大精神为指导，以改革创新为动力，扎实推进民族地区"三农"工作向纵深发展，从治边稳藏战略高度统筹谋划西藏边境乡村的发展，高扬"老西藏精神"和爱国守边精神，构建起党政军警民协同治理体系，制定特殊的扶持政策，将边境乡村振兴与守边固边结合起来，精准施策，不断开创富裕和谐、民族团结、边疆稳固的新局面。

保障乡村社会安全稳定，维护广大农牧民群众的合法利益，促进农村牧区的改革、发展和稳定。以基层党组织体系建设为有效治理的重点支点，2020 年末建成村党组织领导下的组织健全、自治有效、服务完善、文明祥和的村民自治制度，农村党员队伍不断壮大，基层党组织的凝聚力、向心力进一步增强。乡村治理各主体的积极性和创造性得到充分发挥，用法律手段管理乡村各项事务不断推广，力争到2022 年末，朗县建成并健全"三治合一"的乡村治理体系。

1. 加强基层党组织体系建设

以农村基层党组织为领导核心，不断加强农村党组织能力建设，

党员干部队伍建设，进一步强化基层党组织建设责任和保障。提高农村基层党组织建设科学化水平，使基层党组织成为推动发展、服务群众、凝聚人心、促进和谐的坚强战斗堡垒，为"三治合一"体系的构建提供重要的组织保障。

创新基层党组织设置，健全党的工作融入机制。一是要改革基层党组织设置方式，把基层支部建到村组上，确立基层支部在乡村治理中的领导核心地位。将党的工作融入基层党员需求、融入群众日常关切，切实发挥基层党组织教育、管理、监督党员和组织、宣传、凝聚、服务群众的作用。二是要促进党组织与社会组织的有机结合。以党组织的发展带动社会组织的发展，加强基层党组织对基层其他各类组织的有效领导。健全基层党组织在业主委员会、物业管理委员会等其他组织领导班子人员选举的指导、把关、审核、推荐制度，通过法定程序使党员进入群众自治组织、社会组织、服务组织管理之中。三是要加强对村党基层组织的监督。建立村党组织班子成员兼任村务监督组织、村级集体经济组织负责人制度，健全各类组织向党组织定期汇报工作制度，使基层各类组织都能在党组织领导下，按照法律和各自章程开展工作。

实施基层干部精准培育，健全完善激励保障体系。对基层党组织书记组织开展培训，将理论培训与技能培训相结合。建立基层干部专项管理体系，推进村、社区干部职业化，健全与当地社会经济发展水平相匹配的待遇保障机制。转变领导农村工作方式，将党小组覆盖面延伸到各村和各类组织中，为农村的无职党员开展活动搭建平台。党组织与村委会形成常态协商机制，不断为村委会与村民解释党关于农村自治政策与法规，保证村委会严格贯彻、落实党的相关政策。党组织要发挥其监督职能，保证村委会权力无论在村务决策还是具体执行中，都在党组织与群众的监督之下，防止自治权滥用，损害农民利益的现象发生。

2. 完善乡村治理体系

完善乡村治理体系要坚持以乡村法治建设为核心，村民自治实践为重点，村民德治为支撑，自治、德治、法治相结合，充分调动村民的主体性、积极性。使"地方性知识"的作用成为法治和德治的前提与基础，法治凭借法律的优良性和强制性为自治提供制度保障、为德治框定有效边界，德治通过提升村民思想道德素质为自治和法治提供价值支撑与指引。建设"三治合一"的乡村治理体系，进一步提升乡村治理水平。

建立以村民议事会为主要内容的基层自治组织架构。通过村民议事会对群众提议的项目进行统计排序，选择群众需求最为强烈的项目，并在商议环节"合并同类项"，对群众的需求进行有效甄别，按照轻重缓急的原则加以平衡。朗县针对每个行政村拨付一定的公共服务资金，化解村集体组织空壳化的问题，这笔资金由村级组织统筹使用。项目确定之后，由村一级制定预算，经村民议事会讨论通过逐级上报，由上级统筹委员会审批之后交由村委会负责执行，以此保证广大村民对村务的知情权、决策权和监督权，发挥村民法治建设的积极性。完善村民监督体系，充分发挥朗县各部门、各行业、各团体、新闻传媒及广大基层村民的监督权利，将群体的监督转化为农村法治建设的强大动力，促使农村法治建设更加科学有效。建设并完善农村法治建设的信息服务平台，提高乡村法治建设的实效性和监督主体的效能。强化对民众最关注领域的法治建设监督，重点对事项的监督检查，提高其法治建设的程度和风险化解能力。

三、乡村发展的"朗县经验"及思考

为贯彻落实党的十九大、中央农村工作会议、自治区第九次党代会和党委九届三次全会、自治区党委政府、林芝市委市政府有关会议精神，根据《西藏自治区乡村振兴战略规划（2018—2022 年)》和《林芝市乡村振兴战略总体实施方案（2018—2022 年)》规划引领，按照"产业兴旺、生态宜居、乡风文明、治理有效、生活富裕"的总要求，朗县立足资源禀赋和经济社会发展实际，在无缝对接扶贫攻坚工作和脱贫摘帽巩固提升的基础上，坚持以"高质量发展，农业农村优先发展，走城乡融合发展道路"为导向，突出乡村"绿色发展、文化繁荣、基层基础、民生保障、机制创新"建设重点，破解"增强群众获得感、强化乡村人才支撑、健全投入机制保障"发展难题，科学优化乡村"生产、生活、生态"空间布局，明确规划了朗县今后几年的工作重点、政策措施、重大项目。这种具有较强的科学性、指导性和可操作性的乡村振兴规划，延续了脱贫攻坚期的战略思想，充分融入国家战略、国家政策，融入社会市场，结合当地特色，立足长远可持续。

（一）立足长远：朗县乡村发展的"融合式"

朗县跟随国家战略，不断融入经济社会发展和脱贫攻坚的进程中，不断调试和提升朗县发展的战略定位，在"融合"模式下，紧紧抓住国家战略带来的发展契机，借助短期援藏力量发挥长期性的整体效应，依靠"一带一路"的辐射带动，充分发挥自身力量，重点突破薄弱环节，实现新的发展。

1. 国家乡村振兴战略带来新机遇

乡村振兴是党中央关于农村发展的总体战略规划，是我国立足新的历史起点、农业发展到新阶段的必然要求。长期以来，全国各地努力打造社会主义新农村、美丽乡村、宜居乡村、人文乡村、幸福乡村等，对农村发展进行了积极探索和尝试，这为朗县乡村振兴提供了大量宝贵经验借鉴。朗县应结合自身实际情况确定本县乡村振兴发展思路，打造朗县特色的乡村振兴模式。

2. 援藏工作持续发力

党中央高度重视西藏发展，制定各项政策方针全方位、多层次、宽领域地支持西藏发展，同时全国人民积极参与援藏工作，为建设富裕、和谐、幸福、法治、文明、美丽的新朗县提供了坚实的政策基础和强大的发展动力。2019年8月第八批援藏工作有序推进，探索发展出"组团式"援藏新模式，使朗县获得大型企业的资金支持，也引进了人才、技术，拓展了观念和市场，为朗县发展奠定了一定基础。充分利用援藏工作的支持，把握好当前西藏农村发展大好时机，在已有发展基础上和乡村振兴战略机遇下，全力做好农村产业工作，对于进一步拉动朗县经济发展和农牧民持续增收具有重要意义。

3. "一带一路"倡议的辐射带动

"一带一路"倡议作为国家重大战略布局，对西藏发展具有巨大带动作用。随着中印缅孟经济走廊建设的不断完善，南亚大通道建设不断推进，西藏对外开放水平将不断提升。朗县作为西藏的边境县和农产品主产区"雅鲁藏布江中游——拉萨河主产区"的重要组成部分，处于国家重点开发区域"拉萨—泽当城镇圈"和"尼洋河中下游城镇"的双重辐射范围内，随着公路、铁路特别是藏南环线、川藏铁路拉林段建设的快速推进，"一带一路"的战略布局将无疑会对朗县发展形成巨大带动作用。朗县未来要抓住这一重要契机，进一步扩大对内对外开放程度，实现交通、贸易、旅游、物流等领域的跨越式升级。

4. 自我发展基础不断坚实

在中央特殊关心和兄弟省份的无私援助下，在西藏自治区党委、政府和朗县县委的坚强领导下，在朗县人大、政协的监督支持下，在全县人民共同努力下，朗县综合实力得到显著增强，农村基础设施条件不断改善，公共服务体系构建不断加强，民生福祉不断提升，产业建设加快推进，综合生产能力不断提高，农牧民收入持续增加，人民重思稳定、奔小康愿望更加强烈。朗县要继续抓住大好发展机遇，巩固现有发展成果，全面落实乡村振兴战略，使发展更上一个台阶。

5. 交通建设促进朗县融入市场经济

2020 年，朗县在全区率先获得全国"四好农村路"荣誉称号，全县形成了"三横四纵一铁"交运体系，公路通车总里程达 829 公里，乡（镇）通油率达 100%，行政村通畅率达 94.20%；县、乡（镇）综合运输服务站实现全覆盖，通客车率达 100%。

（二）对乡村发展的反思和再认识

现阶段关于乡村振兴与脱贫攻坚对接的讨论主要集中在两个方面：一是针对脱贫攻坚与乡村振兴二者间关系的研究。脱贫攻坚是基本，乡村振兴是保障，乡村振兴的范围更广时间更长，[①] 是脱贫攻坚的升级版，也是脱贫攻坚实现的重要途径。[②] 同时，脱贫攻坚为乡村未来的发展奠定了基础，乡村振兴也将进一步巩固脱贫质量。[③] 二者间这种互促互进关系的实质特征是连续性和继起性。[④] 二是针对乡村振兴与脱贫攻坚对接策略的研究。归纳起来，主要有三种对接思路，

[①] 参见章文光：《精准扶贫与乡村振兴战略如何有效衔接》，《人民论坛》2019 年第 4 期。

[②] 参见朱羿：《乡村振兴是精准扶贫的 2.0 版——访全国人大代表、甘肃省委党校常务副校长范鹏》，《中国社会科学报》2018 年 3 月 23 日。

[③] 参见左停、刘文婧、李博：《梯度推进与优化升级：脱贫攻坚与乡村振兴有效衔接研究》，《华中农业大学学报（社会科学版）》2019 年第 5 期。

[④] 参见朱启铭：《脱贫攻坚与乡村振兴：连续性、继起性的县域实践》，《江西财经大学学报》2019 年第 3 期。

包括以制度创新、经济提升为抓手的促进扶贫与振兴协同推进的协同发展思路，① 乡村振兴坚持精准思维和脱贫攻坚贯穿乡村振兴思想的融合发展思路，② 统筹政策、目标、组织、考核多方面衔接的统筹发展思路。③ 现有研究分析了脱贫攻坚与乡村振兴间的重要关系，并从解决问题的角度提出了对接策略。但事实上，实践层面仍存在几个重要问题有待解决，如关于未来可能出现的重复建设导致资源浪费、"新官不理旧账"降低公信力、村级组织承接乡村振兴战略困难等问题，而这些方面的研究正是推动脱贫攻坚向乡村振兴平稳过渡的关键。

1. 制定科学规划，避免未来可能的资源浪费

如果不能实现乡村振兴与脱贫攻坚系统而有效的机制衔接，不仅会导致重复建设和资源的浪费，而且可能会给农业农村工作带来较大的问题。但脱贫攻坚决胜期的乡村振兴探索，无论是在政策还是实践方面，朗县都处于初期的探索阶段，部分政策文件中还未形成两大战略统筹协调推进的规划，对乡村定位和乡村振兴的认识不充分，未来可能会出现重复投资和建设的现象。

在脱贫攻坚向乡村振兴过渡的阶段，要防止大拆大建、搞强行集中的大动作，防止从众、片面追求政绩工程的行为，必须科学制定贴合乡村本土实际的长期规划，要因地制宜，不能增加乡村债务和农民生活负担，将乡村振兴与脱贫攻坚以及当地经济社会发展总体要求统筹考虑，制定科学合理的规划，使乡村振兴规划与其他各项事业建设相结合，使基础设施与生态环境、城镇郊区与农村村落，特别是城镇

---

① 参见陈美球、胡春晓：《协同推进脱贫攻坚与乡村振兴的实践与启示：基于江西三地的调研》，《农林经济管理学报》2019 年第 2 期。
② 参见庄天慧、孙锦杨、杨浩：《精准脱贫与乡村振兴的内在逻辑及有机衔接路径研究》，《西南民族大学学报（人文社科版）》2018 年第 12 期。
③ 参见马文武：《实现"精准扶贫"与"乡村振兴"政策有机衔接》，《经济日报》2019 年 8 月 27 日。

功能外迁与农村产业结构调整作为有机的整体统筹推进。

2. 说到做到"不欠账"，"关键少数"决定公信力

村"两委"要带头讲诚信守契约，不能"新官不理旧账"。要从"清理欠债"做起，不能一任领导一种思路，"新官"完全不认同"旧官"的思路或做法。否则，会导致村民利益受损、村党组织信誉打折，使得农村基层干部背负失信恶名，不仅拖累经济发展，更是严重影响干群关系。

讲担当是责任，村"两委"和党员作为村中的先进分子，在其位就要谋其政。"为官避事平生耻"，基层党组织应秉承这种观念，坚持发挥党员的先锋模范作用，实施党员设岗定责，努力提高党员干部的政治素养和综合能力，并通过开展"我是党员看我的，我是干部跟我做"活动，促使党员干部树立清正廉洁形象，发挥表率作用。作为"关键少数"的基层党员，在脱贫攻坚和乡村振兴中应亮身份、明职责、有作为，始终战斗在推动乡村发展的战场上，从而让基层组织有底气，让群众都服气，这样才能夯实党组织的堡垒，增强基层组织的凝聚力和执行力。

3. 培养村级后备力量，提升基层组织发展承接力

无论脱贫攻坚还是乡村振兴，最后的落脚点都应是在村一级，因而基层力量的培植是重中之重。在脱贫攻坚期，由于有的村"两委"班子的能力、水平相对欠缺，为使广大贫困群众能够在短时间内迅速脱贫，采取了县乡级干部包村驻村的做法。但在乡村振兴的推进过程中，应注意"还权于民"，真正将农民作为乡村振兴战略推进的主体。必须培养选拔坚强有力的村两委班子，进一步加大有针对性、时效性的培训，着力提升农村基层组织的承接能力，进而保障乡村振兴的各项政策能够落到实处、发挥实效。

推动乡村人才振兴，要把人力资本放在首要位置。优化人才发展

环境，畅通智力、技术、管理的下乡通道，实行更加积极、开放、有效的人才政策，激发人才要素活力。坚持自主培养和引进相结合，大力培养"留得住、用得上"的本土人才，积极鼓励和引导各类人才投身乡村建设，实现朗县"留人、聚人、育人、引人"的人才支撑保障。建立社会各类人才投身乡村振兴激励机制，深入推进"三乡"工程，积极开展"市民下乡、能人回乡、企业兴乡"等服务乡村振兴活动，引导各类人才进乡投资、参与乡村公共建设和公益事业发展。进一步疏通智力、技术、资本、管理下乡通道，汇聚社会力量振兴乡村，着力把农村各类优秀人才凝聚到基层党组织周围，构建发展富民的组织带动体系，为农村先进生产力发展开辟通道。

第九章

总结与讨论：朗县脱贫攻坚的经验
提炼及理论探讨

西藏朗县脱贫攻坚的持久历程与生动实践，不仅创造了独具一格的"融合式"脱贫模式，为国内外贫困地区早日实现脱贫目标提供了有益经验与启示，同时也为新时代边疆民族地区打赢打好脱贫攻坚战树立了正面典范。这场艰苦卓绝的脱贫攻坚战不仅显著改善贫困落后地区的发展面貌，还激发了制度安排、经济社会发展实践和社会意识等层面的深刻变革，形成了引人瞩目的"溢出效应"。① 西藏朗县也正是在脱贫攻坚工作中探索了一条面向未来长远发展的"融合式"脱贫道路，在国家战略、国家政策与市场力量的多重作用下，朗县县委、县政府从总体部署、政策体系以及具体措施等方面作出了富于西藏特色的探索与尝试，确定了脱贫攻坚工作的四大重点布局，并取得了显著成效。这些做法与经验都为推动朗县脱贫成果巩固的稳定发展、本地产业可持续发展、社会和谐发展、城乡边境协调发展，以及县域经济的全面发展等发挥了积极作用。

一、朗县脱贫攻坚的经验、特色与创新

西藏地处祖国西南边陲，是全国唯一的省级集中连片贫困地区，全区 74 个县均为国务院扶贫办认定的贫困县，被列为全国脱贫攻坚

---

① 参见陆汉文：《脱贫攻坚的"溢出效应"》，《民主与科学》2018 年第 3 期。

的重点区域和主战场，具有贫困面积大、贫困程度深、贫困发生率高、对外影响广等特点。[①] 我国脱贫攻坚工作的战略性和长期性集中体现在党的十九大报告中提出的"脱真贫、真脱贫"要求上。如何把脱真贫落到实处，既是现实问题，更是长期问题。因此，朗县脱贫攻坚的做法与经验本身与国内其他地区"脱贫"道路有着显著的差异，在很大程度上是对以往精准扶贫脱贫工作固有模式的多重突破：诸如借助国家政策扶持与对口协作帮扶的"外力"来促进自己"内力"的修炼，政治动员与社会动员双管齐下，以及始终以统边安民、维护边疆团结与民族和谐为重的部署理念与工作手法。这既体现了朗县脱贫攻坚的本土特色，也是朗县脱贫攻坚工作的创新之举。

（一）政治动员与社会动员成效显著，巩固脱贫攻坚稳定发展

朗县县委、县政府始终把打赢脱贫攻坚战作为经济社会发展的头等大事和第一民生工程。一方面，朗县县委、县政府强化政治担当，发挥政治动员的强大效应。坚持"省负总责、市县抓落实"，统筹协调脱贫攻坚的力度进一步加大。坚持贯彻落实中央"五级书记抓扶贫"的总要求，及时调整、充实朗县扶贫开发工作领导小组。朗县成立了以县委书记任组长、县长任常务副组长的脱贫攻坚领导小组，县长任总指挥长、分管副县长任副指挥长的脱贫攻坚指挥部以及脱贫攻坚11个专项组，县级领导分片包干6个乡（镇），立下脱贫攻坚军令状。各乡镇、各部门在县委、县政府领导下，围绕部署抓落实，全县上下形成了"县委总管、政府具体负责、各部门协同、乡镇部门专干、村抓到户"的良好格局。此外，县委、县政府与乡镇党委、

---

① 参见荀灵：《以习近平总书记脱贫重要思想为指导——打赢"十三五"时期西藏脱贫攻坚战》，《西藏研究》2017 年第 1 期。

政府签订目标责任书，乡镇党委、政府与各驻村工作队签订目标责任书，层层压实目标责任，形成了脱贫攻坚路线图、时间表、任务书，以高站位、准定位全力推动脱贫摘帽攻坚拔寨。

另一方面，朗县县委、县政府发挥社会动员、凝聚合力，成为打赢脱贫攻坚战的强大动力。[①] 习近平总书记关于扶贫工作的重要论述阐明了社会扶贫的重要作用，如何更加广泛地动员社会参与脱贫攻坚，指明了进一步发挥我们党的政治制度优势、加大社会扶贫工作力度、凝聚更大扶贫合力的方向。结合西藏 21 个边境县之一的实际，朗县采取"1+5"工作模式，在金东乡设立国门教育讲习所，广泛开展爱国主义教育，各级干部群众固边稳边意识不断增强。扎实做好控边管边工作，通过打造"一个支部，一座堡垒；一名党员，一面旗帜；一个边民，一个哨兵"工作模式，逐步形成了"生产是放哨，放牧是巡逻，人人是哨兵，户户是堡垒"的边境管控格局。朗县把打赢脱贫攻坚战与实施乡村振兴战略，以及易地扶贫搬迁、边境小康村建设、特色小城镇建设、农村人居环境整治等紧密结合起来，深入实施打赢脱贫攻坚战三年行动计划，充分发挥了总揽全局、协调各方的作用，为打赢脱贫攻坚战提供了坚强保障。

（二）因地制宜与长短期结合，实现本地产业可持续发展

产业扶贫是精准扶贫脱贫的重要举措，但不少贫困地区的产业发展也出现了局部性、区域性趋同的现象，即没有突出本地产业发展的地域性和特色性，导致"伤农"，甚至是扶贫资金、资源的浪费。朗县的产业扶贫在精准扶贫基本方略之下将产业做大做精做强，定向打

[①] 参见黄承伟：《我国新时代脱贫攻坚阶段性成果及其前景展望》，《农业经济》2019 年第 3 期。

靶。朗县县委、县政府充分尊重市场规律，在仔细研究地区资源禀赋与行业发展意愿的基础上，因地制宜发展，结合地区的地形、气候、土壤等自然地理条件和特色资源优势，找准适合当地资源禀赋和地方发展的"特色"主导产业，推进产业扶贫的健康有序发展。

朗县结合脱贫攻坚工作实际，始终把调整壮大产业结构、改善农牧民群众生产生活条件作为主攻方向，牢固树立"扶产业就是扶根本"的理念，增强贫困群众造血功能。积极发挥农牧特色产业带动效力，以"四大产业"布局为中心，大力发展农民特色产业，逐渐形成以沿江三镇大力发展"一果一椒"的城郊农业，和以偏远三乡开发农畜产品、灌木林地山草产业为主的高寒畜牧业产业布局。朗县的产业扶贫始终将眼前与长远相结合，造血与输血相结合。仅考虑长远的理想性是不够的，朗县有些乡镇、村庄没有太多的资源可利用，必须开展一些"短平快"的项目，产出效率快，针对性、时效性强，能够解决眼前困难。因此，朗县正确处理好发挥优势和补齐短板的关系，统筹谋划好近期对群众增收、脱贫攻坚发挥作用的"短平快"富民产业，以及长远对经济发展起支撑作用的战略性产业。朗县按照"宜农则农""宜牧则牧""宜商则商"的思路，把每个村庄的实际、每个贫困户的实际结合起来，从而将朗县扶贫产业落实到位并做得扎实，群众增收的稳定性进一步提高。

（三）创新对口支援和区域合作机制，统筹城乡边境协调发展

中国经济发展的不平衡，不仅是城乡之间的不平衡，也是区域之间的不平衡，区域协调发展能有效促进社会和谐。[①] 促进特困地区发

---

① 参见田福禄：《论区域协调发展与和谐社会的构建》，《河南师范大学学报（哲学社会科学版）》2007 年第 5 期。

展是一个系统工程，既要着眼长远打牢发展基础，又要立足当前解决突出问题；既要统筹区域整体发展，又要着力突破最薄弱环节；既要通盘考虑总体规划，又要分步实施稳步推进。为了加快西部贫困地区扶贫开发进程、缩小东西部发展差距，促进共同富裕，党中央于1996年正式启动东西部扶贫协作项目。在精准扶贫的新时期，东西部扶贫协作工作呈现了新的特点，聚焦脱贫攻坚，工作主题更加鲜明，任务也更加明确。① 广东省惠州市相关援助单位逐年加大援藏资金、资源以及人才的投入，积极开展对口援藏扶贫工作，严格按照"把援藏工作和加强民族团结紧密结合起来，必须始终坚持援藏资金和项目向基层倾斜、向农牧民倾斜"的工作要求，加大援藏扶贫工作。随着援藏工作的不断深入，援藏扶贫极大地促进了全县扶贫开发深入开展。

扶贫攻坚是一项涉及多个方面、综合性很强的工程，因此必须坚持统筹兼顾，全局谋划、推动落实。朗县的脱贫攻坚战不仅将精准扶贫同援藏工作结合起来，在整体部署和具体工作中，朗县县委、县政府积极协调援藏工作队将更多的资金用在扶贫开发上，真正把难得的政策机遇转化为具体的发展项目，转化为实际的发展成果。朗县县委、县政府还利用东部地区资本、技术和产业的转移，增加本地的就业机会，促进本地资源开发利用和产业发展，进而提高朗县贫困地区群众收入水平和购买能力，扩大市场消费需求。此外，朗县县委、县政府把精准扶贫同新型城镇化建设结合起来。坚持加快区域发展与扶贫攻坚两轮驱动，把加快区域发展作为促进减贫的根本举措，把稳定解决扶贫对象温饱、尽快实现脱贫致富作为扶贫攻坚的首要任务，把扶贫攻坚与农业现代化、生态环境保护相结合，切实做好加快发展与减贫致富相得益彰，夯实了社会主义现代化事业的社会基础。

---

① 参见黄承伟：《东西部扶贫协作的实践与成效》，《改革》2017 年第 8 期。

（四）遵循以党建为引领，促进社会和谐发展

习近平总书记指出："要把夯实农村基层党组织同脱贫攻坚有机结合起来，选好一把手、配强领导班子，特别是要下决心解决软弱涣散基层班子的问题，发挥好党组织在脱贫攻坚中的战斗堡垒作用。"[1]党建工作是首要前提，各级党组织的主体作用必须要发挥出来。任何一个地方，无论大小，一把手亲自安排部署、督促都将对整体工作起到至关重要的作用。

自精准脱贫工作开展以来，从自治区党委政府带头，到市县乡各级政府抓落实，大家团结一致齐心干。朗县强化党建引领，基层党组织凝聚力、战斗力、号召力进一步增强。坚持以加强党的政治建设为统领，以提升组织力为重点，突出政治功能，聚焦农牧区基层党组织这个重中之重，扎实推进基层党组织标准化建设。把村（居）党组织建设成听党话、跟党走、善团结、会发展、能致富、保稳定，遇事不糊涂、关键时刻起作用的坚强战斗堡垒。

朗县还特别注重脱贫攻坚与基层党组织建设"双推进"，以党建带扶贫，以扶贫促党建。进一步充实加强县乡村三级扶贫系统的机构和队伍建设，增设内设机构，增加事业编制，配强领导班子和专业技术人员，解决好扶贫部门必要的工作条件和经费保障。朗县县委、县政府紧抓乡（镇）领导班子建设，坚持人员编制向基层一线倾斜，有针对性选配政治素质高、民族观正确、实践经验丰富、熟悉"三农"工作的干部担任乡（镇）党委书记、乡（镇）长。尤其重视抓好以村党组织为核心的村级党组织建设工作，选派政治坚定、作风正派、能力较强、善于做群众工作的优秀干部到村任"第一书记"，选好配强村"两委"班子，大力整顿软弱涣散的基层党组织，加大贫

---

[1] 习近平：《在深度贫困地区脱贫攻坚座谈会上的讲话》，《人民日报》2017年9月1日。

困村党组织书记、党员、后备人员培训力度。自 2016 年以来，全县范围内没有出现任何不良事故、上访事件，促进了社会认同与社会团结。

（五）聚焦当地贫困的脆弱性，统揽县域经济社会的全面发展

由于自然环境、历史、文化等因素，朗县基础设施薄弱、人均耕地面积少、自然灾害频发、经济社会发展长期滞后，成为省级连片特困地区的典型代表。基于此，朗县牢固树立抓扶贫就是抓发展、抓民生的理念，不仅立足解决当下的乡村贫困问题，还放眼于以可持续发展的思路帮助群众摆脱贫困，以保障民生、改善民生为目标，实现脱贫攻坚与经济社会发展的相互协调与促进。朗县的脱贫攻坚工作成绩显著，取得了决定性进展，不仅高标准、高质量地完成了脱贫攻坚目标任务，而且在政治、经济、文化和生态文明建设等多领域全方位发展，以深化脱贫攻坚统揽经济社会发展全局。

朗县的经济工作始终坚持稳中求进的总基调，统筹做好调结构、促改革、惠民生、防风险各项工作。同时，将项目建设作为重要支撑，重视农牧区的交通、水利、电力等基础设施建设，让农牧区群众生产生活条件得到大幅改善，发展后劲全面增强。到 2019 年，朗县实现了户安全饮水率、乡镇和行政村道路通达率、户通电率、通信覆盖率、行政村通宽带率、科学技术普及率、义务教育适龄儿童入学率、乡镇小学幼儿园覆盖率、村文化室和广播电视覆盖率、村级卫生室覆盖率、村医配备和医疗费用报销率、养老保险参保率达到100%，有劳动能力贫困人口培训率和就业率达到 80% 的标准。朗县还将特色优势资源转化为经济优势，以党建促发展，以产业发展助推脱贫攻坚。脱贫攻坚不仅从经济发展、社会治理、文化建设、生态改善等方面改善贫困地区的经济社会发展全局，而且，贫困地区在解决

自身发展面临的瓶颈和问题时，又使得经济社会发展全局与脱贫攻坚之间形成配合。以脱贫攻坚统揽经济社会发展全局是一种科学的、可持续的发展理念，为贫困地区的脱贫富民工程、乡村振兴发挥了重要作用。

（六）贯彻统边安民思想，始终维护边疆团结与民族和谐

朗县是一个以藏族为主体的多民族地区，除藏族外，这里还居住着珞巴族。他们的生活习惯及宗教信仰保留着浓厚的传统色彩，具有独特的民族风情。朗县存在着各族人民同以达赖集团为代表的分裂势力之间的特殊矛盾，扶贫开发面临着感恩教育与反分裂斗争同步开展，贫困地区快速发展与生态环境保护协调推进，基本公共服务与人民生产生活水平同步提高等繁重任务。

朗县县委、县政府牢牢把握维稳工作的主动权，进一步增强"四个意识"，以最高的要求、最严的措施、最佳的状态，狠抓矛盾纠纷排查、公共安全管理、应急处突演练、情报收集研判、驻寺驻村工作、寺庙安全管理以及重点人员、重点部位管控等维稳安保措施落实到位。着力解决影响社会稳定的主要矛盾和突出问题，确保实现"三无""三不出""三稳定"目标。做好防灾抗灾工作，强化监测预警，加强值班带班，做好物资储备，确保顺利应对自然灾害。狠抓安全生产，重点加强道路交通、消防安全、建筑施工、危化品和民爆物品、旅游商贸、校园安全、食品药品安全等领域和重大活动安全隐患排查，全面提高安全生产水平。严格落实各项惠寺利僧政策，增强僧尼爱国爱教和遵纪守法意识。朗县群众感受到国家与党对边疆民族地区和革命老区的关爱，在中华大家庭中有一种强烈的幸福感、安全感、美满感，从而为改革发展创造了安定团结、和谐稳定的大好局面。

二、朗县脱贫攻坚的理论探讨

纵观朗县脱贫攻坚的经验、特色与创新，打赢脱贫攻坚战不仅是中国经济社会发展的必由之路，也是贫困研究理论创新的现实途径。对朗县来讲，脱贫摘帽只是完成了阶段性的胜利，迈向乡村振兴依然是当前发展要务。"融合式"脱贫作为扶贫创新的新模式，不仅全方位地呈现了朗县脱贫攻坚的完整历程，同时也向国际上展示了我国是如何真正解决这些身处深度贫困的民族边疆地区面临的贫困问题。当然，一些问题还需要完善总结提高，比如扶贫政策与个人主体性之间的联动关系、贫困地区怎样实现"特惠"与"普惠"之间的微妙平衡等问题需要进一步关注，包括朗县在内的中国广大贫困地区，在脱贫攻坚后的乡村时代发展依然要接受长远、持续发展的考验。

（一）社会治理体系视野下的民族地区脱贫攻坚实践

党的十八大以来，在精准扶贫基本方略指导下全国各地开展的一系列脱贫攻坚实践以及所取得的成绩，使得研究者将目光投向脱贫攻坚与基层社会治理二者关系上来。很多学者认为，将社会治理纳入扶贫开发全过程，才能真正从根本上确保脱贫攻坚目标的顺利实现。[1]这不仅是因为党的十八大以来扶贫政策的落实为乡村治理研究提供了新的内容与载体，同时也因为乡村治理研究中的新范式反过来拓展了脱贫攻坚的理论范围。党的十九大提出建构全民共建共治共享的社会

---

[1] 参见王春光：《社会治理视角下的农村开发扶贫问题研究》，《中共福建省委党校学报》2015 年第 3 期。

治理格局。要加强创新社会治理，不断推进社会治理体系和治理能力现代化，其重点和难点均在基层。这既是解决新时代我国社会主要矛盾的本质规定，是全面建设社会主义现代化强国的现实需要，也是对新时代社会治理发展和创新提出的新目标和新要求。[①] 由于广大农牧区居民信教人数众多，因此，宗教对于意识形态、政治、经济、司法以及日常生活产生重要影响，这也成为朗县社会治理实践过程中无可回避的难题。

精准扶贫方略不仅是脱贫攻坚工作在新时期的延续，更是党的十八大以来治国理政的新实践，是完善国家治理体系、促进治理能力现代化的重要载体。[②] 朗县的脱贫攻坚有力推动了基层社会治理体系和治理能力现代化[③]，"平安朗县"建设扎实推进。朗县全面落实十项维稳措施，严密防范、严厉打击十四世达赖集团渗透破坏活动。网格化管理水平不断提高，先进双联户创建评选工作进一步深化，干部驻村驻寺深入推进。创新寺庙管理，平安和谐寺庙创建活动深入开展，"巴尔耸珠"等大型宗教活动安全圆满。社区矫正工作深入开展，信访、调解等排除调处工作不断加强。刑事案件、治安案件发案数持续下降，破案率保持较高水平，"盗抢骗"和电信网络违法犯罪得到了有效遏制，全年生产经营安全责任事故发生率为零，综治考评获得全市第一名，全县各族群众的安全感得到大幅提升。

（二）在反贫困进程中连片特困地区发挥人的主体性

国内外减贫与发展实践证明，经济增长可以带动贫困地区的发展，但不会自动地向弱势群体倾斜，社会保障与救助可以维持受助者

---

① 参见《习近平关于总体国家安全观论述摘编》，中央文献出版社 2018 年版，第 4 页。
② 参见黄承伟、袁泉：《论中国脱贫攻坚的理论与实践创新》，《河海大学学报（哲学社会科学版）》2018 年第 2 期。
③ 参见陆汉文：《脱贫攻坚的"溢出效应"》，《民主与科学》2018 年第 3 期。

的生存，但不会自动提高弱势群体的发展能力。自改革开放以来，在党中央的正确领导下，朗县经济社会发生了翻天覆地的变化，贫困地区面貌发生了根本性改变，但区域发展不平衡的问题始终存在。贫穷落后地区是全县扶贫开发最难啃的"硬骨头"。

朗县个别乡镇物质基础条件差，经济落后，加上农牧区脱胎于封建农奴制，生产方式以庄园和部落为主，广大劳动力形成简单化和固态化的社会分工，朗县贫困群众在资源分配和社会分工方面比较被动。① 由于科教落后，农牧民素质低、文盲率高等，导致农牧民拘泥于传统，墨守成规不能接受或追求新思路、新知识。很多群众安全求稳意识浓，风险意识淡薄，承受能力低，创业动机不足，"坐、等、靠、要"依赖性思想强，要完全改变这种状况需要付出巨大时间和精力。

朗县的脱贫攻坚着眼于未来发展，不仅充分发挥物质资本的基础性作用、人力资本的智力支持作用以及社会资本的效应提升作用②，更强调人在反贫困进程中的主动性。在脱贫攻坚的实践过程中，朗县县委、县政府结合基层实际，注重提高贫困户的技能水平（如经济林木、辣椒的种植技术等），以及管理能力等。以前很多群众不会做生意，没有市场经济意识，现在很多群众开始从事小商品经营，开始了解市场行情。甚至很多贫困群众开始意识到发展应该靠自己动脑、动手，催生了其内生动力的崛起。在反贫困进程中，要引导贫困群众主动参与，推动他们解放思想，形成市场观念，发挥主体作用。

（三）贫困治理的过程性与边疆地区扶贫政策的适应性问题

贫困治理本身具有一定的过程性，也具有极大的挑战性。对于很

---

① 参见徐伍达：《新时期西藏打赢脱贫攻坚战的思考》，《中国藏学》2017 年第 4 期。
② 黄承伟、沈洋：《完善我国新型农村扶贫开发战略的思考——论"三维资本"协同下的反贫困机制》，《甘肃社会科学》2013 年第 3 期。

多经济贫困地区而言，数字化的治贫、减贫似乎并不难，因为发生重大变化借助资金投入就可以让人均收入、地区经济状况发生重大变化。但是如何真正实现地区产业的发展、人的发展乃至经济社会的全面进步，则是一个重大难题。朗县既是边境小县，也是富有民族特色的贫困地区，因此全县的整体性贫困比较明显，同时又有着相当程度的差异性贫困。可以说，朗县的贫困成因既有环境的影响，也有经济的落后，又有个体能力的缺乏。这些要素都促使贫困户面临的风险凸显出来，引起贫困状况在空间上的相对集中。[①] 正如朗县的"融合式"脱贫带有一定的政策依赖性与惯性一样，随着脱贫攻坚战的胜利，朗县的扶贫产业还能否继续产生效益，是个需要检验的重要问题。

朗县在实际的经验与做法中给出了贫困治理的一个可能，即朗县利用比较优势，立足于区域资源优势，尊重群众种养传统，努力挖掘能够代表县域资源条件、人文内涵、民族特色的优势产业，将产业相对集中布局在最适宜的地区，把乡镇作为产业发展和建设的基本平台，实施规模化、集约化开发。朗县县委、县政府将四大特色农牧产业作为未来经济发展的四个助推器，树立"树大好乘凉，马大好拉车"的发展理念，努力将长远产业做大做强，将"短平快"产业、项目作为解决当前脱贫致富的有力工具。同时，进一步着眼于产业整体开发和整体竞争力的提高，通过延伸产业链和产业化经营，提高特色产品整体竞争力。可以说，朗县的脱贫攻坚既坚持在中央政府的扶持政策与主导力度之下，同时也发挥了地方政策在行政实践过程中的自由度。做到了借助"外力"以增强"内力"[②]，将边疆地区的扶持政策恰如其分地运用到促使县域经济发展与建设小康社会的战略布局之中，从而逐步完成贫困治理的目标。

---

① 参见陈全功、程蹊：《空间贫困及其政策含义》，《贵州社会科学》2010 年第 8 期。

② 参见吕方、梅琳：《"复杂政策"与国家治理——基于国家连片开发扶贫项目的讨论》，《社会学研究》2017 年第 3 期。

（四）如何平衡"特惠"与"普惠"，以实现社会局势稳定态势

社会局势稳定是藏区的头等大事，也是脱贫攻坚工作的前提和保障。朗县身处西藏自治区，作为少数民族地区和一线边境地区，在对抗反分裂与维护社会稳定、社会团结方面发挥着关键性作用。妥善地解决好、处理好贫困户与非贫困之间的矛盾、贫困户与边缘户之间的微妙关系，是考验朗县扶贫干部能力的重要方面。朗县共有 52 个行政村居，其中只有 30 个行政村有虫草资源，为了虫草采挖的事情经常会闹矛盾。2017 年 6 月，朗县分批选派由县级领导、县各部门、各乡镇以及村居"两委"班子成员（主要是有虫草资源的村）组成的工作组，前往那曲、昌都、山南以及林芝市内的其他兄弟县区，学习、参观他们的虫草资源管理、共享等先进经验。明确了一个理念：即虫草资源不独属于哪一个村，而是属于国家的，应该为当地群众所共享。另外，组建工作组进行调研，征求乡镇、四大班子的意见，研究决定全县 52 个行政村将虫草资源合理放开，即在有序的、有组织的前提下，全县 30 个有虫草资源的行政村要接收没有虫草资源的老百姓去挖虫草。在此基础上，朗县县委、县政府确定了异地虫草采挖的三级收费标准：跨乡（镇）的采挖者，每人收取 3000 元；同一个乡镇跨村（居）的采挖者，每人收取 1500 元；本村的采挖者每人收取 300 元。通过这些举措，均衡了虫草资源。通过村庄集体内部的协商，做到了"特惠"与"普惠"的平衡，实现了真正的共享发展。

（五）脱贫攻坚与经济社会全局发展、乡村振兴战略的逻辑关联

习近平总书记提出"以脱贫攻坚统揽经济社会发展全局"重要

理念，是对贫困治理与经济社会发展关系理论的重大创新。[1] 朗县始终把保障和改善民生作为加快贫困地区发展的根本出发点和落脚点，以安居、乐业、有保障为重点，突出解决贫困群众最关心、最直接、最现实的困难。朗县将民生领域的支持政策优先向贫困地区倾斜，财政公共支出优先向贫困地区投放，不断提高贫困群众生活水平，全面改善贫困对象的生产生活条件，使贫困人口与全区人民共享发展成果。2018 年中央"一号文件"《中共中央、国务院关于实施乡村振兴战略的意见》和《乡村振兴战略规划（2018—2022)》是脱贫攻坚在乡村治理与发展基础上的转型升级，阐明了脱贫攻坚与乡村振兴战略之间的逻辑关联。脱贫攻坚为乡村振兴奠定了组织和物质基础，而乡村振兴具有促进巩固脱贫成果的功能。[2]

世界银行认为，"中国在如此短的时间里使如此多的人摆脱了贫困，对全人类来说这是史无前例的。如果没有中国的扶贫努力，在 20 世纪的最后 20 年，发展中国家贫困人口数量不会有所减少"[3]。西藏农牧区脱贫攻坚目标与实施乡村振兴战略的目标是一致的，两者相互支撑。[4] 形象地讲，脱贫攻坚是一场短时间的"突击战"和"硬战"，乡村振兴则是一场需要分"三步走"的"持久战"。二者的有效衔接，既要求在短期内整合和投入大量的"人钱地"等要素资源，同时又要确保这种投入具有可持续性，能在相当长一段时期内为乡村振兴的推进持续发力。朗县县委、县政府坚持问题导向、目标导向，围绕经济发展、民主法治、文化建设、人民生活、环境资源中的短板和弱项，逐步完善、逐件解决，为全面建设小康社会、早日实现乡村振兴夯实基础。根据脱贫攻坚的任务，朗县将乡村振兴战略的思想和

---

[1] 参见《习近平关于社会主义经济建设论述摘编》，中央文献出版社 2017 年，第 225 页。

[2] 参见叶敬忠、张明皓、豆书龙：《乡村振兴：谁在谈，谈什么?》，《中国农业大学学报（社会科学版)》2018 年第 3 期。

[3] 参见刘永富：《我国"十三五"脱贫攻坚的形势与任务》，《时事报告（党委中心组学习)》2016 年第 1 期。

[4] 参见高大洪：《统筹推进西藏脱贫攻坚与乡村振兴》，《中国民族报》2019 年 3 月 22 日。

原则融入具体的脱贫攻坚的计划和行动之中，从乡村治理、乡村产业、乡村精神文明、乡村生态环境等方面入手，全面改善和稳定提升乡村发展水平，培育内生动能。努力用乡村振兴战略引领脱贫攻坚，以脱贫攻坚的成效支撑乡村振兴，从而全面促进朗县乃至西藏自治区经济社会的高质量发展。

参考文献

王俊文：《当代中国农村贫困与反贫困问题研究》，湖南师范大学出版社 2010 年版。

范小建：《中国农村扶贫开发纲要（2011—2020）》，中国财政经济出版社 2012 年版。

林毅夫等：《中国的奇迹：发展战略与经济改革（增订版）》，格致出版社 2013 年版。

李培林、王晓毅：《生态移民与发展转型：宁夏移民与扶贫研究》，社会科学文献出版社 2013 年版。

［美］奥斯卡·刘易斯：《五个家庭：墨西哥贫困文化案例研究》，丘延亮译，巨流图书公司 2004 年版。

黄承伟：《一诺千金：新时代中国脱贫攻坚的理论思考》，广西人民出版社 2019 年版。

都阳、蔡昉：《中国农村贫困性质的变化与扶贫战略调整》，《中国农村观察》2005 年第 5 期。

折晓叶、陈婴婴：《项目制的分级运作机制和治理逻辑——对"项目进村"案例的社会学分析》，《中国社会科学》2011 年第 4 期。

李小云：《我国农村扶贫战略实施的治理问题》，《贵州社会科学》2013 年第 7 期。

张伟宾、汪三贵：《扶贫政策、收入分配与中国农村减贫》，《农业经济问题》2013 年第 2 期。

李培林：《社会治理与社会体制改革》，《国家行政学院学报》2014 年第 4 期。

邓维杰：《精准扶贫的难点、对策与路径选择》，《农村经济》2014 年第 6 期。

左停、杨雨鑫、钟玲：《精准扶贫：技术靶向、理论解析和现实挑战》，《贵州社会科学》2015 年第 8 期。

王介勇、陈玉福、严茂超：《我国精准扶贫政策及其创新路径研究》，《中国科学院院刊》2016 年第 3 期。

宫留记：《政府主导下市场化扶贫机制的构建与创新模式研究——基于精准扶贫视角》，《中国软科学》2016 年第 5 期。

汪三贵、刘未：《"六个精准"是精准扶贫的本质要求——习近平精准扶贫系列论述探析》，《毛泽东邓小平理论研究》2016 年第 1 期。

柯涌晖、赵明：《人文地理学视野下少数民族地区自然资源价值重构与开发——以西藏朗县矿水资源开发为例》，《西北民族大学学报（哲学社会科学版）》2017 年第 2 期。

陈波涌、唐智彬：《论精准扶贫背景下贫困农村地区人力资源开发内容与途径》，《湖南大学学报（社会科学版）》2017 年第 1 期。

陈文胜：《脱贫攻坚的战略机遇与长效机制》，《求索》2017 年第 6 期。

廖彩荣、陈美球：《乡村振兴战略的理论逻辑、科学内涵与实现路径》，《农林经济管理学报》2017 年第 6 期。

李铜山：《论乡村振兴战略的政策底蕴》，《中州学刊》2017 年第 12 期。

穆军全、方建斌：《精准扶贫的政府嵌入机制反思——国家自主性的视角》，《西北农林科技大学学报（社会科学版）》2018 年第 3 期。

蒋永甫、龚丽华、疏春晓：《产业扶贫：在政府行为与市场逻辑之间》，《贵州社会科学》2018 年第 2 期。

和立道、王英杰、路春城：《人力资本公共投资视角下的农村减贫与返贫预防》，《财政研究》2018 年第 5 期。

温铁军：《生态文明与比较视野下的乡村振兴战略》，《上海大学学报（社会科学版）》2018 年第 1 期。

叶敬忠：《乡村振兴战略：历史沿循、总体布局与路径省思》，《华南师范大学学报（社会科学版）》2018 年第 2 期。

黄承伟：《习近平扶贫思想论纲》，《福建论坛（人文社会科学版）》2018 年第 1 期。

黄承伟、袁泉：《论中国脱贫攻坚的理论与实践创新》，《河海大学学报（哲学社会科学版）》2018 年第 2 期。

黄承伟：《论新时代脱贫攻坚总结的认识和方法》，《贵州民族大学学报（社会科学版）》2019 年第 1 期。

黄承伟：《新中国扶贫 70 年：战略演变、伟大成就与基本经验》，《南京农业大学学报（社会科学版）》2019 年第 6 期。

黄承伟：《决胜脱贫攻坚的若干前沿问题》，《甘肃社会科学》2019 年第 6 期。

刘永富：《认真贯彻习近平扶贫思想　坚决打赢脱贫攻坚战》，《行政管理改革》2018 年第 7 期。

刘永富：《以习近平总书记扶贫重要论述为指导坚决打赢脱贫攻坚战》，《行政管理改》2019 年第 5 期。

豆书龙、叶敬忠：《乡村振兴与脱贫攻坚的有机衔接及其机制构建》，《改革》2019 年第 1 期。

李小云：《农村产业融合发展的演进趋势与推进策略》，《学习论坛》2019 年第 11 期。

Ellis, F., *Rural Livelihoods and Diversity in Developing Countries*, Oxford University Press, 2000.

Gilbert, N. (eds.), *Targeting Social Benefits: International Perspectives and Trends*, New York: Routledge, 2001.

Gao, Q. & F. Zhai, "Anti-poverty Family Policies in China: A Critical Evaluation", *Asian Social Work and Policy Review*, 2009, 6.

Krantz, L., "The Sustainable Livelihood Approach to Poverty Reduction", *SIDA: Division for Policy and Socio-Economic Analysis*, 2001, 44.

Li, M. & R. Walker, "Targeting Social Assistance: Dibao and Institutional Alienation in Rural China", *Social Policy and Administration*, 2016.

Pachauri, S., "Measuring Energy Poverty", *Energy Policy*, 2011, 1.

Park, A., S.Wang & B.Wu, "Regional Poverty Targeting in China", *Journal of Public Economics*, 2002, 86.

Panda, S., "Political Connections and Elite Capture in a Poverty Alleviation Programme in India", *The Journal of Development Studies*, 2015, 51(2).

Yanguas, P. & D. Hulme, "Barriers to Political Analysis in Aid Bureaucracies: From Principle to Practice in DFID and the World Bank", *World Development*, 2015, 74.

后　记

　　脱贫攻坚是实现我们党第一个百年奋斗目标的标志性指标，是全面建成小康社会必须完成的硬任务。党的十八大以来，以习近平同志为核心的党中央把脱贫攻坚纳入"五位一体"总体布局和"四个全面"战略布局，摆到治国理政的突出位置，采取一系列具有原创性、独特性的重大举措，组织实施了人类历史上规模空前、力度最大、惠及人口最多的脱贫攻坚战。经过 8 年持续奋斗，现行标准下 9899 万农村贫困人口全部脱贫，832 个贫困县全部摘帽，12.8 万个贫困村全部出列，区域性整体贫困得到解决，完成了消除绝对贫困的艰巨任务，脱贫攻坚目标任务如期完成，困扰中华民族几千年的绝对贫困问题得到历史性解决，取得了令全世界刮目相看的重大胜利。

　　根据国务院扶贫办的安排，全国扶贫宣传教育中心从中西部 22 个省（区、市）和新疆生产建设兵团中选择河北省魏县、山西省岢岚县、内蒙古自治区科尔沁左翼后旗、吉林省镇赉县、黑龙江省望奎县、安徽省泗县、江西省石城县、河南省光山县、湖北省丹江口市、湖南省宜章县、广西壮族自治区百色市田阳区、海南省保亭县、重庆市石柱县、四川省仪陇县、四川省丹巴县、贵州省赤水市、贵州省黔西县、云南省西盟佤族自治县、云南省双江拉祜族佤族布朗族傣族自治县、西藏自治区朗县、陕西省镇安县、甘肃省成县、甘肃省平凉市崆峒区、青海省西宁市湟中区、青海省互助土族自治县、宁夏回族自治区隆德县、新疆维吾尔自治区尼勒克县、新疆维吾尔自治区泽普县、新疆生产建设兵团图木舒克市等 29 个县（市、区、旗），组织中国农业大学、华中科技大学、华中师范大学等高校开展贫困县脱贫摘帽研究，旨在深入总结习近平总书记关于扶贫工作的重要论述在贫困县的实践创新，全面评估脱贫攻坚对县域发展与县域治理产生的综合效应，为巩固拓展脱贫攻坚成果同乡村振兴有效衔接提供决策参考，具有重大的理论和实践意义。

脱贫摘帽不是终点，而是新生活、新奋斗的起点。脱贫攻坚目标任务完成后，"三农"工作重心实现向全面推进乡村振兴的历史性转移。我们要高举习近平新时代中国特色社会主义思想伟大旗帜，紧密团结在以习近平同志为核心的党中央周围，开拓创新，奋发进取，真抓实干，巩固拓展脱贫攻坚成果，全面推进乡村振兴，以优异成绩迎接党的二十大胜利召开。

由于时间仓促，加之编写水平有限，本书难免有不少疏漏之处，敬请广大读者批评指正！

本书编写组

责任编辑：武丛伟　钟金铃　戚万迁

封面设计：姚　菲

版式设计：王欢欢

责任校对：吕　飞

图书在版编目（CIP）数据

朗县：融合式脱贫典范/全国扶贫宣传教育中心 组织编写. —北京：人民出版社，
　　2022.10

（新时代中国县域脱贫攻坚案例研究丛书）

ISBN 978－7－01－024189－0

Ⅰ.①朗…　Ⅱ.①全…　Ⅲ.①扶贫-工作经验-案例-朗县　Ⅳ.①F127.754

中国版本图书馆 CIP 数据核字（2021）第 257215 号

朗县：融合式脱贫典范

LANGXIAN RONGHESHI TUOPIN DIANFAN

全国扶贫宣传教育中心　　组织编写

人民出版社 出版发行

（100706　北京市东城区隆福寺街 99 号）

北京盛通印刷股份有限公司印刷　新华书店经销

2022 年 10 月第 1 版　2022 年 10 月北京第 1 次印刷

开本:787 毫米×1092 毫米 1/16　印张:21.5

字数:286 千字

ISBN 978－7－01－024189－0　定价:63.00 元

邮购地址 100706　北京市东城区隆福寺街 99 号

人民东方图书销售中心　电话（010）65250042　65289539